과학책
읽는

국어
선생님의

사이언스
블로그

과학책 읽는 국어 선생님의 사이언스 블로그

김보일 지음

인지과학과
진화생물학으로 읽는
인간의 모든 것

Humanist

머리말

사람들은 묻습니다. 문학과 문법을 가르치는 국어 교사가 왜 과학 책을 읽느냐고. 답은 의외로 간단합니다. 재미입니다. 저는 재미로 과학 책을 읽습니다. 그러나 사람들은 그 답에 만족하지 않고 다시 과학 책을 읽는 다른 이유를 묻습니다. 저는 이쯤에서 스스로에게 질문을 던져 봅니다. 왜 나는 과학 책을 읽는가? 저는 여전히 재미있어서라고 답합니다. 그렇다면 과학 책의 어떤 점이 재미있는가라고 질문을 바꾸어 봅니다. 과연 과학책은 어떤 점이 재미있을까요?

저는 무엇보다 과학 책에 등장하는 과학자들의 질문이 재미있습니다. 과학자들은 너무도 당연한 것에 질문을 던집니다. 왜 우리는 공포를 느끼는가? 이것은 아주 평범한 질문 같아 보입니다. 물론 답을 찾기도 쉽죠. 두려움을 만드는 위험한 상황이 우리를 공포에 빠지게 한다고 우리는 답할지 모릅니다. 그러나 답은 충분하지 않습니다. 철학자와 과학자 들은 집요하게 묻는 사람들입니다. 진화심리학자들은 이런 식으로 질문을 바꾸기도 합니다. 공포는 어떤 적응적 이득을 가져다 주는가? 공포를 스마트폰 속의 어플리케이션으로 본다면, 왜 우리 몸속에 공포 어플리케이션을 장착하는 것이 우리의 생존에 이득을 가져다 주는가, 이것이 진화심리학자들이 공포의 존재 이유에 대해 묻는 방식입니다.

2만 년 전의 원시인으로 돌아가 맹수와 마주쳤다고 가정해 볼까요. 과연 우리의 뇌에서는 어떤 반응이 일어날까요? 먼저 감각 기관을 통해 위험 요소가 인지되면 우리의 뇌 가운데서 편도가 활성화됩니다. 편도는 기억을 위해 위험 정보를 해마로 보내면 해마는 부신과 뇌하수체에 스트레스 호르몬인 코르티솔을 내보낼 것을 지시하게 됩니다. 이 코르티솔은 심장의 박동을 빨라지게 합니다. 심장 박동이 빨라지면 팔다리에 더 많은 혈액이 공급되고 근육의 힘이 강화되어 우리는 맹수로부터 더 빨리 도망칠 수 있습니다. 위험 상황에서 호흡이 가빠지는 것도 같은 이유죠. 호흡이 가빠져 온몸에 산소가 더 효율적으로 공급되면 우리는 더 쉽게 맹수로부터 달아날 수 있습니다. 그러나 위험 상황에서 소화는 잘 안 됩니다. 위험 상황은 편안하게 밥을 먹을 때가 아니라 부리나케 도망쳐야 할 상황이기 때문입니다. 이렇게 우리가 느끼는 공포는 위험 상황에서 우리의 생존을 돕습니다. 바로 이것이 공포라는 어플리케이션이 우리 몸에 장착되어 있는 이유입니다. 바로 이런 식으로 진화심리학자들은 인간이 공포를 느끼는 이유를 말합니다. 이런 방식으로 그들은 인간이 미의식을 가지게 된 이유, 인간에게 질투심이 존재하는 이유, 인간이 분노와 즐거움을 느끼게 되는 이유를 차근차근 설명해 줍니다. 저는 그 질문과 답의 과정을 지켜보는 것이 즐겁습니다.

이렇게 과학을 통해 인간을 아는 것은 문학을 통해 인간을 아는 것과는 또 다른 차원의 깨달음과 기쁨을 줍니다. 문학은 직관에 의해 우리가 느끼는 감정의 긍정적 가치를 말하지만, 과학은 분석과 유추를 통해 감정의 존재 이유를 말해 줍니다. 저는 문학에 대한 인간의 이해가 과학을 통한 인간의 이해와 함께 갈 때, 인간에 대한 이해가 좀 더 깊어질 것이라고 생각합니다.

인간은 이성적인 존재라고 합니다. 그러나 인간은 착각의 동물이라는 말도 있습니다. 인지과학은 우리의 착각이 어디에서 비롯되는가를 찬찬히 설명해 줍니다. 인간이 완벽하게 이성적인 존재라고 생각하기보다는 착각에 곧잘 빠지는 존재임을 아는 것이 인간에 대한 이해와 사랑에 한 발짝 더 다가가는 일이라고 저는 생각합니다. 스스로를 실수할 수 있는 존재로 생각할 줄 아는 사람, 자신의 판단이 항상 최선은 아니라는 생각, 틀렸을 수도 있다는 사실을 인정할 줄 아는 사람이 자신의 실수와 과오를 인정하지 않는 사람보다 더 성숙한 사람이라면, 저는 인지과학이 우리를 좀 더 겸손과 성숙으로 이끌어 줄 수 있다고 생각합니다. 자신과 타인의 부족함을 아는 것은 자신과 타인에 대한 연민의 마음, 곧 사랑을 증가시키는 일이니까요.

대학 시절 《장자(莊子)》를 읽으며 무용지용(無用之用), '쓸모없음의 쓸모'를 알고 쓸모없는 것은 없다, 단지 우리가 그것의 가치를 모를 뿐이라는 생각을 가지면서부터 저는 늘 세상의 고정관념을 허무는 일에 재미를 느꼈습니다. 이 책도 그런 관심의 소산입니다. 많은 철학자가 이성(理性)의 가치를 말하고 감정의 가치를 폄하하지만 인지과학자와 진화심리학자 들은 감정을 나쁘게만 평가하지 않습니다. 심지어는 착각마저도 나름대로의 효용이 있다고 설명합니다. 저는 좋은 철학과 좋은 과학은 일정 정도 우상 파괴적이어야 한다고 생각합니다. 우리의 인식의 지평이 넓어진다는 것은 우리의 고정관념이 깨어지고 흐트러질 때입니다. 혼돈은 거부할 것이 아니라 그것을 받아들이고 다스릴 수 있을 때 앎의 깊이를 이룰 수 있다는 것이, 거칠게 보자면 과학과 철학의 역사라고도 말할 수 있습니다.

이 책은 크게 네 부분으로 구성되어 있습니다.

첫째는 '본다는 것'입니다. 본다는 것은 시각적 행위이지만 거기에는 뇌가 개입되고, 과거의 앎이 개입되고, 심지어는 문화까지 개입됩니다. 본다는 행위는 결코 만만하게 생각할 지각행위가 아닙니다. 본다는 것은 어떤 의미를 가지는가, 어떤 태도로 사물을 볼 때 잘 보았다고 할 수 있는가에 대한, 제 나름대로의 질문과 대답을 책의 시작 부분에 모아 보았습니다.

둘째는 '느낀다는 것'입니다. 위에서 언급한 감정의 가치를 논하고 있는 곳도 이 대목이고, 공감의 가치를 집중적으로 논하고 있는 곳도 이 대목입니다. 타인의 경험을 간접적으로 경험해 봄으로써 그의 마음을 읽고, 그에 대한 이해를 높이는 공감(共感) 능력을 길러 주는 것, 바로 그것이 문학의 가치라고 저는 생각합니다. 과학책을 읽는 국어 교사로서 본격적으로 인문과학과 자연과학의 소통을 시도해 봄으로써 공감에 대한 통합적인 시각을 넓혀 보려 한 것도 이 대목입니다.

셋째는 '생각한다는 것'입니다. 왜 우리는 자주 착각과 오류에 빠지는가에 대한 생각을 정리했습니다. 인간의 불완전함을 아는 것이야말로 저는 겸손을 아는 일이라고 생각합니다. 실수의 가능성을 염두에 둔다는 것, 불완전성을 고백함으로써 우리는 판단과 행동에 좀 더 신중해질 수 있다는 생각을 한 것도 이 대목의 글들을 쓸 때였습니다. 불완전함의 인식을 통해 앎은 우리를 한 발짝 완전함에 이르게 한다는 생각은 과학 책을 펴고 접을 때마다 드는 생각이기도 합니다.

넷째는 '행동한다는 것'입니다. 우리는 스스로의 이성(理性)과 판단으로 어떤 행동의 결정을 내렸다고 생각하지만 과연 그럴까 하는 의구심이 이 부분을 쓰게 한 힘입니다. 우리의 이성은 우리가 생각하는 것만큼 완벽하지 않습니다. 그렇다고 해서 감정을 좇는 일도 권장할 일만은 아닙니다. 감정과 이성 가운데서 우리의 행동의 저울추는 어디쯤에 위치해야 할까를 고민한 흔적이 이 대목에 남아 있습니다. 동물의 행동과 인간의 행동이 어떻게 다른가를《파브르의 곤충기》를 읽으며 정리해 보기도 했습니다.

독서는 타인의 질문과 대답의 과정을 엿보는 작업이지만, 그 과정 속에서 스스로 많은 질문을 하게 됩니다. 이 책은 바로 나름대로의 질문과 대답의 과정입니다. 제가 과학자들의 질문과 답을 통해 나름대로의 질문과 답을 만들었듯이, 독자 여러분도 이 책을 통해 나름대로의 질문과 답을 마련해 보시길 바랍니다.

읽다가 어려운 부분을 만나면 건너뛰면 됩니다. 책을 모두 이해하겠다는 강박관념은 독서의 재미를 앗아갑니다. 앎은 재미와 곁들여 질 때 최고의 것이 될 수 있습니다. 책임과 의무 또한 독서의 기쁨을 앗아갑니다. 즐거운 독서를 바라 마지않습니다.

책은 저자 혼자 쓰는 저작물이 아닙니다. 도움이 없이 되는 일은 없습니다. 책의 내용이 흘러가야 할 물길을 지적해 주고 게으름을 질타해 주신 휴머니스트 출판사 편집팀에도 깊은 감사를 드리며, 아내의 미소와 가족의 관심도 큰 힘이 되었음을 고백합니다. 고맙습니다.

2015년 9월, 김보일

차례

2부 느낀다는 것

3부 생각한다는 것

4부 행동한다는 것

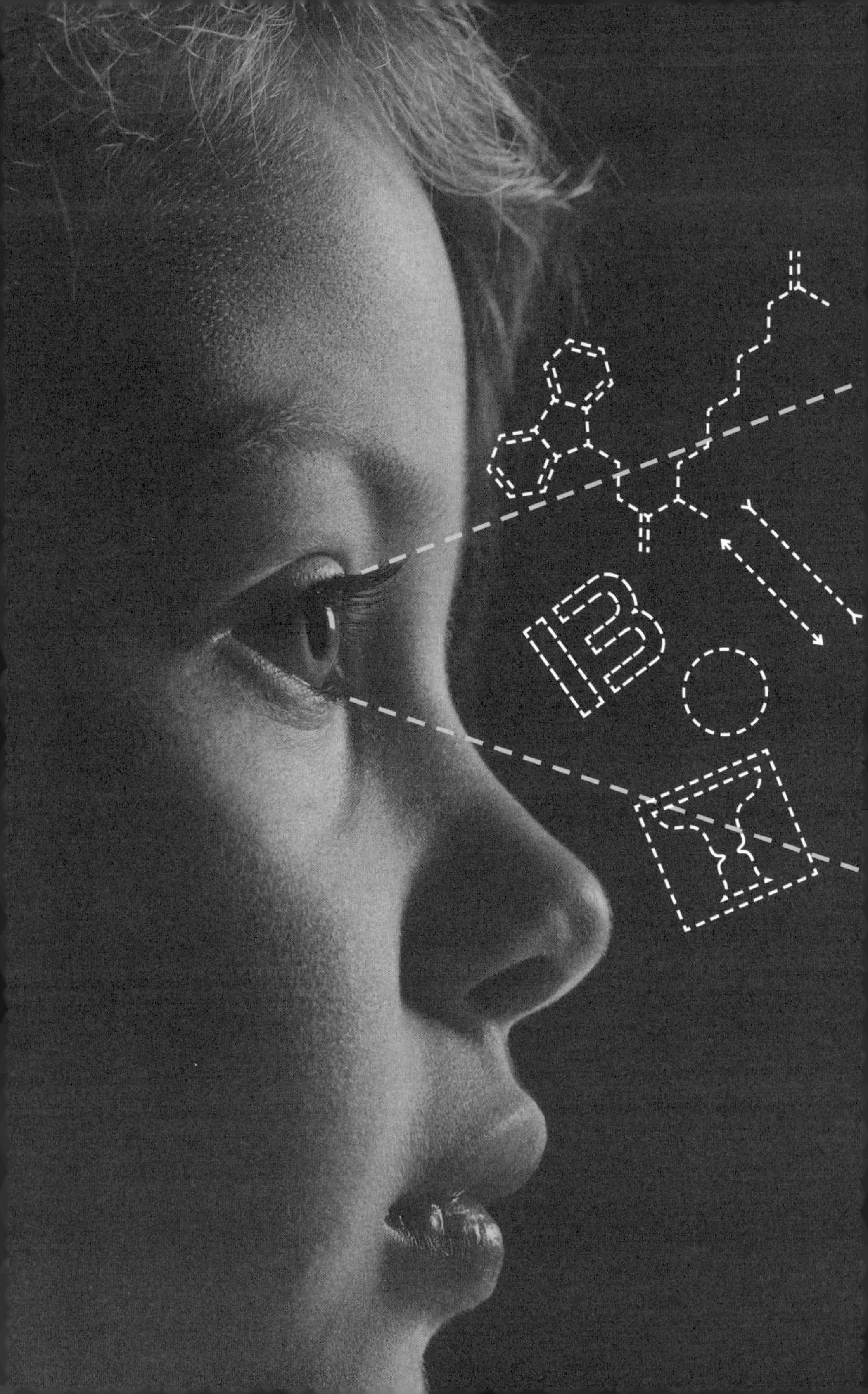

1부

본다는 것

눈은 무엇이 앞에 있다고 해서 보지 않는다. 먼저 보려고 하는 마음이 있어야 비로소 그 것을 본다. 버스를 타면 예쁜 여학생이나 잘생긴 남학생이 아주 잘 보이는 이유도 우리의 욕망이 그들의 존재를 눈여겨보도록 하기 때문일 것이다. 욕망이 있어 우리는 어떤 사람, 어떤 사물을 더 잘 보게 된다. 보고자 하는 마음, 보려고 하는 욕망이 우리를 사물 앞으로 의자를 바짝 당기게 한다.

I

왜 예쁜 여학생이나 잘생긴 남학생이 더 잘 보일까?

아는 만큼 보인다

다음 페이지의 글자를 읽어 보자. 어떻게 읽어야 할지, 누구나 처음에는 조금 망설일 것이다. 그러나 이내 우리는 그 글자가 'THE CAT'임을 안다. 여기서 문제가 되는 것은 처음 단어의 두 번째 알파벳이다. 다음 단어의 두 번째에도 같은 글자가 있다. 보다시피 두 글자의 모양은 같다. 그런데 왜 우리는 하나는 H로 읽고, 하나는 A

로 읽었을까. 왜 같은 것을 다르게 읽었느냐는 말이다. 결론부터 말하자. 우리가 같은 글자를 다르게 읽은 것은 사물을 육체의 눈이 아니라 마음의 눈으로 보았기 때문이다. 더 정확히 말하면 본다는 행위는 마음의 눈과 육체의 눈이 합동작전을 펼친 결과다. 마음의 눈도 육체의 눈이 없으면 제대로 작동할 수 없다.

사물을 찍는 카메라와도 같은 눈이 육체의 눈이다. 육체의 눈은 사다리처럼 생긴 형상의 글자를 그저 수용만 할 뿐이다. 그러나 마음의 눈은 그것을 H로도 해석하고 A로도 해석한다. 육체의 눈이 수동적이라면 마음의 눈은 적극적이다. 그런데 그 해석은 어디에서 나오는 걸까. 결론부터 말하자면 바로 우리들의 지식에서 나온다. 영어에 대한 지식이 없는 사람은 그림 속 사다리꼴 모양의 글자 두 개를 같은 형상으로 읽을 뿐이겠지만 영어에 대한 지식이 있는 사람은 사다리꼴의 글자 두 개를 하나는 H로 읽고 하나는 A로 읽는다. 이렇게 지식이 있는 사람과 없는 사람은 같은 형상을 보고도 다른 것을 경험한다. '아는 만큼 본다.'는 말은 바로 이런 사정을 두고 하는 말이다.

우측의 그림에서도 마찬가지다. 숫자만 알고 알파벳은 모르는 사람은 그림에서 B를 볼 수 없다. 그러나 알파벳을 아는 사람의 눈에는 숫자 13이 알파벳 B로도 보인다. 알파벳을 모르는 사람의 눈

에 13은 그저 13일뿐이다. 눈은 눈앞에 있는 사물을 모조리 본다고 할지 모르지만 모르면 보이지 않는 것이 있기 마련이다. 지식은 사물을 더 잘 보게 해 준다.

마음이 보려고 해야 눈이 본다

어떤 사람은 야구를 아주 재미있게 본다. 야구 선수 이름도 줄줄 왼다. 저 타자는 타율이 얼마고 출루율이 얼마인지도 줄줄 꿰고 있다. 포수, 투수, 유격수, 일루수, 외야수, 각 포지션의 선수 이름은 물론 그들의 실적까지도 도표를 읽듯 훤히 알고 있다. 경기를 한 번 보고도 경기 내용을 마치 해설가가 전하듯 생생하고 흥미롭게 전달한다. 그러나 야구의 문외한들은 경기의 승패엔 전혀 관심이 없다. 누가 9번 타자고 누가 5번 타자인지에도 관심이 없다. 야구에 관심이 없는 사람이 야구를 볼 땐 모든 장면이 뒤죽박죽이 되어 대체 경기가 어떻게 진행되는지 모르게 된다. 미식축구의 룰을 모르는 한국인들이 미식축구를 볼 때도 마찬가지다. 미식축구의 문외한들은 경기가 어떻게 진행되었는지 물어봐도 거의 기억을 해 내지 못할 것이 분명하다.

똑같은 경기를 보고도 한 사람은 경기 내용을 그림처럼 기억하는데 한 사람은 기억해 내지 못한다. 이런 일은 현실에서 자주 일어난다. 형과 동생, 두 사람이 백화점에 다녀왔다. 형에게 묻는다. 너는 무엇을 보았니? 형은 운동기구와 스포츠 의류와 신발을 보았다고 말한다. 그러나 동생에게 묻자 컴퓨터와 전자 기기를 보았다고 대답한다. 형과 동생은 백화점에서 분명 둘이 같이 붙어 다녔다. 그렇다면 본 것도 같아야 할 텐데 형과 동생이 본 것이 왜 이렇게 다를까?

관심과 욕망이 다르면 보는 것도 달라진다. 이런 사실은 다른 사람과 여행을 해 보면 분명히 드러난다. 자연을 즐기는 사람은 풍광이 수려한 캐나다와 뉴질랜드를 여행지로 택하겠지만 미술관 관람을 즐기는 사람은 파리나 뉴욕을 여행지로 택한다. 무엇을 원하느냐가 무엇을 보느냐를 결정하는 것이다. 만약 두 사람이 여행지로 똑같이 프랑스를 택했다 하더라도 한 사람은 풍광이 수려한 프로방스에 가자고 할 것이고, 한 사람은 미술품을 한 점이라도 더 볼 수 있도록 미술관이 밀집해 있는 파리로 가야 한다고 우길지 모른다. 보는 것을 결정하는 것은 우리의 마음, 즉 욕망이지 우리의 눈이 아니다.

같은 풍경일지라도 쇠똥구리에겐 쇠똥이 우선적으로 보이겠지만 꿀벌에게는 꿀을 제공하는 꽃이 먼저 보일 것이다. 유칼리나무 잎사귀만 먹는 코알라에겐 유칼리나무가 다른 식물보다 더 잘 보이고, 대나무 잎사귀를 주로 먹는 판다에겐 대나무가 다른 식물보다 더 잘 보일 것이다. 빛을 향해 구부러지는 식물체의 잎과 줄기가 빛을 향해 구부러지는 굴광성(屈光性)이란 것도 따지고 보면 빛을 더 잘 감지할 수 있도록 자연이 설계한 것이라고 볼 수 있다. 자연 속의 모든 존재는 다 자기에게 필요한 것, 자기 목숨과 생명을 부지하는 데 도움이 되는 것들을 욕망하도록 설계되어 있고, 그들의 눈은 욕망하는 것들을 더 잘 보도록 설계되어 있다.

몇 해 전에 친구가 서예 역사상 최고의 대가라는 왕희지의 글씨 중에서도 최고의 걸작으로 평가하는 〈난정서〉를 베껴 써 보라고 내게 주었다. 그런데 서예 역사상 최고라는 글씨가 내 눈에는 그저 평범한 글씨로밖에 보이지 않았다. 그러나 서너 달 동안 20~30번을 베껴 쓰다 보니 글씨가 다시 보이기 시작했다. 기운이 생동하는 것이 느껴졌고, 신묘한 기운이 전해져 왔다. 아, 이래서 이것을 최고의 글씨라고 하는 것이구나, 어렴풋하게나마 글씨의 가치를 알아보게 되었다. 또 '필첨일호(筆尖一毫)'라고 해서 획을 시작할 때 소위 기필(起筆) 부분에서의 바늘 끝 같고 터럭 같은 뾰족한 선이 처음에는 보이지 않더니 베껴 쓰기를 계속하자 드디어 보이기 시작했다. 그리고 글씨들에서 예전에 보이지 않던 미세한 선들도 보이기 시작했다. 대체 왜 보이지 않던 선들이 보이기 시작한 것일까? 나로 하여금 그 미세한 획들을 보게 한 것은 무엇일까? 나는 그 답을 '욕망(慾望)'이라고 하고 싶다.

글씨를 잘 써 보고 싶다는 욕망이 왕희지의 글씨에 눈을 부릅뜨

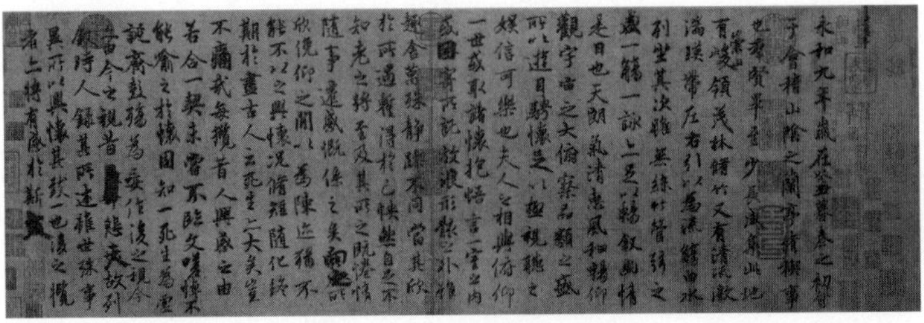

왕희지의 글씨 중에서도 최고의 걸작으로 평가하는 〈난정서〉다. '필첨일호'라고 해서 획을 시작할 때 소위 기필 부분에 바늘 끝 같고 터럭 같은 뾰족한 선이 있다.

게 했고, 그 결과 보이지 않던 선들이 보이기 시작한 것은 아닐까. 우리의 눈은 사물이 있다고 해서 그것을 있는 그대로 보지 않는다. 무엇이 눈앞에 존재하더라도 보려고 하는 마음, 보려고 하는 욕망이 먼저 작동하지 않으면 우리는 그것을 보지 못한다.

이러한 일은 일상에서 비일비재(非一非再)하다. '비비추'라는 식물이 있다. 7~8월에 연한 보라색 꽃을 피우는 이 식물은 도심에서도 쉽게 찾아볼 수 있는 아주 흔한 식물이다. 그러나 사람들은 그런 꽃이 주위에 있다는 것을 알지 못한다. 노란색 꽃을 피워 내는 애기똥풀도, 개망초도 주위에 아주 흔하다. 등굣길에서 혹은 산책길에서 우리의 눈이 그것들 위를 분명 한 번쯤은 스쳐 지나갔겠지만 우리는 그 사실을 기억하지 못한다. 왜일까? 그것을 볼 마음, 그것을 보고자 하는 욕망이 없었기 때문이다. 더 정확히는 애기똥풀이나 개망초에 대한 지식이 없었기 때문이다. 지식은 알고자 하는 욕망이 없으면 생기지 않는다. 지식이 생기면 우리는 사물을 더 잘 보고, 그 결과 사물에 관해 더 많이 알게 된다.

눈은 무엇이 앞에 있다고 해서 보지 않는다. 먼저 보려고 하는 마음이 있어야 비로소 그것을 본다. 버스를 타면 예쁜 여학생이나 잘생긴 남학생이 아주 잘 보이는 이유도 우리의 욕망이 그들의 존재를 눈여겨보도록 하기 때문일 것이다. 욕망이 있어 우리는 어떤 사람, 어떤 사물을 더 잘 보게 된다. 보고자 하는 마음, 보려고 하는 욕망이 우리를 사물 앞으로 의자를 바짝 당기게 한다.

자라 보고 놀란 가슴 솥뚜껑 보고 놀란다

매슬로의 욕구 5단계 이론에 따르면 가장 원초적인 욕구는 먹고 자는 문제와 관련이 있다. 아무리 무적의 천하장사라 할지라도 일단 먹고 자고 배설해야 목숨을 부지할 수 있다. 그러므로 욕구 중에서도 의식주와 관련된 욕구가 가장 밑바닥에 있는 것은 이해할 만하다. 그다음이 안전에 대한 욕구다. 안전에 대한 욕구는 위험을 피하려는 욕구, 다시 말하면 생존하고자 하는 욕구다. 맹독을 가진 독사와 마주쳤다고 하자. 극심한 공포를 느낄 것이다. 공포는 우리에게 말한다. 싸워라. 그러나 승산이 없다면 도망쳐라. 공포는 우리의 행동을 생존에 유리한 방향으로 몰고 가도록 한다. 만약 공포라는 감정이 인간의 몸에 장착되지 않았다면 인간은 지구상에서 일찌감치 모습을 감추었을지도 모른다.

독사와 마주치면 뇌에서 편도체가 활성화되고, 심장이 빨리 뛴다. 신장 위의 부신이 뇌의 한 부분인 시상의 명령을 받아 스트레스

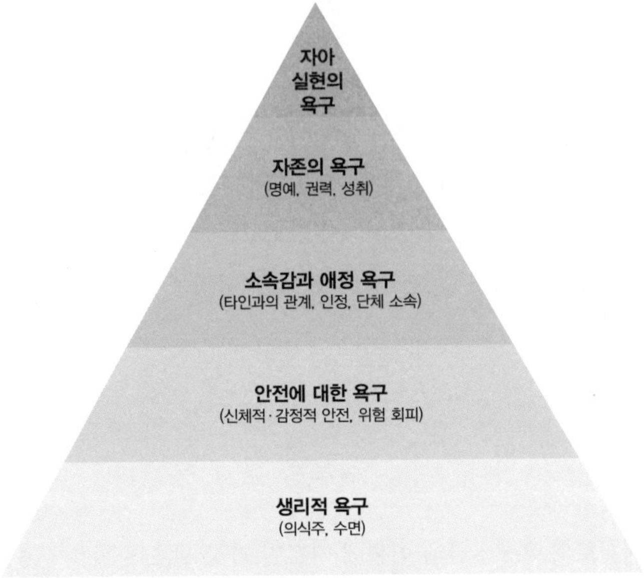

매슬로의 욕구 5단계 이론

호르몬인 아드레날린을 분비하기 때문에 심장박동이 빨라진다. 심장박동이 빨라지면 팔과 다리의 근육에 혈액이 빨리 공급되고, 그만큼 힘이 생겨 더 빠르게 도망갈 수 있게 된다.

천만다행으로 독사로부터 목숨을 보전했다면 그다음에 할 일은 무엇일까. 바로 그 사건을 기억해 두는 일이다. 편도체가 활성화되면 해마와 나머지 뇌의 부분에 이것은 중요하니 기억하라고 명령을 내린다. 편도체가 활성화되지 않으면 뇌는 중요하지 않다고 생각해서 저장을 하지 않는다. 공포스러운 기억은 잘 간직해 두지 않으면 또다시 그런 위험과 마주칠지도 모르기 때문이다. 기억의 디

스크에 '위험 파일'과 '안전 파일'이 있다면 위험 파일이 생존에 더 이득이 될 수 있다는 사실엔 특별한 설명이 필요 없을 것이다.

풀숲에서 부스럭거리는 소리가 들렸다. 무언가 있는 것 같다. '혹시 독사가?' 하는 생각이 든다. 편도체가 활성화되고 공포의 감정이 슬며시 고개를 든다. 튀자. 부리나케 도망을 간다. 얼마쯤 지나 뒤를 보니 독사는 없다. 안심이다. 그런데 며칠 뒤 독사가 나타난 곳을 지나게 되어 자세히 보니 마른 뿌리의 형상이 마치 독사가 똬리를 틀고 있는 것처럼 보인다. 며칠 전에 있었던 일은 이 나무뿌리를 독사로 잘못 보았던 데서 비롯된 것이었다.

그러나 나무 뿌리를 독사로 잘못 보았던 착각, 위험하지 않은 것을 위험한 것으로 보는 착각은 생존에 유리하면 유리했지 불리하게 작용하지는 않는다. 자라가 독사처럼 인간에게 위험한지는 모르겠다. 어쨌든 자라가 독사처럼 위험하다고 하면 '자라 보고 놀란 가슴 솥뚜껑 보고 놀란다.'라는 속담은 생존에 훌륭한 매뉴얼이 되고도 남을 것이다.

깜짝깜짝 놀라는 사람을 두고 '새가슴'을 지닌 사람이라고 한다. 새가슴을 지닌 사람의 뇌에서 편도체가 활성화되어 공포의 감정이 생기면 무서운 것들이 보이기 시작한다. 어둠 속의 버드나무에서 귀신을 읽는 것은 시간문제다. 물론 그다음은 싸우느냐 도망치느냐, 양자택일의 문제일 것이다.

2

남자의 몸에는 내비게이션이 있다

세세하게 보는 어미의 눈길을 만드는 것은?

아내는 처녀 때 남들보다 신경이 예민한 여자가 아니었다. 다소 무딘 쪽에 가까웠던 아내는 아기를 기르면서 달라졌다. 아기가 자다가 조금만 부스럭대도 벌떡 일어나 아기의 상태를 살핀다. 남편의 눈에는 매일 똑같은 얼굴인데 아내는 아기의 얼굴이 달라졌다고 한다. 남편의 눈에는 아내의 그 모든 행동이 호들갑으로 보인다.

그러나 아내는 아기의 눈 밑을 들여다보라고 하면서 남편에게 소리친다. 남편은 아기의 눈 밑을 들여다본다. 아닌 게 아니라 아기의 눈 밑에는 좁쌀보다 더 조그만 것들이 오글조글 돋아 있다. 대체 왜 아내에게 보이는 것들이 남편에게는 보이지 않는 걸까? 남편의 감각이 더 무뎌서일까? 아기에 대한 사랑이 부족해서일까? 왜 매번 아내가 보는 것을 남편은 놓치는 걸까?

남편이 잘 보는 것을 아내가 못 보는 경우도 흔하다. 마치 몸속에 내비게이션이라도 달린 것처럼 남편은 지리에 훤하다. 처음 가 보는 길도 남편은 잘 간다. 그러나 아내는 길 찾기에 젬병, 소위 길치다. 아내는 가 본 길도 자꾸 잊어버린다. 평균적으로 길과 공간에 대한 감각은 남편이 아내보다 탁월하다. 형편없는 공간 감각의 소유자, 소위 '길치'는 남자에게서보다 여자에게서 더 흔하게 나타난다.

왜 아내가 잘 보는 것을 남편이 잘 보지 못하고, 남편이 잘 보는 것을 아내가 잘 보지 못하는 걸까? 세상과 사물을 보는 데도 성차(性差)가 존재하는 걸까?

과학자들은 암컷 쥐의 모성적 행동(새끼를 보살피는 행동)에 영향을 끼치는 유전자를 발견했다. 그런데 '메스트', 'Peg3' 등으로 알려진 이 유전자들에 변화를 주면 암컷 쥐는 모성적 행동을 하는 데 장애를 보인다. 쉽게 말해 새끼들에 대한 각별한 관심이 사라지는 것이다. 이 유전자에 변화가 생기면 새끼가 아프다고 찡찡거려도 세상모르고 잠에 곯아떨어지는 비정한 엄마 쥐가 된다. 2001년 미국 듀크 대학 연구팀은 Peg3 유전자가 사람에게서도 발견되었다는 연구 결과를 발표하기도 했다.

모성적 행동을 유발하는 메스트, Peg3는 쥐로 하여금 새끼를 더 잘 보도록, 더 세세하게 보도록 만드는 물질임에 틀림이 없다. 아내가 아기를 갖고, 아기에게 젖을 먹일 필요가 생겼을 때, 아기에게 젖을 주는 수유(授乳) 행위에 더 적합하도록 아내의 몸에서는 어떤 호르몬이 분비되었을 것이다. 그 호르몬 덕분에 아내의 가슴은 한 생명을 먹여 살리는 생육의 자원 창고가 되었고, 아내는 조그만 부스럭거림에도 벌떡 깨어나게 되었으며, 아기의 상처를 남들보다 더 잘 볼 수 있게 되었을 것이다. 아내의 몸에서 일어난 이 작지만 커다란 변화, 이것이 생명을 나게 하고 자라게 하는 '어머니 자연'의 이치가 아니었을까?

아기를 돌보는 일은 남편이 미숙하지만 아내보다 더 나은 점은 없는 것일까?

오랫동안 남편은 사냥꾼으로서의 역할을 해 왔다. 사냥감을 추적하다 보면 거주지로부터 아주 멀리 떨어지게 될 경우도 있었을 것이다. 사냥감을 쫓는 길도, 포획한 사냥감을 메고 집을 찾아가는 길도 멀고 험했을지 모른다. 사냥꾼에게 공간 감각은 필수적이다. 남성들이 여성들보다 공간을 잘 보는 것, 즉 공간 감각이 탁월한 것도 수만 년 동안 사냥꾼으로서의 역할을 해 온 남성들의 경험이 인간의 몸에 각인된 결과라고 할 수 있다.

사냥감을 향해 창을 겨누고, 거리를 계산하고, 정확하게 사냥감의 심장을 향해서 창을 던질 수 있는 수리적(數理的) 능력은 훌륭한 사냥꾼에게 반드시 필요한 능력이다. 주로 사냥에 나섰던 남성들에게 수리적 능력은 여성보다 더 필요했을 것이다. 일반적으로 계산하는 능력, 즉 수리적 능력에서 남성이 여성들보다 뛰어난 것도 사냥꾼으로서의 감각이 몸에 각인된 결과라고 볼 수 있다.

사냥꾼이 사냥감에게 동정심을 느낀다면 훌륭한 사냥꾼이 될 수 없다. 때를 놓치지 않고 창을 사냥감의 심장에 정확하게 명중시키기 위해서는 단호함과 비정함이 필요했을 것이다. 동정과 눈물은 금물이다.

그러나 양육자에게 필요한 것은 아기, 즉 피양육자와 나누는 공감의 마음이다. 타인의 아픔을 나의 아픔으로 받아들이는 감수성, 이것이 '같이 느끼는 마음', 즉 공감(共感)이다. 공감은 마음과 마음을 연결하는 '마음의 탯줄'과 같다. 아기가 아프면 아기의 고통이 이 '마음의 탯줄'을 통해 엄마의 마음에 전해진다.

몸이 아프다, 목이 마르다, 기저귀를 갈아 달라, 아기는 말을 할 줄 모르니 엄마에게 자신의 의사를 표현할 수 없다. 그저 큰 소리로 울면서 나에게 지금 어떤 변화가 있으니 살펴 달라는 신호를 보낼 수밖에 없다. 아기의 울음은 엄마에게 보내는 일종의 구원 요청이다. 오줌이 마렵다든지, 기저귀가 축축하다든지 해서 불편함을 느낄 때, 아기가 울음으로 엄마에게 신호를 보내면 엄마는 울음소리를 듣고 달려와 아기의 상태를 살피고 물을 먹인다든지, 기저귀를 간다든지 하여 아기를 쾌적한 상태로 만들어 준다. 울음소리를 듣고 달려와 어르고 달래 주는 엄마에게서 아기는 세상의 위험으로부터 벗어나 보호받고 있다는 느낌, 즉 안정감을 누릴 수가 있다. 이 차분한 안정감을 만들어 주는 것이 바로 아기의 고통을 안쓰럽게 바라보는 엄마의 마음, 곧 공감이다.

여성호르몬이 여성의 특징을 만드는 데 기여한다면 여성의 가장 특징적인 마음, 공감에도 여성호르몬이 관여할 것이다. 물론 공감이라는 감수성을 여성호르몬이 독점적으로 만들어 낸다고는 할 수 없지만, 호르몬이 공감이라는 감정을 만들어 내는 데 적지 않은 역할을 하는 것만은 분명하다. 괴테는 《파우스트》에서 "영원히 여성적인 것이 우리를 구원한다."라고 말했다. 타인의 고통에 나 몰라라 하지 않고 내 몸처럼 타인의 몸에도 마음을 쓸 줄 아는 배려심, 바로 그것 때문에 우리는 스스로의 힘으로 걷고 뛰고 생각할 수 있는 독립적인 개체로 성장할 수 있었을 것이다. 나의 아픔과 상처를 간과하지 않고 세세하게 볼 줄 아는 어미의 눈 덕택으로 말이다. 그렇게 보면 저 홀로 크는 인간은 없다. 우리는 누구나 타인의 시선과 보살핌으로 크는 존재다.

가족이라는 이름의 그들

이은상의 수필 〈한 눈 없는 어머니〉는 글 속의 화자가 '김군'이라는 젊은이에게 보내는 편지글의 형식이다. 내용은 이렇다.

김군이 한쪽 눈이 없는 어머니의 사진을 들고 와서 이은상에게 알고 있는 화가에게 부탁을 해 어머니의 초상화를 그려 달라고 한다. 사진 속의 어머니는 한쪽 눈이 없었다. 그러나 김군은 어머니의 두 눈이 멀쩡하게 보이도록 그려 달라고 부탁한다. 이은상은 그 순간 가슴이 떨리고 눈앞이 캄캄해진다. 그는 아무 말도 할 수가 없었다. 입술이 떨어지지 않았기 때문이다. 그는 겨우 입을 열어 돌아가 달라는 말 한 마디를 내뱉는다. 김군을 돌려보내고도 그는 잠을 이루지 못한다. 마음이 진정이 되지 않아서다. 〈한 눈 없는 어머니〉는 김군에 대한 그의 마음을 진정시키기 위해 쓴 글이다. 그는 이렇게 쓰고 있다.

> 한 눈을 상하신 까닭으로 평생을 한스럽게 사셨을지도 모를 그 어머니……. 애닯소. 한 눈 없이 그대를 낳고 기르고, 그대를 위하여 애태우시다가 이제는 저 차가운 땅속에 드셨거늘, 자식인 그대마저 어찌 차마 그대 어머니의 상하신 한 눈을 업신여겨 저버린단 말이오? 그대에게 한 눈 가지신 어머니는 계셨어도 두 눈 가지신 어머니는 없었소. 온 세상이 다 불구라 비웃는다 해도 그대에겐 그분보다 더 고우신 분이 또 누구이겠소? 한 눈이 아니라 두 눈이 다 없을지라도 내 어머닌 내 어머니요, 내가 다른 이의 아들이 될 수는 없는 법이오.

이 구절을 통해 작가 이은상이 말하고 싶었던 것은 무엇일까. '있는 그대로'의 어머니를 받아들이라는 것은 아닐까? 그러나 우리는 '있는 그대로' 받아들이기를 꺼려한다. 현실은 누추하고 보잘것없기 때문에 그것을 가감 없이 '있는 그대로' 받아들였다가는 내 자신이 너무도 초라하게 느껴지기 때문이다. 왜 우리 집은 다른 집처럼 부유하지 못할까. 왜 우리 부모님은 두 분 다 대학을 다니지 못했을까. 왜 우리 아버지는 남들처럼 '괜찮은' 직장에 다니지 못할까, 왜 나의 외모는 이렇게 형편없을까. 우리는 '있는 그대로'의 현실을 받아들이기가 몹시 불편하다. 현실을 받아들이려면 남들과 비교하는 마음이 없어야 할 텐데, 우린 버릇처럼 자신을 남들과 비교한다. 불행은 비교에서 시작된다. 타인과의 비교에서 비롯되는 마음의 상실감을 사회학 용어로 '상대적 박탈감'이라고 한다.

몇 년 전 국내 TV에서 〈마더 쇼크〉라는 프로그램이 방영되었다. 프로그램 중에는 한국 엄마들과 미국 엄마들의 뇌를 비교하는 실험 내용이 있었다. 실험자들은 자기공명장치를 통해 한국 엄마들과 미국 엄마들의 뇌를 비교해 보았다. 실험은 상대방과 자신을 비교할 때 뇌가 어떻게 반응하는가 살펴보는 것이었다. 한국 엄마들의 뇌는 자신이 4,000원을 받았다는 사실에 만족하기보다 남이 적게 받았을 때 만족했다. 그리고 남이 자기보다 많이 받았다는 사실을 알았을 때는 만족스럽지 못한 반응을 보였다. 반면 미국 엄마들의 뇌는 자기가 4,000원을 받았다는 사실 그 자체에 매우 만족한다는 반응을 보이며 남보다 적게 또는 많게 받았다는 사실을 알았을 때는 아주 미미한 반응을 보였다. 실험자들은 이를 통해 한국 엄마들의 뇌가 남과의 비교에 따라 반응한다는 결론을 내렸다.

이러한 남과의 비교는 교육에서도 나타난다. 한국 엄마들은 남의 아이가 어떻게 되었는가에 관심을 갖는다. 우리 아이가 좋은 점수를 받았어도 남의 아이가 우리 아이보다 더 좋은 점수를 받았다면 시큰둥한 반응을 보이는 것이 이 프로그램에서 보이는 일반적인 한국 엄마들의 모습이었다. 아이들이 커갈수록 남과 비교하는 한국 엄마들의 태도는 강화된다. 그 결과는 어떨까. 2006년 레스터 대학에서 세계 178개국을 대상으로 조사한 행복 지도에서 한국은

102위에 그쳤다. 이 사실은 남과의 비교가 행복감을 저해하는 데 얼마나 크게 작용하는지를 말해 준다.

미국 휴스턴 대학 심리학과 연구원인 메이-리 스티어스는 페이스북이나 트위터와 같은 소셜 네트워크 서비스(SNS)를 너무 많이 하다 보면 우울증이 생길 수도 있다는 연구 결과를 국제 학술지 《사회 및 임상심리학》 2014년 10월호에 발표했다. 연구 결과를 요약하자면 페이스북 이용 시간과 타인과 자신을 비교하는 의식, 그리고 우울증이 서로 상관관계가 있다는 것이다.

페이스북이나 트위터를 비롯한 소셜 네트워크 서비스에는 수많은 여행 사진이 올라온다. 그 사진 속에서 미소 짓는 여행객의 표정은 행복하기 그지없다. 포토샵으로 손 본 여행객의 얼굴은 젊고 아름답다. 그 앞에 놓인 먹을거리는 풍성하고, 그의 뒤에 놓인 배경은 아름답기 그지없다. 바로 이 순간 우리의 뇌에서는 '비교'가 작동한다. 바로 이 비교가 유발하는 것이 상대적 박탈감이다. 상대적 박탈감을 느끼는 순간, 주위의 모든 것이 잿빛으로 보인다. 식탁은 초라해 보이고, 걸치고 있는 옷은 너무 평범해 보인다. 우리의 뇌에 상대적 박탈감이 작용할 때, 자신의 처지와 분수에 만족할 줄 알라는 '안분지족(安分知足)'이란 말은 한낱 교과서 속의 사자성어에 불과하게 된다.

〈한 눈 없는 어머니〉에서 김군은 한 눈이 없는 어머니를 부인한다. 남들 어머니의 눈은 멀쩡한데 왜 내 어머니의 눈은 '한 눈'이어야 하는가, 하는 상대적 박탈감 때문이다. 김군이 그려 달라고 부탁한 초상화의 형상은 실제 어머니의 모습이 아니다. 두 눈이 멀쩡한 어머니는 김군의 어머니가 아니라 남의 어머니다. 김군은 자신을 낳아 주고 길러 준 자신의 어머니, 한 눈 없는 어머니를 부정했다. 작가 이은상이 잠을 못 이룬 것도 김군이 자신의 어머니를 부정했다는 사실 때문이었다.

임권택 감독의 〈길소뜸〉이란 영화에서는 자식을 부정하는 부모가 등장한다. 주인공 화영은 '이산가족 찾기' 프로그램을 보고 전쟁 때 헤어진 자신의 아들을 수소문하게 된다. 수소문 끝에 화영은 춘천 인근에 사는, 아들이라고 추정되는 사람과 만난다. 오랫동안 마음속에 그리던 아들이 살아 있다는 소식을 들었으니 오죽 기쁜 일이겠는가. 그러나 화영은 아들이라고 추정되는 그가 차에 치인 개를 잡아먹겠다고 말하는 모습을 보고 실망을 느낀다. 게다가 그는 배운 것도 없고, 교양이라고는 찾아볼 수 없는 사람이었다. 화영은 점점 그에게서 실망을 느끼게 되고, 나중에는 그가 아들이 아닐 것이라고 단정 짓기도 한다. 결국 피를 뽑아서 DNA 검사를 하자 둘은 모자 관계임이 확실하다고 판명되지만, 화영은 자신의 아들일 리가 없다면서 그 결과마저도 부정한다.

〈한 눈 없는 어머니〉에서 김군이 자신의 어머니를 받아들이지 못한 것도, 〈길소뜸〉에서 화영이 자신의 아들을 아들로 받아들이지 못하는 것도 어머니와 아들이라는 대상을 너무 이상화한 결과다. 이은상의 수필 속 김군이 우리 어머니는 두 눈이 온전해야 한다는 식으로 어머니를 이상화했다면, 임권택의 영화에서 화영은 아들을 교양있고 세련된 이로 이상화했다.

이상화는 현실 부정의 결과다. '있는 것'을 받아들이지 않고 '없는 것'을 있어야 한다고 생각하는 것이 이상화다. 눈앞에 있는 현실을 부정하고 '없는 것'을 바랄 때, 우리의 삶은 결코 행복에 이를 수 없게 된다. 우리가 함께 행복을 누려야 할 상대는 현실에 없는 어머니나 아들이 아니라 다소 부족해 보이더라도 우리의 옆에 항상 존재하는 그들이다. 가족이라는 이름의 그들.

보이지 않는 것을 보는 눈,
들리지 않는 것을 듣는 귀

'사람을 본다'는 것은 동물원에서 사자를 보고, 호랑이를 보는 것과는 다르다. 왜? 보이는 것을 통해 보이지 않는 것을 보아야 하기 때문이다. 우리는 어떤 이의 공손한 말씨와 몸짓에서 그의 바른 인간성을 본다. 우리의 귀가 듣는 것은 어떤 이의 말씨요, 우리 눈이 보는 것은 그이의 몸짓이다. 우리는 눈으로는 그의 몸짓을 보고, 마음으로는 그의 보이지 않는 인간성을 판단한다. '사람을 본다'는 것은 보는 행위와 본 것을 해석하고 판단하는 행위를 동시에 아우른다.

보이는 것을 통해 보이지 않는 것을 판단하는 행위를 흔히 '읽는다'라고 표현한다. 어떤 일에 능숙하지 못해 그 일을 앞에 두고 머뭇거리는 내 행동을 보고 누군가는 나의 미숙함을 읽는다. 새로 소개받은 여자 친구 앞에서 어색해하는 친구의 모습을 보고 나는 그의 소극적인 성격을 읽는다. 유능한 선장은 저녁의 구름을 보고 폭풍우가 올 것을 읽는다. 지혜로운 농부는 겨울의 벌판에서도 봄이 올 조짐을 읽는다. 유능한 의사는 어떤 사람의 손톱만 보고도 그의 몸에 이상이 있음을 읽는다. 이렇게 '읽는다'는 것은 봄(seeing) 이상을 함축한다.

맞벌이를 할 때의 일이다. 하루는 새벽 두 시경에 아들이 우는 소리에 잠이 깼다. 아내는 전전긍긍하며 아이를 달래고 있었다. 나는 왜 아이를 울리냐고 아내에게 약간 볼멘소리로 짜증을 냈다. 아내는 기가 막힌다는 표정을 지으며 왜 아기가 우는지 영문을 모르겠느냐고 물었다. 모른다고 답하니 아내는 밖에서 무슨 소리가 들리지 않느냐고 내게 묻는 것이었다. 차의 시동 소리 말고는 들리는 게 없기에, 차 소리 때문에 아기가 우느냐고 되물으니 아내는 바로 차 소리 때문에 아이가 우는 것이라고 했다. 세상에, 차 소리 때문에 우는 아이가 어디 있느냐고 하니 아기는 아침마다 부모와 떨어지기 싫어서 자기를 데리러 온 자동차의 시동 소리가 무서웠던 것이고, 저 창밖의 자동차 소리를 아침마다 자기를 데리러 오는 어린이집의 자동차로 생각하고 울고 있다는 것이 아내의 설명이었다. 왜 그런 사실을 아내는 알고 나는 몰랐을까. 아내는 자동차 소리가 아이에게 어떤 의미인지를 알았고, 나는 그 소리가 아이에게 어떤 의미인지를 몰랐다. 귀로는 소리를 들었지만 그 소리가 어떤 의미를 가지는가를 몰랐다면 우리의 귀는 그 소리를 진정으로 들었다고 할 수 없다.

세상의 모든 어머니들의 귀는 소리만을 듣는 것이 아니라 그 소리의 의미를 읽는다. 바로 그런 귀가 '사랑의 귀'라고 나는 생각한다. 역지사지(易地思之), 타인의 입장이 되어 감각을 수용할 줄 아는 사람의 귀.

과학자의 눈과 예술가의 눈

예술가의 눈은 건성으로 보는 것을 거부한다. 예술가들은 시시각각으로 변하는 산을 보고, 계절마다 달라지는 산을 본다. 봄의 산과 여름의 산, 가을의 산과 겨울의 산은 분명 다르다. 바람 부는 날, 흐린 날, 햇빛이 투명한 날, 산의 모습은 시시각각으로 변한다. 그러나 우리의 의식은 산의 그 모든 변화 양상을 제대로 살피지 않는다. 시간의 흐름 속에서 섬세하게 변하는 사물의 모습을 지켜보는 사람, 우리는 그들을 예술가라고 부를 수 있다.

도토리가 열리는 나무를 우리는 흔히 참나무라고 부른다. 그러나 참나무는 종류가 매우 많아 전 세계적으로 500여 가지에 달하며, 우리나라에는 그중 대표적인 참나무 여섯 가지가 있다. 신갈나무, 굴참나무, 졸참나무, 떡갈나무, 상수리나무, 갈참나무가 그것이다. 우리는 참나무의 열매를 도토리라고 부른다. 많은 사람들이 도토리가 한 종류라고 알고 있지만, 실은 여섯 가지 참나무 중 어떤 나무에서 열리는가에 따라 도토리의 모양새가 다르다. 이런 세세한 차이를 볼 줄 아는 사람은 여섯 가지의 도토리를 구별하지만 보통 사람들은 그 모두를 뭉뚱그려서 생각한다.

과학자는 사물을 뭉뚱그려 판단하지 않는다. 그들은 사물을 사물 그 자체로서 본다. 오리나무는 오리나무대로 형상과 특색을 가지고, 배롱나무는 배롱나무대로의 형상과 특색을 가진다. 은행나무는 세상의 어떤 나무와도 다르다. 사과나무도 마찬가지다. 이 세상에 일반적이고 추상적인 나무는 존재하지 않는다. 존재하는 것은 독자적이고 개별적인 나무다. 그 모두는 저마다 다르다. 색도 다르고 나뭇가지와 잎사귀와 꽃의 모양도 다르고, 향기도 다르다. 꽃이 피는 때도, 낙엽이 지는 때도 저마다 다르다. 각양각색(各樣各色), 어떤 나무도 똑같지 않다. 모든 나무의 다름과 차이를 보는 눈, 세상에 어떤 나무도 같지 않다고 보는 눈, 내 앞에 있는 나무가 유일무이한 독특한 형상과 무늬를 가지고 있다는 생각으로 그 특이점을 살펴볼 수 있는 눈이 새로운 과학 이론을 낳는 것이 아닐까.

그러나 그런 섬세의 정신을 지닌 눈이 과학자나 예술가에게만 있는 것은 아니다. 몹시 아파 본 사람은 안다. 몸의 건강이 얼마나 소중한지를. 건강을 잃고 나서야 비로소 건강의 중요성을 알게 되는 법. 불치병을 앓고 있는 환자가 창밖으로 보는 봄은 여느 봄과는 다르다. 마지막이 될지도 모르는 봄을 어찌 가볍게 간과할 수 있으랴. 그는 어쩌면 다시 볼 수 없는 봄을 절실하게 바라볼지 모른다.

마라톤을 뛰어 본 적이 있는가. 풀코스가 힘들다면 당장 10킬로미터라도 달려 보라. 그러고 나서 물을 한 그릇 마셔 보라. 물이 다시 보이기 시작할 것이다. 오랜 여행을 하고 나면 집이 달리 보이고, 지독한 슬픔과 외로움을 겪고 나면 친구가 달리 보일 것이다.

지리산 정상에서 텐트도 없이 밤을 새우며 밤하늘을 바라본 적이 있는가? 거기에 얼마나 많은 별들이 눈을 뜨고 있는지를 설레며 지켜본 적이 있는가? 여행은 설렘을 잃어버린 우리의 눈에 생기를 불어넣는다. 그러나 변화 없이 반복되는 일상 속에서 우리의 눈은 새로운 것을 보는 활력을 잃는다. 처음에는 가슴을 설레게 했던 사람이 무덤덤하게 보이는 것도 그에게서 더 이상 새로움을 보지 못하기 때문이다. 그러나 우리가 늘 새롭게 변화하는 존재라면, 새로운 모험을 감행하며 자신을 부단히 향상시키는 존재라면 상대방은 우리를 눈을 비비고 다시 볼 수밖에 없을 것이다. 내가 알던 사람이 저 사람이 맞나? 괄목상대(刮目相對)라는 단어는 그럴 때 쓰는 말이다.

3

방파제 앞 횟집 주인은 왜 파도 소리를 듣지 못할까?

왜 우리는 향기로운 님의 목소리에 귀를 먹는가?

1999년 미국의 인지 심리학자인 크리스토퍼 차브리스와 대니얼 사이먼스가 하버드 대학 심리학과 건물에서 재미있고 독창적인 실험을 한다. 바로 '투명 고릴라' 실험이다. 이 실험은 유튜브에서 '투명 고릴라'라는 검색어를 넣으면 쉽게 찾아볼 수 있다.

실험자들은 학생 여섯 명을 두 팀으로 나눠 한 팀에겐 검은색 셔츠를, 한 팀에겐 흰색 셔츠를 입혔다. 그리고 두 팀이 뒤섞여 농구공을 패스하게 했다. 이 장면을 동영상으로 찍어 학생들에게 보여 주고 흰색 팀의 패스 횟수를 세도록 했다. 동영상 중간에는 고릴라 의상을 입은 사람이 선수들 사이로 걸어 들어와 선수들 가운데 멈춰 서서 카메라를 향해 고릴라처럼 가슴을 두드리고는 걸어 나갔다.

동영상을 보여 주고 학생들에게 '고릴라를 봤느냐?'고 묻자 실험 참가자 중 절반은 고릴라를 보지 못했다고 했다. 다른 학생들을 상대로 여러 차례 반복해서 실험해도 결과는 마찬가지였다. 학생들은 왜 고릴라를 보지 못했을까?

빠른 걸음으로 길을 걷다 문득 열쇠를 어딘가에 두고 왔다는 것이 생각난다. 열쇠가 없으면 사무실 문을 열 수가 없다. 열쇠를 찾는 일이 시급하다. 대체 어디에 두었는지 떠올려 본다. 이럴 땐 당연히 걸음의 속도를 늦추든지, 걸음을 멈출 수밖에 없다. 왜 그럴까? 우리의 뇌는 두 가지 작업을 동시에 수행하기 벅차도록 설계되어 있다. 구구단을 외는 것과 같이 평범하고 습관적인 작업은 뇌에 부담을 주지 않지만, 생소한 문제에 대해 그 해법을 궁리해 보는 일은 만만치 않은 집중력을 요구한다. 이런 고난도 정신적 작업을 접시 돌리기와 같은 위험도 높은 작업과 병행할 수는 없다. 망치질을 할 때 다른 생각을 하면 손가락을 다치기 십상이다. 구구단을 외면서 저글링을 할 순 있지만 미적분학을 공부하면서 저글링을 하기는 매우 어렵다. 우리의 집중력은 한정되어 있어 동시에 두 작업을 원활하게 해낼 수는 없기 때문이다.

특정 부분에 주의력을 빼앗겨 예상치 못한 사물이 등장했을 때 이를 인식하지 못하는 현상을 심리학에서는 '무주의 맹시(inattentional blindness)'라고 부른다. 주의를 기울이지 못해 장님과 같은 시선, 즉 무주의 맹시에 빠지는 것을 잘 보여 주는 시가 만해 한용운의 〈님의 침묵〉이다. 그 한 구절을 보자.

> 날카로운 첫 키스의 추억은 나의 운명의 지침을 돌려놓고 뒷걸음쳐서 사라졌습니다.
> 나는 향기로운 님의 말소리에 귀먹고 꽃다운 님의 얼굴에 눈멀었습니다.

시를 따라가 보자. 사랑하는 님이 나에게 키스를 한다. 그것도 첫 키스다. 얼마나 황홀하고 짜릿하고 달콤할 것인가? 나의 감각이 온통 그의 입술로 집중된다. 나의 눈과 귀를 비롯한 모든 감각기관이 그에게로 향한다. 내 귀가 온통 님의 목소리에 쏠려 있을 땐, 누군가 나에게 뭐라 말을 해도 들리지 않는다. 내가 그의 꽃다운 얼굴을 바라보고 있을 땐, 어떤 '고릴라'가 지나가도 보이지 않는다. 사랑이 우리를 눈멀게 하고, 귀먹게 하기 때문이다. 사랑에 눈이 먼다는 것은 우리의 감각이 특정한 대상에게 온통 쏠린다는 것을 의미한다. 아름다운 것, 향기로운 것은 우리의 감각을 송두리째 앗아간다. 다른 사람, 다른 사물이 눈에 보일 리 만무하다. 한용운은 바로 그 절대적으로 아름다운 존재에게 온통 몸과 마음이 쏠려 버린 자의 운명을 노래하고 있다. 한용운의 시가 말하는 무주의 맹시를 직접 실험해 보기 위해선 일단 어떤 존재를 열렬하게 사랑해 볼 일이다.

지하철에서 재밌는 책을 읽으면 안 되는 이유는?

무언가에 집중해 몰입하면 실제로 청력이 차단된다는 연구 결과가 있다. 한용운의 〈님의 침묵〉의 자연과학적 논증인 셈이다. 다음은 영국의 일간지 《데일리메일》 2011년 5월 27일 자에 실린 내용이다. 사람이 책이나 낱말 퍼즐 게임에 몰입할 때 주변 소리를 듣지 못하는 경우가 있는데 영국 유니버시티 칼리지 런던 인지신경과학회 닐리 라비 교수 팀이 실험을 통해 그 이유를 밝혔다.

라비 교수 팀은 100명의 자원자를 뽑아 실험했다. 실험 참가자들에게는 각각 헤드폰을 끼고 십자말 퍼즐을 푸는 임무가 주어졌다. 한쪽은 가로세로의 배경색을 달리해 퍼즐의 난도를 낮게 하고, 다른 한쪽은 가로세로 색 구분을 없애고 글자 길이를 비슷하게 하는 등 난도를 높였다. 실험 참가자들이 퍼즐을 푸는 동안 예상하지 못한 시점에 헤드폰에 소리를 내보내고 실험이 끝난 뒤 참가자들이 소리를 들었는지 물었다.

실험 결과 가로세로를 색으로 구분한 퍼즐을 푼 참가자들은 열 명 중 두 명만 소리를 놓쳤다. 반면 좀 더 어려운 낱말 퍼즐을 푼 참가자들은 열 명 중 여덟 명이 소리를 듣지 못했다.

풀숲에서 무언가 바스락거렸다. 뱀일 수도 있고 아닐 수도 있다. 이때 풀숲에서 바스락거리는 소리가 실제로 뱀이 움직이는 소리였고, 어떤 사람이 이 소리를 들을 수 있는 청각을 가졌다면 이 사람은 뱀에 물릴 위험이 적어진다. 이런 사람은 진화론적 관점에서 보면 생존 가능성이 좀 더 높은 경우라고 할 수 있다. 라비 교수는 "청각은 위험을 알리는 경고 시스템으로 진화해 왔다. 그러나 우리 연구는 사람이 무언가에 집중할 때 우리를 둘러싼 세계로부터 효과적으로 귀머거리가 되기도 한다."고 밝혔다. 다른 소음들에 귀를 막아 버리고 오직 한 가지 소리에 주의를 집중하는 올인(all in) 전략이 적응력을 높인다는 말이다.

앞에서 본 것처럼 우리의 뇌는 한 가지 소리에만 집중하기도 하지만, 주의를 기울이지 않으면 아무 소리도 들을 수 없는 '무주의 맹청(inattention deafness)'에 빠지기도 한다. 지하철에서 재미있는 책을 읽다가 안내 방송을 못 듣고 내릴 역을 놓친 적은 없는가. 책에 빠져 내려야 할 역을 놓치고 역무실에 가서 안내 방송을 했는지 따져 봐야 소용이 없다.

개구리의 눈은 움직이지 않는 것은 없는 것으로 간주한다

내 앞에 새로운 물체가 나타났다고 하자. 그것은 사냥감일 수도 있고 맹수일 수도 있다. 우리가 새로운 것에 주의를 기울이지 않는다면 우리는 사냥감을 잃거나 맹수에게 목숨을 잃을 수도 있다. 이런 사정은 인간이 왜 움직임에 민감하도록 진화했는지를 알게 해준다. 움직임을 포착하는 능력이 생존 능력을 향상시킨다는 것은 자명한 사실이다. 움직임이 거의 없는 식물보다는 움직이는 동물이 기회 요인(먹이)이거나 위험 요인(포식자)이기 때문이다.

개구리는 움직이지 않는 것은 보지 않고 움직이는 것만 따로 본다. 움직이는 것이 기회 요인, 먹잇감일 가능성이 높기 때문이다. 개구리는 보통 동물의 눈과 달리 눈동자가 고정돼 있기 때문에 움직이지 않는 사물은 볼 수가 없다. 그뿐만 아니라 명암만을 구분하는 전색맹이므로 개구리에게 세상은 온통 흑백으로만 보일 것이다.

이러한 성질의 눈을 가진 개구리는 한곳에 붙어 있는 파리는 잡아먹을 수 없지만 날아가는 파리는 순식간에 잡아먹는다. 움직이지 않는 것을 '제로(zero)'로 처리하는 개구리의 시각 처리 시스템을 잘 아는 뱀은 개구리가 나타나면 꼼짝도 않는다. 나 여기 없다는 신호를 보내는 것이다. 결국 개구리는 미동도 않고 있다 순식간에 움직이는 뱀에게 잡아먹히고 만다. 개구리는 그 눈 때문에 삶도 얻고, 죽음도 얻는다.

인간에게도 비슷한 경향이 있다. 바닷가에 사는 사람이나 방파제 앞에서 횟집을 운영하는 사람은 1년 365일 파도 소리에 노출될 수밖에 없다. 만약 횟집 주인의 뇌가 파도 소리를 의식한다면 뇌는 끊임없는 입력 신호를 견디다 못해 과부화 상태가 되고 말 것이다. 이렇게 입력 과부화 상태가 되면 뇌는 용량의 한계로 인해 다른 신호가 끼어들 여지가 없게 된다. 이런 상태는 인간의 생존을 위협한다. 이런 위협 상태를 미연에 방지하기 위해 뇌는 일반적으로 계속 반복되는 신호는 무시하는 경향이 있다. 좋은 충고의 말도 계속 들으면 따분해져서 듣는 둥 마는 둥 하는 것이 인간의 인지 시스템이다. 아무리 좋은 음악도 계속 들으면 지루해지기 십상이고, 아무리 좋은 풍경도 계속 보면 범상해지기 마련이다. 우리의 뇌는 새로운 것에 반응하도록 설계되어 있다고 해도 과언이 아니다. 생명체를 자극하는 것은 대체로 기회 요인이거나 위험 요인인 경우가 많다. 이 두 가지를 무시하는 것이 생존에 도움이 될 까닭이 없다. 새로운 것에 반응하고, 새로운 것을 추구하는 것은 생존의 기회를 높여준다.

4

스님은 헤드폰을 쓰고 염불하지 않는다

왜 어떤 사람의 눈에는 보이는 것이 내 눈에는 보이지 않는 걸까?

우리가 살고 있는 세상은 감각의 제국이다. 세상에는 볼 것도 많고 들을 것도 많고 냄새 맡을 것도 많다. 문제는 우리의 눈과 귀와 코가 세상의 모든 자극을 다 지각할 수 없다는 사실에 있다. 당연히 우리는 한정된 것만 지각한다. 어떤 것은 지각하고, 어떤 것은 배제하는 행위를 심리학에서는 '선택적 지각(selective perception)'이라고 한다.

각인각색(各人各色), 사람들은 저마다 다르다. 생김새도 다르고, 취향도 다르고, 기억도 다르다. 고등학교 동창이라면 기억을 공유하고 있을 것이라고 생각하겠지만 천만의 말씀이다. 졸업을 한 지 오랜 시간이 흘러 친구들을 만나 보면, 저마다 특별히 기억하는 선생님들이 다르고, 기억하는 수업도 다르다. 심지어는 같은 대상에 대한 기억의 내용도 다르다. 기억의 문이 어느 쪽으로 열려 있는지 알 수 없기 때문이다. 어느 쪽 문이 열려 있는가를 결정하는 것은 그 사람의 취향과 욕망과 가치관이다.

그런데 고등학교 때 그렇게 친하지도 않았고 교류도 별로 없었지만, 나중에 만나 대화를 하다 그가 꺼내 놓는 같은 기억을 공감하면서 듣게 될 때가 있다. 수없이 흘러 들어오는 감각 정보 중에서 그가 받아들이고자 했던 감각과 내가 받아들이고자 했던 감각이 일치했음을 확인하는 순간, 묘한 감동을 느낀다. 우리는 나와 감각이 비슷한 친구에게 더 진한 우정을 느끼기 마련이다. 왜? 그가 나의 마음을 누구보다도 더 알아주기 때문이다. 동병상련(同病相憐), 같은 병을 앓아 본 자만이, 그 병에 걸린 사람을 위로할 수 있지 않다던가. '나'의 감각적 경험에 미루어 우리는 타인의 감각을 경험한다.

헤드폰을 쓰고 염불을 하는 스님이 없는 이유는?

길을 걷다 보면 스마트폰을 만지작거리면서 걷는 사람들을 쉽게 찾아볼 수 있다. 눈앞도 살피고 스마트폰도 살피면서 과연 눈이 멀티태스킹을 제대로 수행하고는 있는지 모르겠다. 공부할 때도 헤드폰을 끼고 음악을 들으면서 공부하는 학생들이 있다. 담임 선생님이나 부모님은 하나만 하라고 잔소리를 늘어놓지만 아이들은 그 말을 어른들의 노파심쯤으로 치부한다.

걷는 행위에도 뇌의 많은 부분이 동원된다. 소뇌는 땅이 움푹 패었는지 볼록한지 등 지표의 성질에 따라 근육의 긴장도를 조절한다. 중뇌는 보폭의 크기를 결정하며 언제 발을 떼고 내려놓을지 그 타이밍을 관장한다. 대뇌 후두엽의 시각 피질은 물체의 모양과 위치, 운동 상태를 분석한다. 이처럼 걷는다는 것은 뇌의 여러 부분이 복합적으로 작용하는 종합적인 행위다. 간단한 것 같지만 뇌의 많은 부분이 동원되는 걷기 행위에 스마트폰이 개입되면, 시야가 축소되고 주의력이 급격히 감소하여 결국 맨홀에 빠질 위험성이 그만큼 커진다.

'스마트폰 보행자'는 스마트폰 만지작거리기와 보행을 동시에 잘 수행하는 멀티태스킹이 충분히 가능하다고 여기겠지만, 이는 뇌과학적 측면에서 볼 때 착각에 불과하다. 운전 중에 휴대전화를 손으로 들고 사용하거나 DMB 기기를 통해 영상을 보는 것을 법으로 금지하는 이유도 바로 운전과 스마트폰 작동, 동영상 시청과 같은 여러 가지 과제를 동시에 수행하는 것을 뇌가 싫어한다는 사실과 관련이 있다.

헤드폰을 끼고 염불을 하는 스님을 보았는가? 지성감천(至誠感天), 지극한 정성을 다하면 하늘도 감동한다고 했다. 지극한 정성은 하나에 모든 에너지를 쏟는 마음이다. 헤드폰을 끼는 즉시 정성은 반감된다. 하늘을 감동시키려면 헤드폰을 빼는 것이 좋겠다. 더구나 부모님이 말씀하시는데 자식들이 헤드폰을 끼고 있다가는 혼쭐이 난다. '아버지 말씀 듣고 있는데요.'라는 변명은 통하지 않는다. 어른들 앞에서의 멀티태스킹은 위험하다는 이야기다.

시각의 차이는 눈의 해부학적 구조의 차이

본다는 것은 무엇을 의미할까. 먼저 본다는 것은 눈을 통해 빛의 자극을 받아들이는 물리적 작용을 의미한다. 그러나 본다는 것은 눈과 뇌의 합동 작전이다. 망막에 어떤 상이 맺혔다고 해도 뇌가 인식하지 못하면 무엇을 보았다고 할 수 없다. 뇌가 없으면 사물은 물에 비친 그림자에 불과하다. 그러므로 본다는 것은 망막에 맺힌 상이 시각신경을 통해 시각을 담당하는 뇌의 중추신경에 전달되는 생리적 작용을 의미한다고 할 수 있다. 건강한 눈을 지녔다는 것은 바로 이런 물리적·생리적 작용에 이상이 없는 눈과 뇌를 지녔음을 의미한다.

그런데 물리적·생리적 작용에 이상이 없는 눈과 뇌로 동일한 대상을 보았다고 해도 모든 사람의 시각적 경험이 같을 수는 없다. 그 이유는 경험을 받아들이는 감각기관의 구조, 다시 말해 눈의 해부학적 구조가 조금씩 다르기 때문이다. 사진을 예로 들어 보자. 같은 피사체를 찍더라도 그것을 받아들이는 렌즈의 물리적 구성이 다르면 사진이 달라진다. 렌즈가 다르다는 것은 빛을 받아들이는 민감도가 다르다는 것을 의미한다. 같은 빛이라도 렌즈에 따라 그 양을 다르게 받아들인다면 당연히 사진도 달라진다. 필름의 경우도 마찬가지다. 같은 필름이라도 '후지 필름'이냐 '코닥 필름'이냐에 따라서 그 특성이 다르므로 일반화하기에는 무리겠지만 '코닥은 황색 계열의 발색이 좋아서 인물에 좋고, 후지는 녹색 계열의 발색이 좋아서 풍경에 좋다.'라는 정도로는 말할 수 있다. 다시 말해 같은 인물이나 풍경도 어떤 제조사의 필름을 쓰느냐에 따라서 사진의 느낌이 달라진다는 말이다. 여기서 렌즈와 필름이 상징하는 바가 무엇일까. 바로 사태와 상황을 받아들이는 감각기관 구조의 차이다.

한 사람의 감각기관의 해부학적 구조를 결정하는 것은 DNA라고 하는 분자 단백질의 구조이고, 모든 사람의 DNA가 동일하지 않다고 한다면 결국 모든 사람의 감각기관에는 미세한 변이와 차이가 존재한다. 이러한 분자 단백질 구조의 상이함이 결국 같은 사물을 다르게 인식하게 하는 차이를 낳는다.

그렇다면 같은 DNA를 공유하고 있는 일란성 쌍둥이의 경우는 어떨까? 같은 구조의 감각기관을 가지고 있으므로 사물을 인식하는 것도 똑같을까? 여기서 완벽한 일란성 쌍둥이를 만드는 '사고 실험'을 해 보자. 나와 똑같은 복제 인간을 한 명 더 만들었다고 가정해 보는 것이다. 쉽게 말해 '나'와 똑같은 '나'가 두 명이 되는 것이다. 그 두 명이 같은 물을 마셨다고 하자. 그 물맛이 같을까? 그럴 수가 없다. 왜? 각각의 상황과 환경이 다르기 때문이다. 상황과 환경이 바뀌면 같은 대상을 경험하고도 그 경험의 내용이 달라진다.

착시는 합리적인 눈의 판단일 수 있다

가장 이상적인 눈은, 있는 것을 있는 그대로 보는 눈이다. 그러나 사람의 눈은 카메라의 눈과 달리 실제를 그대로 보지 못한다. 기계의 눈과 달리 인간의 눈은 착각을 자주 범한다. 실제와는 다르게 느끼는 것을 착각이라고 하고, 착각 중에서도 시각에서 일어나는 것을 착시라고 한다. 같은 선이나 모양이 달리 보이는가 하면 원근감이 생기기도 하고, 주위에 있는 선의 굵기나 간격에 따라서 같은 형상이 달라 보이기도 하는 것이 착시다.

술잔으로도 보이고
옆 얼굴 두 개로도 보인다.

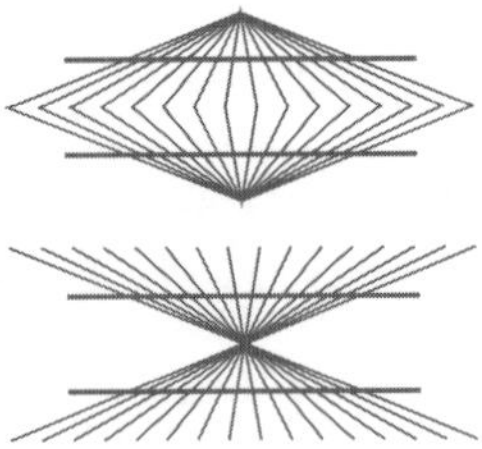

방사선 위의 평행선이 구부러져 보인다.

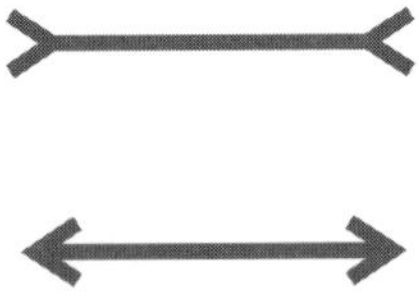

바깥으로 향한 깃의 선이
더 길어 보인다.

착시 중에 '뮐러-리어 착시(Müller-Lyer illusion)'라는 것이 있다. 똑같은 길이의 두 선분이 끝에 추가된 '깃(fins)'의 방향 때문에 다른 길이로 보이는 착시가 바로 뮐러-리어 착시다. 그림으로 제시된 선분 중 바깥쪽을 향한 깃을 가진 선분이 더 길게 보이는 것이다.

이러한 착시는 단지 뇌가 잘못 판단했기 때문일까? 물론 같은 길이의 선을 다르다고 판단했으니 뇌의 잘못이라고도 할 수 있겠다. 그러나 문제는 그리 단순하지가 않다. 같은 길이의 5센티미터라도 멀리 있을 때의 5센티미터와 가까이 있을 때의 5센티미터는 같지 않다. 우리의 눈은 멀리 있을 때의 5센티미터와 가까이 있을 때의 5센티미터를 같은 길이로 볼지 몰라도 우리의 뇌는 멀리에 있는 5센티미터가 더 길다고 판단한다. 쉽게 말해 두 개의 점이 같은 크기로 보일지라도 멀리 있을 때는 바위요, 가까이 있을 때는 파리라면, 우리의 뇌 역시 그 두 개의 점을 상이한 점으로 판단하는 것이다. 바로 이것이 뮐러-리어 착시의 비밀이다.

이를 더 쉽게 보여 주는 그림이 있다. 극장 매표 창구의 왼쪽 각진 선과 출입문 왼쪽의 각진 선의 길이는 같다. 그러나 우리는 출입문 왼쪽의 각진 선이 더 길다고 판단한다. 왜 그럴까? 우리의 감각은 수동적이 아니라 매우 능동적이기 때문이다. 컴퓨터라면 두 선의 길이가 같다고 판단할 것이다. 그러나 우리는 컴퓨터가 아니다. 우리는 과거의 경험을 적극적으로 활용해 우리의 감각에 입력된 경험을 다시 해석해서 결론을 내린다.

도시 환경에서 사람들은 모서리와 각진 선에 곧잘 노출된다. 그렇기 때문에 똑같은 선이 주어지더라도 바깥쪽을 향한 깃을 가진

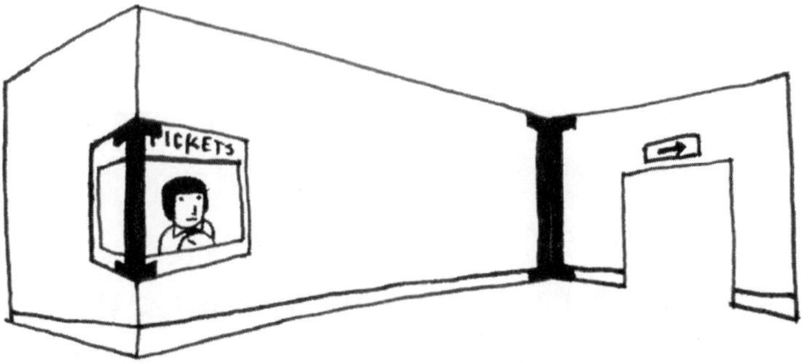

선이 더 길다고 판단하게 된다. 그러나 초원이나 산악 환경에 사는 사람들은 모서리와 각진 환경에 노출되는 빈도가 낮아 뮐러-리어 착시를 잘 일으키지 않는다.

가령 완벽한 일란성 쌍둥이가 있더라도, 다시 말해 해부학적 구조가 완벽하게 일치하는 눈과 뇌를 가진 두 사람이 있다고 하더라도 그가 모서리와 각진 환경에 노출되었느냐 아니냐에 따라서 동일한 선을 받아들이는 감각적 경험도 달라질 수 있다는 이야기다.

우리의 눈에 물리적인 상이 맺히고 그 상이 시각신경을 통해 뇌로 보내지면 뇌는 과거의 경험을 불러들여 판단하고, 감각 내용에 대한 최후의 의미를 결정한다. 그러므로 본다는 것은 눈과 뇌의 물리적·생리적 작용에 환경에서 얻은 과거의 경험을 더해 판단하는 일이다.

5

왜 으슥한 곳에서 범죄가 일어날까?

누군가 우리를 보고 있지 않다면

플라톤의 저서 《국가》에는 옛 리디아의 양치기 기게스가 반지를 얻은 이야기가 실려 있다.

양치기가 양 떼를 돌보고 있는데 갑자기 지진이 일어나 동굴과 같은 커다란 구멍이 생겼다. 벌어진 땅속으로 들어간 양치기는 썩은 송장의 손가락에 끼워진 반지를 발견한다. 그 반지를 이리저리

만져 보다가 놀라운 비밀을 알게 된다. 반지의 보석받이를 돌렸더니 몸이 사라져 투명 인간이 된 것이다. 보석받이를 반대로 돌리니 다시 몸이 나타났다. 반지의 비밀을 안 양치기는 왕궁으로 들어가 왕비를 유혹하고 왕을 죽인 후 왕국을 장악한다. 플라톤은 그가 낀 반지를 '기게스의 반지'라고 부른다.

절대적인 권력을 상징하는 기게스의 반지가 우리의 손에 쥐어진다면 어떤 일이 벌어질까? 다시 말해 우리가 투명 인간이 된다면 어떤 미래가 전개될까? 우리의 미래는 선한 방향으로 흘러갈까, 아니면 악한 방향으로 흘러갈까? 기게스의 반지를 끼고 우리는 어려운 처지에 있는 사람을 돕게 될까, 아니면 자신의 욕망을 채우기 위해 악행이라도 불사하게 될까? 모르긴 해도 기게스의 반지는 후자 쪽으로 사람들의 행동을 몰고 갈 위험성이 크다. (감독관이 없는 시험, 판매원이 없는 명품관을 상상해 보는 것도 좋을 것이다.) 투명 인간이 된다는 것, 타인의 시선으로부터 자유로워진다는 것은 곧 자신을 감시하는 눈, 양심으로부터 멀어진다는 것을 의미하기 때문이다.

나쁜 일을 할 때 주위를 둘러보는 것은 타인의 시선이 있는가 없는가를 확인하는 일이다. 나를 보는 타인의 시선이 없을 때, 욕망은 음흉하게 타오른다. 도둑들이 밤에 활동하는 것은 밤이라는 시공간이 비교적 타인의 시선으로부터 자유롭기 때문이다. 우리가 흔히 우범지대라고 부르는 곳도 타인의 시선이 미치지 않는 으슥한 곳이다. 누군가의 시선이 없으면 우리는 대범해진다. 그러나 누군가가 보고 있을 때, 우리는 멈칫한다. 과연 이런 행동을 해도 되는지 스스로에게 묻기도 한다. 양심이라는 내면의 감시 카메라가 작동하기 때문이다. 남이 볼 수 없더라도, 즉 기게스의 반지를 끼고 있다 할지라도 어떤 이들은 자신의 욕망을 채우기 위해 마음대로 행동하지 않는다. 자신의 마음속에 있는 감시 카메라, 곧 양심이 있기 때문이다. 아무도 볼 수 없기에 어떤 행동이라도 할 수 있지만 마음속에서 목소리가 하나 들려온다. 그런 행동을 해도 되겠는가, 너는 당당한가. 바로 이 내면의 목소리가 양심이다. 이 양심의 목소리가 큰 사람이 있는가 하면 작은 사람도 있다. 어떤 때는 이 양심의 목소리가 크게 들리지만 욕망이 과도해지면 제대로 들리지 않는다. 모든 죄는 이 목소리가 약해질 때 일어난다. 윤동주의 시, 〈간〉을 보자.

바닷가 햇빛 바른 바위 위에
습한 간(肝)을 펴서 말리우자.

코카서스 산중(山中)에서 도망해 온 토끼처럼
둘러리를 빙빙 돌며 간을 지키자.

내가 오래 기르는 여윈 독수리야!
와서 뜯어 먹어라, 시름없이

너는 살찌고
나는 여위어야지, 그러나

거북이야!

다시는 용궁(龍宮)의 유혹에 안 떨어진다.

프로메테우스 불쌍한 프로메테우스

불 도적한 죄로 목에 맷돌을 달고

끝없이 침전(沈澱)하는 프로메테우스

이 시에서 윤동주는 "내가 오래 기르는 여윈 독수리야! / 와서 뜯어 먹어라, 시름없이 / 너는 살찌고 / 나는 여위어야지"라고 노래하고 있다. 내가 기게스의 반지를 끼고 나의 욕망을 채우려 할 때, 다시 말해 부귀와 영화를 약속하는 "용궁의 유혹"에 떨어지려 할 때 내 안에서 들려오는 내면의 목소리, 곧 양심이 독수리다. 그 독수리가 강하다면, 다시 말해 양심이 강하다면 우리는 절대로 "용궁의 유혹"에 떨어지지 않는다. 윤동주는 이 시에서 자신의 양심, 내 안의 독수리가 강성해지길 원했다. 스스로의 양심이 더욱 크고 강해지길 바라는 마음, 바로 그것이 윤동주 시인의 도덕적 순결성이다. 그가 기독교인이고 그의 아버지가 교회의 장로였다는 사실을 고려한다면 그의 도덕적 순결성이 어디에서 오는가를 짐작할 수 있을 것이다.

방황할 때, 괴로울 때, 아무런 생각도 하고 싶지 않을 때, 이성적이고 도덕적인 판단을 접어 버리고 오직 감정에 자신의 행동을 맡기고 싶을 때, 우리는 양심이 부담스럽다. 타인의 시선으로부터도 도망가고 싶다. 내면에 감시 카메라가 있다면 그것을 꺼버리고 싶다. 그럴 때 기게스의 반지만 있다면 우리는 욕망이 시키는 대로 얼마든지 타락할 수 있을 것이다. 그러나 양심은 전등의 스위치를 눌러 꺼 버리듯 그렇게 쉽게 작동을 정지시킬 수 있는 것이 아니다.

영국 뉴캐슬 대학의 멜리사 베이트슨 박사는 휴게실의 무인 커피 판매대를 책임지고 있었다. 그런데 늘 동전통에 있는 돈이 팔린 커피보다 적었다. 남이 보지 않을 때 그냥 커피를 빼 가는 사람들 때문이었다. 박사는 문제 해결을 고민하다 묘안을 생각해 냈다. 커피 판매대 앞의 요금표에 사람의 눈동자 사진을 붙인 것이다. 그랬더니 동전통에 들어오는 돈이 평소의 2.76배로 뛰어올랐다. 사람의 눈동자 대신 꽃 사진을 붙였을 때는 액수의 변화가 거의 없었다.

베이트슨 박사는 인간은 누군가가 지켜보고 있을 때 개인의 이해보다 전체를 생각하게 된다며 "우범지대에 감시 카메라 마크를 붙이는 것보다 사람의 눈동자 사진을 붙이는 게 더 효과적일 것"이라고 제안했다.

눈동자 사진은 곧 타인의 시선을 의미한다. 누군가가 보고 있다는 것, 그 사실이 우리를 도덕적으로 이끈다. 그러나 우리는 또한 누군가 보고 있지 않더라도 자기 안의 '독수리', 곧 양심의 목소리에 귀 기울이는 존재이기도 하다.

냉정한 육체의 눈, 왜곡을 일삼는 마음의 눈

김홍도의 그림 〈서당〉을 가만 들여다보면 저절로 웃음이 난다. 회초리를 놓아두고 훌쩍거리는 학동을 야단치고 있는 듯한 훈장님의

조선 후기에 그려진 김홍도의 〈서당〉이다. 종이에 엷은 채색화로 그린 서당은 쪼그리고 돌아앉아 훌쩍이는 학동을 화면의 중심에 두고, 그 주위에 훈장을 축으로 학동들을 둥글게 배치했다. 둥글게 배치한 화면의 구성이나 생략된 배경, 옷 주름의 필치, 얼굴 모습 등 모두가 현장감 넘치는 분위기를 조성한다.

모습이 위압적이라기보다는 친근하게 느껴진다. 훈장님의 얼굴에서는 우는 녀석이 안되었다는 연민의 마음도, 너무 호되게 혼찌검을 낸 것은 아닌가 하는 미안한 마음도 읽을 수 있다. 그러나 벌을 받은 학동을 바라보는 친구들의 모습은 어떤가. 거기에 연민과 동정은 없다. '고것 참 쌤통이다.' 하는 표정이다. '남들이 숙제할 때 혼자만 열심히 놀더니 어디 한번 호되게 당해 봐라.' 하는 표정이지 않은가.

그런데 이 그림을 보면 어딘가 어색하다는 느낌을 지울 수 없다. 훈장님을 보면 앞에서 찔끔거리는 학동보다 세 배쯤 덩치가 크다. 더구나 훈장님은 그림을 그린 사람의 눈에서 가장 먼 곳에 있으니 원근법의 이론에 따르면 다소 작게 그려야 한다. 그럼에도 학동보다 지나치게 크게 그린 이유는 무엇일까? 왜 그림에서 이런 과장이 발생했을까?

한 사람을 바라볼 때 우리의 눈에서는 육체의 눈이 작동할까, 마음의 눈이 작동할까? 김홍도의 〈서당〉 그림으로 보면 마음의 눈이 작동한다고 볼 수 있다. 서당을 다녔던 사람들의 기억과 마음속에 훈장님은 권위 있는 존재다. 결코 왜소한 존재가 아니다. 사람들에게는 마음의 눈이 있고 육체의 눈이 있다. 마음이 개입하지 않은 기계적인 육체의 눈은 훈장님의 키가 160센티미터에 못 미친다고 냉정하게 판단할지 몰라도, 마음의 눈은 170센티미터 이상이라고 볼 수 있다. 함부로 대할 수 없는 엄한 존재, 큰 인격을 가진 존재라면 결코 작아 보일 수 없기 때문이다.

가난한 사람에게는 방 세 칸짜리 집도 대궐처럼 크게 보인다. 마음의 눈이 작동하기 때문이다. 그러나 대궐 같은 집에 살던 사람에게는 방 세 칸짜리 집이 형편없이 좁게 보일 것이다. 마음의 눈이 작동하면 어렸을 때는 아버지가 커 보이지만 나이가 들면 작아 보인다. 아버지의 키는 변함이 없지만 아버지를 대하는 우리의 마음이 달라지기 때문이다. 이렇게 마음이 달라지면 보이는 것도 달라진다.

로버트 치알디니의 책, 《설득의 심리학》이 소개하는 재미있는 실험이 있다. 영국의 캠브리지 대학에서 온 한 방문객을 호주 대학의 다섯 그룹에 소개했다. 그러나 캠브리지 대학에서의 그의 신분은 각각 다르게 소개한다. 첫 번째 반에서는 단순한 학생으로, 두 번째 반에서는 대학원생으로, 세 번째 반에서는 시간강사로, 네 번째 반에서는 전임강사로, 다섯 번째 반에서는 교수로 소개했다.

소개가 끝난 후 그 방문객이 잠시 자리를 비운 사이에 대학생들에게 그의 키가 얼마쯤 될 것인가를 적어 내라고 했다. 결과는 어땠을까? 방문객의 사회적 지위가 올라감에 따라 그의 키에 대한 예상치가 평균 1.3센티미터씩 증가했음을 발견할 수 있었다. 똑같은 방문객이라 할지라도 그를 학생으로 소개했을 때보다, 교수로 소개했을 때 키가 5센티미터가량 더 큰 것으로 인식했다는 말이다.

교수는 학생보다 사회적으로 중요한 자리를 차지한다. 그렇지만 교수라고 해서 학생보다 키가 큰 것은 아니다. 그러나 호주 대학의 학생들은 '교수는 학생보다 중요한 존재니까 당연히 그는 학생보다 가치가 큰 존재야. 그러니까 키도 크겠지.'라고 무의식적으로 판단했을지도 모른다.

비슷한 또 다른 연구에서는 똑같은 크기의 여러 가지 동전을 어린이들에게 보여 주었을 때, 금액이 높은 동전이 더 크다고 인식한다는 결과를 얻었다. 기계의 눈은 냉정하게 실제의 크기를 잴지 몰라도 인간이 지닌 마음의 눈은 실제 이상의 것을 본다. 김홍도의 그림에서 훈장님을 크게, 학동의 모습을 작게 그린 것은 김홍도가 마음의 눈으로 그렸기 때문일 것이다.

마음의 눈으로 부모님은 자식을 보고, 한 남자는 한 여자를 본다. 그의 눈 속에는 아름다운 사람이 서 있다. 세상에 아름다움이 있는 것은 우리가 마음을 열어 세상을 보기 때문이다. 육체의 눈, 기계의 눈은 세상을 냉정하게 보지만 마음의 눈은 세상을 아름답게 본다. 마음의 눈으로 세상을 보면 실제와 다르게 보는 왜곡이 발생하기도 하지만 그러한 왜곡으로 인해 세상은 살 만해진다. 세상에서 나를 가장 아름답게 보는 사람, 그가 있기에.

6

단맛은 설탕 속에 존재할까, 우리의 입안에 존재할까?

고양이는 왜 단맛을 느끼지 못할까?

철학자 조지 버클리는 우리가 당연하게 여기는 감각이 실제로는 만들어진 가상일 거라고 주장하며 《인지 원리론》이란 책에서 이렇게 말한다. "색과 맛은 마음속에만 존재한다. 물질이 인간에게 부여하는 감각적 성질은 물질 속에 존재하는 성질이 아니다."

감각적 성질이 물질 속에 존재하는 것이 아니라 마음속에 존재한다? 그렇다면 사과의 빨간색은 사과에 있지 않고 마음에 있단 말인가? 단맛은 설탕 속에 있지 않고 마음속에 있다는 말인가? 말도 안 되는 소리라고 콧방귀를 뀔 수도 있겠지만 사정은 다르다. 다카기 마사유키는 말한다. "고양이는 설탕을 핥아도 달다고 느끼지 않는다. 따라서 설탕에는 달다는 성질이 없다. 즉 맛이 단 설탕이라는 물질은 없으며 그냥 설탕이 있을 뿐이다. (중략) 외부 세계에 있는 것은 설탕 분자일 뿐이며, 여기에 단맛이 묻어 있는 것도 아니다. 고양이가 설탕을 좋아하지 않는 것은 달다는 감각을 대뇌에서 만들어 내지 못하기 때문이다."

그렇다면 고양이는 왜 단맛을 느끼지 못할까? 2005년 미국 모넬화학감각센터의 시아 리 박사 팀은 고양이와 호랑이, 치타의 침과 혈액을 분석해 이들 고양잇과 동물의 혀에는 단맛을 뇌로 전달하는 미각 수용체가 없다는 사실을 밝혀냈다. 그렇다면 고양이는 단맛을 느끼지 못해도 괜찮을까? 그렇다. 고양이에게는 단맛이 중요하지 않다. 그 이유는 바로 육식을 하기 때문이다. 단맛이 나지 않는 고기를 주로 먹는 고양이나 호랑이, 치타에게 단맛은 필요 없는 감각일 뿐이다. 단맛을 뇌로 전달하는 미각 수용체는 고양이의 생존에 불필요한 장치다. 그런 장치가 없으니 고양이에겐 설탕이 달다고 할 수 없다. 그러나 탄수화물을 섭취하는 인간들로서는 고열량의 에너지원을 확보해 주는 단맛이 생존에 필요했을 것이고, 단맛을 뇌로 전달하는 미각 수용체가 생존에 이득을 안겨 주었기 때문에, 고양이와 달리 단맛을 느끼게 되었을 것이다. 그러므로 단맛은 설탕에 있지 않고 고양이와 사람의 마음에 있다고 할 수 있다.

세로줄 방에서 자란 고양이는 왜 가로줄을 보지 못할까

일본 인지과학계의 선구자로 꼽히는 다카기 마사유키는 자신의 책《세로줄 방에서 자란 고양이는 왜 가로줄을 보지 못할까?》에서 옥스퍼드 대학 콜린 블랙모어 교수의 연구실에서 고양이를 대상으로 행한 실험을 소개한다. 이 실험은 도대체 '있다는 것'은 무엇을 의미하는지를 흥미롭게 보여 준다.

연구실은 아주 어둡다. 고양이들은 하루 중 스물두 시간을 이 방에서 보내고, 두 시간은 세로줄 무늬가 그려진 밝고 작은 방으로 나와서 앉아 있게 된다. 고양이들은 자기 몸의 무늬를 알아볼 수 없도록 목에 검은 후드를 달고 있다. 따라서 고양이들에게 보이는 것은 밝고 작은 방의 세로줄 무늬뿐이다. 고양이들은 어떤 가로줄도 본 적이 없다. 이 고양이들을 높이 1미터 정도의 책상 위에 올려놓은 다음, 바닥에 가로줄이 그려진 플라스틱 판을 깔아 놓고 밀어서 떨어뜨리려고 한다면 고양이들은 과연 어떤 반응을 보일까? 답은 '절대로 뛰어내리려 하지 않는다.'이다. 그렇다면 책상의 방향을 수평으로 90도 회전해 바닥의 가로줄을 세로줄로 바꿔 놓고 같은 실험을 한다면 어떤 반응을 보일까? 고양이들은 아무렇지도 않게 세로선이 그려져 있는 바닥으로 낙하를 시작한다.

가로줄 무늬만 있는 방에서 사육된 고양이는 세로줄 무늬를 볼 수가 없어 바닥의 세로줄 무늬를 어둠으로만 인식하게 되고, 세로줄 무늬만 있는 방에서 사육된 고양이는 가로줄 무늬를 볼 수가 없어 바닥의 가로줄 무늬를 어둠으로 인식한 결과라는 것이 이 실험에 대한 저자의 설명이다. 저자는 이런 설명을 덧붙인다.

> 블랙모어 교수의 실험에 참가한 고양이들의 뇌 활동을 잘 살펴보면, 이 고양이들은 실험에 들어가기 전에는 모든 각도의 선을 다 보았다. 그런데 세로줄 무늬밖에 보이지 않는 환경에서 다섯 달을 보내자, 가로줄 무늬에 반응하는 뇌세포는 거의 사라지고 세로줄 무늬에 반응하는 뇌세포는 늘어났다. 이것은 근육의 경우와 비슷한데, 사용하지 않는 근세포 수는 줄어들고, 그 근육은 가늘고 약해진다. 반면에 자주 사용하는 근육은 근세포 수가 늘어나고, 두껍고 강해진다. 뇌세포도 이와 마찬가지로, 가로줄에 반응하는 뇌세포는 몇 개월이나 사용하지 않아 그 수가 줄어들었으므로, 가로줄 정보가 들어와도 그것을 거의 느낄 수 없게 된다.

세로줄 무늬만 있는 방에서 사육된 고양이에게 가로줄은 없는 것이나 마찬가지다. 그러나 그 가로줄은 정상적인 시지각을 갖춘 인간에게는 틀림없이 존재한다. 고양이에게는 '없는 것'이 인간에게는 '있는 것'이 되는 것이다. 인간은 단맛을 느낄 수 있지만 고양이는 느낄 수 없는 것과 같은 이치다.

유아론, 내가 보는 대로 세상도 존재할 것이라는 착각

우리는 눈에 보이는 대로 세상이 존재한다고 생각하는 경향이 있다. 빨간색이 먼저 있기 때문에 빨간 사과가 나의 감각에 포착된다고 생각한다. 그러나《세로줄 방에서 자란 고양이는 왜 가로줄을 보지 못할까?》의 저자는 철학자 조지 버클리의 "물질이 인간에게 부여하는 감각적 성질은 물질 속에 존재하는 성질이 아니다."라는 명제가 오히려 세계의 실상에 가깝다는 사실을 말해 준다. 빛은 투명할 뿐인데 그것이 우리의 뇌에 '빨간색'이라는 느낌을 만들어 낼 뿐이라는 것이다. 극단적으로 말하면 빨간색의 사과를 모두가 예외 없이 빨간색으로 느끼지는 않는다. 빨간색을 바라보는 주체를 인간에게서 동물에게까지 확장하면 '빨간색의 사과를 모두가 예외 없이 빨간색으로 느낀다.'라는 가설은 금방 그 토대가 허물어진다. 왜일까? 저자의 말을 들어 보자. "꿀벌에게는 자외선이 보이지만, 인간에게는 자외선을 감지하는 시세포가 없어 자외선을 볼 수가 없다."

보이는 것은 분명히 존재하고, 보이지 않는 것은 존재하지 않는다고 믿는 사람이라면 자외선의 존재를 인정할 수 없을 것이다. 그러나 자외선은 사람의 눈에 보이지 않더라도 엄연히 존재한다. 그런데 아이들은 내가 보는 대로 세상이 존재한다고 생각하는 경향이 있다. 남들이 어떻게 보건 상관없다. 오직 내가 보는 대로 세상이 존재할 것이라고 믿는 것을 철학에서는 유아론(唯我論) 또는 독아론(獨我論)이라고 한다. 조금 어렵게 말하자면 세계는 '주관(마음)'에 나타나는 관념에 불과하다는 '주관적 관념론'이라고도 한다. '나(我)'를 중심으로 사고하는 경향이 바로 유아론이다. 극단적인 유아론의 입장에서 보자면 내 눈에 비치는 것은 존재하는 것이 되고, 내 눈에 비치지 않는 것은 존재하지 않는 것이 된다. 또 다른 예로 인간의 감각기관에 포착되지 않는 초음파도 있다. 박쥐는 초음파를 감지하는데 인간은 감지하지 못한다. 이렇게 되면 박쥐에게는 '있는 것'이 인간에게는 '없는 것'이 되고 만다. 자신에게 없는 것이 타자(他者)에게도 없다고는 할 수 없다.

그러나 인간에게는 '나'를 중심으로 생각하고 느끼는 유아론적 경향이 다분히 있다. 엄마는 아이에게 국물이 든 그릇을 아무렇지도 않게 건네준다. 그 그릇을 받아든 아이는 당연히 뜨거울 수밖에 없다. 엄마는 뜨겁지도 않은 것을 받아 들고 뭐 그렇게 호들갑이냐며 아이를 나무란다. 엄마에게 뜨겁지 않은 것은 아이에게도 뜨겁지 않을 것이라는 엄마의 생각, 세계는 내가 보고 느끼는 대로 존재한다는 생각이 바로 유아론이다.

성숙한 마음은 타인의 마음을 읽는 마음

'샐리-앤 실험'은 유아론의 실상을 잘 보여 준다. 만 네 살인 샐리와 앤이 함께 노는데, 샐리가 구슬을 자신의 바구니에 넣고 옷으로 그 위를 덮는다. 샐리가 잠깐 바깥에 나간 사이, 장난꾸러기 앤이 구슬을 자신의 상자 안에 숨긴다. 샐리가 돌아와서, 구슬을 가지고 놀려고 한다. 과연 샐리는 구슬을 바구니에서 찾을까, 상자에서 찾을까? 이 질문을 아이들에게 던져 보면 아이들은 과연 어떤 대답을 할까?

이 질문에 정확하게 대답하기 위해서는 앤이 구슬을 상자 안으로 옮기는 것을 샐리가 보지 못했으므로 샐리는 자신이 원래 놓았던 바구니에 구슬이 있다고 생각하리라는 사실을 아이들이 이해해야 한다. 즉 샐리의 마음을 아이들이 이해할 수 있어야 한다. 사이먼 배런코언 팀은 실험 결과, 만 네 살 아동의 약 85퍼센트 정도가 정확하게 대답할 수 있었고, 다운 증후군의 경우는 열네 명 중 열두 명이 정답을 말했으나, 자폐아는 다운 증후군 아동에 비해 오히려 정신연령이 높은 데도 스무 명 중 네 명만이 정확하게 대답했다고 발표했다. 자폐아는 샐리의 입장에서 상황을 관찰하지 못하고 샐리가 갖고 있는 잘못된 믿음을 이해하지 못하는 것이다.

이 실험에서의 자폐는 타인의 마음을 헤아리지 못하는 유아론적 사고를 가진 사람의 마음이다. 그들은 앤이 구슬을 상자 안으로 옮기는 것을 샐리가 보지 못했다는 사실을 이해하지 못한다. 그들은 오직 앤이 구슬을 상자 안으로 옮기는 것을 본 자신의 마음 안에만 갇혀 있다. 타인의 마음을 헤아리지 못하고 구슬이 상자 안으로 들어간 것을 내 눈으로 보았으니 타인도 그렇게 볼 것이라고 판단하는 마음, 이것이 자폐의 마음 즉 닫힌 마음을 의미한다. 성숙한 마음은 나의 마음을 넘어 타인의 마음을 헤아린다.

나의 감각만이 절대적인가

'SF 영화로 보는 철학의 물음들'이라는 부제가 붙은 조용현의 책, 《보이는 세계는 진짜일까》는 '있음'과 '없음', '인식'과 '존재'의 문제를 일관되게 조명하고 있다.

온혈동물의 피를 먹고 사는 진드기가 온혈동물을 감지하는 것은 눈이 아니라 피부의 지각세포를 통해서다. 진드기의 세포는 포유동물의 몸에서 나는 탄소 냄새에만 반응한다. 물론 식물의 냄새, 빗물 소리, 바람 소리, 새의 울음소리 등등 진드기를 둘러싸고 있는 환경은 다양하다. 그러나 진드기에게 이런 다양한 세계는 의미가 없다. 포유동물의 몸에서 나는 냄새와 체온, 피부의 접촉 자극, 이 세 가지만이 진드기에게 의미가 있다. 꽃의 향기는 사람에게는 의미가 있어도 진드기에게는 없는 것, 존재하지 않는 것이나 다름없다. 진드기와 인간이 객관적 조건을 공유하고 있다 하더라도 둘은 전혀 다른 세계에 살고 있는 셈이다.

1957년《동물들의 세계와 인간의 세계》를 쓴 야콥 폰 윅스퀼은 객관적 세계를 의미하는 '벨트(Welt)'와 구분 지어서 각각의 동물이 경험하는 감각의 세계를 '움벨트(Umwelt)'라고 명명한 바 있다. 인간은 자신이 감각한 세계를 객관적 세계, 즉 '벨트'로 알고 있지만 실제로 그것은 인간만이 느끼는 감각의 세계, 즉 '움벨트'라는 것이다.

이 주장을 극단적으로 밀고 가면 인간에게는 초음파가 없고, 박쥐에게는 초음파가 있다고 할 수 있다. 초음파는 느낄 수 있는 존재에게만 있고, 느낄 수 없는 존재에게는 없는 것이기 때문이다. 그러니까 초음파는 객관적으로 존재하는 것, 즉 '벨트'가 아니라 그것을 느낄 수 있는 동물에게만 존재하는 '움벨트'다.

저자는 "본다는 것은 전적으로 선천적으로 얻어지는 능력이 아니라 후천적인 훈련이 필요한 것이다."라고 말한다. 이는 《세로줄 방에서 자란 고양이는 왜 가로줄을 보지 못할까?》가 지닌 문제의식과 견해를 같이한다고 볼 수 있다. 저자는 홍콩 영화 〈디 아이〉의 주인공의 사례를 들어, 시지각을 갖추는 것이 본다는 것을 의미하지는 않는다는 사실을 말해 준다. 즉, 정상적인 눈이 있어도 사물을 보지 못할 수 있다는 말이다.

영화에서 주인공 윙카 문은 두 살 때 시력을 잃고 장님이 되었으나, 스무 살 때 각막 이식 수술을 받고 시력을 되찾게 된다. 그러나 수술을 하고 붕대를 푼 날 가장 먼저 본 건 검은 그림자일 뿐이다. 눈치 빠른 독자라면 바로 이 영화의 주인공 윙카 문이 '세로줄 방에서 자란 고양이' 혹은 '가로줄 방에서 자란 고양이'와 흡사하다는 사실을 알 수 있을 것이다. 시력을 회복한 윙카 문이나 '세로줄 방에서 자란 고양이'나 시지각은 멀쩡하다. 그러나 본다는 것은 단순히 시각기관이 멀쩡하다는 것 이상을 요구한다.

시력을 잃은 윙카 문의 세계에서 시각은 '없는' 감각이다. 이때 윙카 문의 움벨트를 구축하는 것은 시각을 제외한 감각이다. 그 움벨트의 세계 속에서 윙카 문은 큰 문제 없이 잘 지냈다. 그런데 눈을 뜨자 세상은 달라졌다. 시각의 세계가 그가 지금까지 구축한 움벨트의 세계를 흠집 내기 시작했기 때문이다. 윙카 문은 혼란스럽다. 결국 그녀는 다시 실명(失明)을 택한다. 눈을 뜬 세계보다 지금까지 살아온 '눈먼 세계'가 안락하다고 느꼈기 때문이다. 세로줄 무늬 방에서 자란 고양이가 탁자 위에서 바닥의 가로줄 무늬를 보면서 느끼는 공포감과 시각을 되찾은 웡카 문의 공포감은 다르지 않다.

우리는 사물을 지각함으로써 비로소 사물이 우리 앞에 있다고 생각하지만, 어떤 사물은 우리의 지각과는 상관없이 존재한다. 그런데도 우리는 자신의 감각만을 절대화하는 경향이 있다. 그렇게 자신의 움벨트가 이 세계의 실상과 일치한다고 우길 때, 분쟁을 피할 수 없게 된다. 나에게 뜨겁지 않은 것이 남에게는 뜨거울 수도 있다는 사실을 잊지 말자.

더 들여다보기—1

본다는 것의 의미

《본다는 것》

김남시 지음, 너머학교, 2013.

철학과 예술을 전공한 학자답게 저자는 플라톤의 이데아론부터 스마트폰이 가져온 변화까지 '본다는 것'과 관련된 논의를 다양하고 흥미롭게 펼쳐 내고 있다. 저자는 '우리의 눈이 카메라처럼 외부 대상의 이미지를 받아들이기만 하는 것일까?' 하는 질문에서 시작해, 앎과 그 앎에 영향을 준 공동체의 지식 체계가 '본다는 것'과 어떻게 관련이 있는지를 세세하고 친절하게 차근차근 설명해 준다.

1515년 5월, 유럽 사람들은 처음으로 코뿔소를 보게 된다. 당시 인도를 지배하던 포르투갈 총독이 포르투갈의 왕 마누엘 1세에게 보낸 것이다. 사람들은 이 진귀한 동물을 보기 위해 몰려들었고, 화가들은 이 동물을 그림으로 그려 보지 못한 사람들에게 알리려고 했다. 알브레히트 뒤러는 그런 화가들 중의 한 명이었다. 그가 그린 코뿔소 그림을 보자. 코뿔소가 갑옷을 입고 있다. 그럴 리가? 그러나 아무리 들여다봐도 코뿔소는 갑옷을 입고 있는 것처럼 보인다. 머리 아래쪽 목가리개, 가슴을 덮은 흉갑은 물론, 어깨와 흉갑의 이음새에 일렬로 박혀 있는 대갈못과 다리 쪽으로 나 있는 장식 무늬까지 영락없이 기사들이 입던 갑옷의 모습이다. 코뿔소의 다리 표면도 기사들이 입던 비늘갑옷처럼 그려져 있다.

뒤러의 그림은, 당시의 유럽 사람들 역시 그들이 처음으로 마주한 대상을 그들이 지닌 앎에 의거해 이해하면서 보았다는 사실을 알려 준다.

이렇게 본다는 것은 우리 눈에 들어온 시각적 자극들을 우리가 이미 알고 있던 지식에 의거해 '무엇'이라고 보는 해석의 과정이다. 카메라는 어떤 대상을 그저 받아들일지 몰라도 우리의 눈은 그 대상을 이해하고 해석하면서 받아들인다. 인간이 무엇을 보는 과정은 이렇게 수동적이면서도 능동적이다.

저자는 특정한 공동체가 공유하고 있는 집합적 지식의 체계, 즉 공동체의 역사, 지리적 조건, 사회 문화적 배경에 따라 형성되는 사유 양식이 공동체의 문화적 정체성의 토대가 될 뿐만 아니라, 그 구성원들이 세상의 사물들을 어떻게 바라보는가에도 크게 영향을 끼친다고 말한다.

저자는 이런 예를 든다. 빈곤한 환경 속에서 사는 바르샤바 사람들은 나무로 엮어 놓은 어떤 것을 '집'이라고 생각하지만 뉴욕의 시민들은 그것을 '폐허' 아니면 '판자 무더기'로 생각한다. 이렇게 어떤 대상을 무엇으로 보느냐는 그가 살아온 환경과 거기에서 파생된 사유 양식에 따라 달라질 수 있다는 것이다.

〈눈먼 자들의 도시〉

페르난도 메이렐레스 감독, 2008.

1998년 노벨 문학상을 수상한 주제 사라마구의 1995년 소설 《블라인드니스(Blindness)》는 국내에서 《눈먼 자들의 도시》로 번역되었고, 같은 제목의 영화로도 개봉됐다. 영화는 우리에게 '본다'는 것이 어떤 의미인가를 깊이 성찰하게 해 준다.

차들로 꽉 막혀 있는 사거리에서 어느 날 갑자기 한 운전자가 운전 도중에 아무 이유 없이 눈이 먼다. 뒤에 있는 차들은 길을 열어 달라고 경적을 울리지만 눈이 먼 운전자는 가속페달을 밟을 수가 없다. 시내 교통은 완전히 마비된다. 이때 한 사람이 운전을 대신해 주겠다며 눈먼 운전자의 차에 올라탄다. 어려움에 빠진 사람을 돕는 선량한 이웃이면 좋겠지만 남의 불행을 틈타 제 잇속을 챙기려는 차량 도둑이다. 그는 눈먼 사내의 집까지 쫓아간다. 눈이 먼 사내는 그가 비도덕적인 사람임을 간파하고 그를 집 밖으로 몰아낸다.

영화는 플라톤의 《국가》에 등장하는 '기게스의 반지'를 떠올리게 한다. 볼 수 있는 사람은 보이지 않는 사람에게 엄청난 권력자다. 영화 〈눈먼 자들의 도시〉의 차량 절도범도 기게스와 다름없다. 타인의 눈에 보이지 않는다는 사실을 이용해서 사악하게 자신의 이익을 취한 것이다. 그러나 남이 보지 않는다고 해도 누군가가 보고 있다. 바로 자신이다. 자신을 보는 자신의 눈이 바로 양심이다. 차량 절도범은 육신의 눈은 떴을지 몰라도 양심의 눈은 멀었다고 할 수 있다.

응급차에 실려 병원으로 가는 눈먼 운전자와 접촉했던 사람들이 하나둘씩 똑같은 증세로 시력을 잃어 간다. 이 증상은 광속으로 전파된다. 정부는 이 사실을 비밀에 부치고 눈이 먼 사람들을 수용소에 가둔다. 수용소는 앞을 볼 수 없는 절망의 공간, '눈먼 자들의 도시'가 된다. 눈먼 사람들을 진료하던 안과 의사도 결국 수용소에 갇히게 된다. 그를 사랑하는 아내는 눈이 멀지 않았지만 남편을 따라 수용소에 눈먼 자의 신분으로 갇힌다. 의사는 말한다. "눈이 안 보이게 되어서야 진정한 당신을 보게 되다니……." 의사는 눈이 보이지 않게 되고 나서야 아내의 마음을 읽게 된 것이다. 몸을 치료하는 의사는 눈이 멀고 나서야 마음으로 눈을 돌리게 된 것이다.

눈이 먼 안과 의사는 합리적이고 양심적인 사람이다. 그는 점점 비도덕적으로 변해 가는 수용소 안의 사람들에게 혼란을 수습할 지도자의 필요성을 말한다. 그러나 사람들은 말한다. 잘난 체하지 말라고. 당신이나 나나 똑같이 안 보이는 사람들에 불과할 뿐이라고. 바로 이 대목에서 생각해 볼 수 있는 것이 '볼 수 있다는 것이 하나의 권력'이라는 사실이다. 독일어 원서나 이탈리어 원서를 볼 수 있다는 것은 힘이요, 권력이다. 그 힘과 권력이 전문가를 만들고 교수를 만든다. 엑스레이 사진을 보고 증상을 판독할 수 있는 사람이 의사가 된다. 이렇게 볼 수 있는 자만이 특정한 권력과 지위를 가진다. 일등병에게는 일등병이 볼 수 있는 정보가 있고 사령관에는 사령관만이 볼 수 있는 정보가 있다. 정보의 불평등이라고 불만을 호소해도 통하지 않는다. 그러나 모두가 눈이 먼 상황에서 그런 권력이 무슨 필요가 있겠느냐는 것이 혼란을 진정시킬 권력의 필요성을 강조하는 안과 의사에 대한 사람들의 항변이다.

양심과 도덕이 권력의 중심이 되지 못할 때, 권력은 총구에서 나온다. 누군가가 수용소 안에 권총 한 자루를 반입해 들어오고, 그가 쏜 권총 소리에 사람들은 기겁을 한다. 결국 총을 쏜 사내는 수용소 안에서 새로운 권력의 중심이 된다. 그러나 그 권력은 타락한 권력이다. 식량 배급을 마음대로 좌우하고, 여자들을 겁탈하고 폭력을 일삼는다. 이에 대항할 자는 누구인가. 누가 수용소 안의 눈먼 자들을 공포로부터 탈출시킬 것인가. 바로 눈 뜬 자, 안과 의사의 아내다. 그녀는 점점 가혹해지는 권력자들의 탄압을 이기지 못하고 체제를 전복할 계획을 꾸며 실행에 옮긴다. 결국 눈먼 자들은 수용소로부터 탈출에 성공한다. 하지만 이미 도시는 약탈과 방화로 폐허가 되어 있다. 무엇이 도시를 폐허로 만들었을까. 바로 '볼 수 없음(blindness)'이다. 결국 우리는 우리의 도시, 우리의 문명이 '볼 수 있음' 위에 세워져 있음을 영화를 통해 알게 된다. 그렇다면 무엇이 '볼 수 있음'을 불가능하게 할까? 무엇이 도시를 폐허 속으로 몰고 갈까? 영화가 말하고 있는 답은 '탐욕'이 아닐까? 마법의 반지를 손에 쥔 기게스를 도덕적으로 타락하게 했던 마음, 탐욕!

《시선은 권력이다》

박정자 지음, 기파랑, 2008.

30여 년간 푸코의 권력 이론을 연구해 온 저자가 현대 전자 감시 체제의 기원을 제러미 벤담의 '파놉티콘'에서 찾았다. 또 시선의 비대칭성에서 발생하는 권력의 메커니즘은 사르트르의 대타(對他) 이론과 헤겔의 인정 투쟁 이론으로까지 거슬러 올라가 밝혀냈다.

시선에 관한 또 다른 책 김영하의《퀴즈쇼》의 주인공은 자신을 완전히 무시하는 편의점 주인의 시선에 전율하고 증오한다.

> 나는 점주의 말투보다 나를 바라보는 그 눈빛에 더 충격을 받았다. 만약 당신이 한 인간을 서서히 파멸시키고 싶다면 그런 눈빛을 배워야 한다. 그것은 한 인간이 자기와 같은 인간이라는 것을 부정하는 눈빛이며, 앞으로 그가 더 나은 존재가 될 것을 절대로 믿지 않는 눈빛이며, 혹시 그런 존재가 되더라도 적어도 자신만큼은 절대로 인정하지 않을 것을 맹세하는 눈빛이다. 만약 그런 눈빛을 가진 부모 밑에서 자라는 아이가 있다면 그 삶은 구원받지 못할 것이다. 만약 그런 눈빛을 가진 교사 밑에서 배우는 아이라면 자신감이라는 감정을 영원히 이해하지 못하는 사람이 될 것이다. 그것은 경멸과

는 또 다른 것이다. 그것은 경멸에 들어가는 에너지조차 아까워하는, 얕은 수준의 감정이었다. 그것은 사람을 깔보고, 무시하고, 마치 없는 것처럼 여기고, 필요하면 자기 마음대로 조종할 수 있다고 믿을 때나 생겨나는 종류의 감정일 것이다.

'조센진!' 마늘 냄새가 난다고 눈살을 찌푸리며 조선인을 바라보는, 식민지 시대 일본인의 눈빛, 게이나 레즈비언과 같은 성적 소수자들을 바라보는 이성애자의 눈빛, 배울 만큼 배우고 가질 만큼 가진 부자 동네 아가씨가 가난뱅이 백수건달 청년에게 던지는 눈빛이 저런 것일까? 주먹보다는 말이 더 무섭고, 말보다 눈빛이 무서울지도 모르겠다. 우리 또한 저런 눈빛으로 누군가를 쏘아보았는지도 모르겠다. 김영하의 책도 좋고, 박정자의 책도 좋으니 읽고 한번 생각해 보자.

2부

느낀다는 것

공감은 마음으로 연결되는 느낌이다. 마음과 마음이 연결될 때 우리는 마치 남과 내가 하나가 된 듯한 느낌, 일체감을 갖는다. 붉은 악마가 승리했을 때, 너와 나는 하나가 된다. 마음만이 아니라 몸도 하나가 되는 느낌이 든다. 모르는 이들과 어깨를 걸고 심지어는 포옹을 하기도 한다. 공감은 너와 나의 경계를 사라지게 한다. 너의 기쁨이 나의 기쁨이고 너의 슬픔이 나의 슬픔이기 때문이다.

7

유전자는 인간의 복지에는 눈곱만큼도 관심이 없다

가까운 존재를 선호하는 인간의 타고난 성향

호랑이에게 토끼는 한 끼의 먹을거리에 불과하겠지만 토끼에게 생명이란 무엇과도 바꿀 수 없는 자신의 전부다. 모든 도덕은 생명을 어떤 가치보다 우선시한다. 돈도, 명예도, 권력도 생명보다 앞설 수는 없다. 생명과 동등한 가치를 가지는 것은 오직 생명밖에 없다.

크기와 색깔과 모양에 관계없이 모든 생명은 동등하다. 하지만 냉정하게 따져 보면 우리는 모든 생명을 동등하게 존중하지 않는다. 집에서 기르는 강아지나 고양이의 생명을 야생의 들개나 들고양이의 생명보다 중시하는 것이 사람의 보편적 심성이다. 또 사람들은 물고기보다는 사람이 속한 포유류의 생명을 더 가치 있게 생각하는 경향이 있다. 주변을 둘러보라. 물고기의 죽음을 슬퍼하는 사람보다는 개나 고양이나 말의 죽음을 슬퍼하는 사람들이 많지 않은가. 나아가 집에서 기르는 개나 고양이가 들개나 들고양이보다 인간과 '가까운 존재'이니만큼, 가까운 존재의 죽음에 슬퍼하는 것은 당연한 논리라고 말하는 사람도 있겠다. 틀린 말이 아니다. 가족의 죽음을 다른 사람의 죽음보다 슬퍼하는 것도 '가까운 존재'의 논리와 다르지 않을 것이다. 우리는 가까운 친구, 가까운 친척, 가까운 이웃의 고통에 민감한 경향을 가지고 태어났다.

대부분의 동물도 '가까운 존재'를 선호하는 경향을 타고난다. 닭도 제 새끼의 목숨이 위태로워지면 솔개 앞에서 겁을 상실한다. 새끼에게 끌리는 본능이 솔개에 대한 두려움을 압도하기 때문이다. 친족을 우선적으로 배려하는 것은 인간을 포함한 대부분의 동물이 타고난 성향이다. 세상의 아버지들은 대체로 자신의 아들과 딸을 사촌 조카보다 더 좋아한다. 친족은 유전자를 공유하는 집단을 의미한다고도 할 수 있다. 그런데 친족 중에서도 나와 유전자를 더 많이 공유한 사람이 있고, 그렇지 않은 사람도 있다. 이때 나와 유전자의 공유 정도가 높은 사람을 가까운 친척 '근친(近親)'이라고 하고, 낮은 사람을 먼 친척 '원친(遠親)'이라고 한다. 가족은 유전자의 공유 정도가 높은 근친이다. 또 포유류는 물고기에 비해 인간과 유전자의 공유 정도가 높으니 물고기보다는 포유류가 인간의 근친이라고 할 수가 있다. 그렇다면 풀과 물고기 중에서 인간과 유전자의 공유 정도가 높은 존재는 누구일까? 답은 어렵지 않다. 물고기다. 물고기는 인간처럼 심장이 있다. 심장 속에는 인간처럼 붉은 피가 흐른다. 그래서 어떤 이는 물고기의 배를 갈라 창자를 꺼내는 일을 주저한다. 왜일까? 불쌍하다는 생각 때문이다. 생명을 해치는 일은 옳지 않다는 어떤 직관 때문이다. 내가 하는 일이 옳지 않을 거라는 생각, 바로 그것이 도덕적 직관이다. 막상 그것이 왜 옳지 않으냐고 물으면 논리적으로 대답하기 어렵지만 왠지 그 일이 도덕적으로 그르다는 생각이 도덕적 직관이다. 우리는 그 도덕적 직관의 영향으로 풀을 베는 것은 그른 일이 아니지만 물고기의 배를 가르는 일은 그르다고 생각한다. 또한 도덕적 직관으로 애완견을 먹는 일은 끔찍한 일이지만 소고기는 먹을 수도 있다고 생각한다.

우리는 애완견과 경찰견의 경우처럼 친밀도와 효용성에 따라 관계를 정의하기도 하지만 대부분의 경우, 유전자의 공유 정도가 높은 근친성에 따라 관계를 정의한다. 그러나 이런 성향에도 함정은 있다. 내가 사랑하는 사람, 내가 좋아하는 사람이 반드시 나와 유전자를 공유하는 정도가 높은 존재들일까? 그렇지 않다. 나의 친구는 사돈의 팔촌보다 유전자의 공유 정도가 높지 않은데도 나는 그에게 정서적으로 가까움을 느끼고, 내가 애지중지하는 난초는 들개보다 유전자를 공유하는 정도가 낮은데도 그 향기에 취하며 난초를 군자에 비유하기도 한다. 이렇게 나와 유전자를 공유하지 않은 친구나 난초에게 끌리는 성향은 생물학적 개념 즉, 혈연적 근친성의 개념으로는 설명이 안 된다.

모든 생명체는 유전자를 전달하기 위한 도구인가?

그런데 여기 인간을 포함해 동물의 행동이 생물학적으로 결정된다는 이론을 내놓고 있는 사람이 있다. '사회생물학'의 세계적인 권위자, 에드워드 윌슨이다. 그는 1956년부터 하버드 대학 교수로 재임하면서 20여 권의 명저를 저술한 세계적인 과학 저술가이기도 하다. 1975년에 발표한《사회생물학》이란 책은 무려 2,000개가 넘는 참고 문헌과 50만 단어 이상을 담고 있는 실로 방대한 저서다. 그의 책을 읽는 작업은 과학과 철학에 대한 기본적인 이해가 전제되지 않으면 몹시 괴로운 일이라고 할 수 있다. 이 글의 목적은 그 괴로움을 조금이라도 덜어 보자는 데 있다.

글의 서두에서 언급한 호랑이에게 돌아가 이렇게 물어보자. '너는 왜 토끼를 잡아먹으려고 하지?' 호랑이가 말을 한다면 이렇게 말할 것이다. '먹고살려고.', 다시 호랑이게 이렇게 물어보자. '왜 먹고살려는 거지?' 바로 이럴 때 호랑이는 꿀 먹은 벙어리가 되고 말 것이다. '왜 살려고 하는 걸까?' 호랑이뿐만 아니라, 친구들에게 물어봐도 곧바로 대답을 내놓는 경우는 아주 드물 것이다. 왜 그럴까? 생명, 그것은 그 자체로 가치가 있는 것이지, 왜 가치가 있느냐고 물어서는 안 되는 것이기 때문이다. 먹이가 가치 있는 것은 생명을 위해 필요한 것이기 때문이다. 그러나 생명은 무엇을 위해서가 아니라 그 자체로 가치가 있다. 철학적으로 말하자면 생명은 그 자체가 목적이지 다른 것을 위한 수단이 될 수 없다. 비록 우리는 우리의 생명을 위한다는 이유로 수많은 가축들의 생명을 해치고 있지만. 그런데 사회생물학자 윌슨의 생각은 다르다. 그는 "유기체는 스스로 생존하지 않는다. 유기체의 일차적 기능은 다른 유기체를 재생산하는 것이 아니라 유전자를 재생산하는 것이며 유기체는 일시적인 매개체의 역할을 할 뿐"이라고 말한다.

유기체, 즉 생명은 스스로 생존하지 않는다는 말은 아주 혁명적인 생각이다. 그동안 많은 사람들은 생명이 최고의 가치라고 생각했기 때문이다. 그런데 윌슨의 "생명은 스스로 생존하지 않는다."는 주장은 생명보다 더 높은 가치를 가진 것이 있다는 것을 의미한다. 생명보다 높은 가치? 윌슨은 그것이 유전자라고 생각한다. 과거에는 어떤 윤리학에서 생명체에게 요구하고 명령할 수 있다고는 생각할 수 없었다. 생명은 지존(至尊)의 가치였기 때문이다. 그런데 윌슨의 사회생물학에 와서 인간과 생명의 주인은 유전자, 즉 DNA로 바뀐다. 윌슨은 닭을 달걀이 더 많은 달걀을 복제하기 위해 한시적으로 만들어 낸 매체에 불과하다고 설명한다. 개체란 잠시 태어났다 사라지는 덧없는 존재이고, 자손 대대로 영원히 살아남을 수 있는 것은 오직 유전자뿐이라는 것이다. 그러니까 모든 생명체는 유전자를 전달하기 위한 매체에 불과하다. 생명이 하나의 수단에 불과하다? 윌슨의 혁명적인 생각은 수많은 논쟁을 불러왔고, 그 논쟁은 지금도 세계 곳곳에서 뜨겁게 진행 중이다.

개체의 복지에는 관심도 없는 이기적 유전자

윌슨의 제자인 리처드 도킨스는《이기적 유전자》라는 책에서 스승보다 더 도발적인 주장을 한다. '인간을 포함한 생명체는 유전자에 의해 창조된 기계에 불과하다. 그 기계의 목적은 자신을 창조한 주인인 유전자를 보존하는 것. 인간은 유전자의 꼭두각시라는 말이다. 그러니 유전자는 얼마나 이기적인가.' 하는 주장이 그것이다.

어떤 이들은《이기적 유전자》라는 책 제목만 보고 '인간에게는 자신만을 생각하는 이기주의적인 본성이 있겠구나.' 하고 생각하기도 한다. 이는 제목만 보고 책의 내용을 잘못 간파한 오류라고 할 수 있다. '이기적 유전자'라는 제목에서 '이기적'이라는 것은 유전자가 인간이라는 개체의 복지 같은 것에는 관심이 없고 자신의 이익 증진에만 관심이 있다는 것을 의미한다.

이런 예를 들어 볼까. 어떤 개체는 불안을 느끼는 성향을 타고났고, 어떤 개체는 불안을 느끼는 성향을 전혀 타고나지 않았다고 해보자. 이 두 개체 중에서 진화에 유리한 쪽은 어느 쪽일까? 개체의 복지 측면에서 보면 당연히 불안이 없는 개체가 낫겠지만, 유전자의 입장에서 보면 불안을 느끼는 개체가 훨씬 더 유전자 증식에 도움이 된다. 바로 이런 진화론적 이득이 있기 때문에 유전자가 불안을 느끼는 인간을 설계했다는 것이 에드워드 윌슨과 리처드 도킨스를 비롯한 사회생물학자들의 주장이다. 즉, 인간을 포함한 모든 동물의 행동이 종의 유전적 구성에 따라 불가항력적으로 결정된다는 것이다.

도킨스의 논리대로라면 아마도 제 새끼를 보호하기 위해 솔개와 싸우는 닭의 행동이 '너라는 개체를 희생해서라도 너와 유전자를 공유하고 있는 너의 새끼를 위해 솔개에게 대항하라.'라는 유전자의 들리지 않는 메시지에서 나온다고 설명할지도 모른다. 사회생물학자들의 설명대로라면 인간의 위대한 모성도 유전자의 명령에 불과한 것이 된다. 윌슨은 인간의 인격적 특성, 즉 의지와 열정과 지성조차도 유전자의 명령으로 이해한다. 이렇게 되면 인간의 고귀함을 증거해 주는 수단인 인간의 주체성과 지성, 그리고 창조성, 심지어는 종교성마저도 유전자의 자기 증식을 위해 봉사하는 수단적 가치로 전락하고 만다. 사회생물학자들의 생각에 종교계가 발끈하는 이유도 여기에 있다. 극단적으로 말하자면 사회생물학은 서로 사랑하라는 신의 논리보다 '퍼지고 번성하라.'는 DNA의 논리를 우위에 두는 발상의 산물이니까. 윌슨은 "인간의 마음은 생존과 증식을 위한 장치이며 이성은 단지 그 다양한 기술의 하나일 뿐"이라면서 정신과 이성도 유전자의 생존과 증식에 봉사하는 장치에 불과하다고 주장한다.

8

왜 인간은 핏줄에 끌리는가?

피터 싱어가 말하는 공평 무사성의 원리

《사회생물학과 윤리》에서 윤리학자인 피터 싱어는 "전체라는 관점에서 볼 때 나의 이익이 내가 속해 있는 사회에 살고 있는 타인들의 이익보다 중요하지 않다는 것을 알게 되었다면 나는 다음과 같은 사실을 기꺼이 받아들이게 될 것이다. 즉 좀 더 넓은 관점에서 보았을 때 나의 사회가 여러 사회들 중의 하나에 불과하며, 좀 더 확대된 시각에서 볼 때 내가 소속되어 있는 사회 구성원의 이익이 다른 사회에 살고 있는 사람들의 이익보다 중요하지 않다는 점을 수용하게 될 것이다."라고 주장한다. 나의 이익이 다른 사람들의 유사한 이익보다 중요하지 않다고 생각하는 것이 합리적인 사고라는 것이다. 내가 이유 없이 괴롭힘을 당하는 것이 싫다면 피부색, 성별, 나이에 상관없이 타인들 또한 싫어한다는 것이다. 피터 싱어는 모든 사람에게 동등하게 관심을 가지는 것이 바로 '공평 무사성'이라고 한다. 그러나 인간은 앞서 언급했듯이 가까운 존재에게 끌리는 성향을 가지고 있다. 성향에 이끌리는 행동이 도덕적인 행동은 아니다. 인간의 행동이 도덕적이기 위해서는 반드시 그것이 이성과 의지의 산물이어야 한다. 풀을 뜯는다고 해서 양을 평화의 존재로 규정하고, 다른 동물을 먹이로 삼는다고 해서 육식동물을 악한 존재로 규정하는 것은 단지 권선징악을 강조하는 옛날이야기에서나 가능한 법이다. 윤리학은 인간의 이성과 의지에 따라 선택된 행동만을 대상으로 하니까. (이렇게 볼 때 사회생물학은 인간의 자율적인 이성을 부인한다는 점에서 윤리학의 뿌리를 흔드는 학문이라고 할 수 있다.) 어쨌든 인간에게는 타고난 성향을 극복하고 이성으로써 사유할 수 있는 능력이 있다.

피터 싱어는 모든 이익은 그것을 가진 사람들이 누구냐에 관계없이 평등하게 고려되어야 한다고 생각한다. 그는 "고통을 피하고, 능력을 계발하고, 먹고 자는 욕구를 충족시키고, 다른 사람과 우정과 애정을 즐거이 교환하고, 타인들로부터 불필요한 간섭을 받지 않고 자신의 삶의 계획을 자유로이 추구하는 이익"은 모든 사람에게 똑같이 고려되어야 한다고 말한다.

흑인이기 때문에 차별받아야 한다, 여자이기 때문에 차별받아야 한다, 머리가 나쁘기 때문에 차별받아야 한다고 할 때 작동하는 것은 '응분의 원리'다. 어떤 행동에는 거기에 상응하는 대가가 주어져야 한다는 논리가 바로 응분의 원리다. 이것은 형벌의 논리이기도 하다. 죄질이 다르면 다른 만큼 거기에 해당하는 형벌이 주어져야 한다는 것이다. 이 응분의 논리는 차별의 논리로도 작동한다. 피부색, 성별, 나이나 미모로 사람을 차별하는 논리도 따지고 보면 '다르면 다르게 대우하라.'는 응분의 논리가 작용한 셈이니까. 착한 일을 하면 상을 주고 죄를 저지르면 형벌을 주는 것에는 정당한 응분의 원리가 작동했다고 할 수 있지만 피부색이나 성별에 따라 사람을 차별하는 것에는 그릇된 응분의 원리가 작동한 것이다. 왜일까? 사람은 태어나면서 자신의 피부색을 결정할 수 없다. 성별도 결정할 수가 없다. 내가 결정하지도 않은 것에 책임을 져야 한다면 이처럼 억울한 일이 있을 수 있을까? 키가 작고, 코가 작은 것은 내 이성과 의지로도 어쩔 수 없는 것인데, 바로 그런 것들 때문에 불공평한 대우를 받는 것은 이만저만 억울한 일이 아니겠다. 유전자가 우리의 외모와 성격을 결정하지만 우리는 유전자를 결정할 수 없다. 내가 결정할 수 없는 것은 내 책임 밖의 것이다. (싱어는 모든 동물이 동물로 태어나는 것 역시 스스로 결정한 것이 아니므로, 동물로 태어났다는 것이 차별의 이유가 되면 안 된다고 강조한다. 이 논리는 나중에 동물 해방 논리로도 발전하게 된다.)

그러나 찬찬히 생각하면 나의 외모는 유전자가 결정하더라도 내 성향까지 유전자가 결정하는 것인지에 대해서는 확신하기가 어렵다. 가난한 집에 태어나느냐, 부잣집에서 태어나느냐에 따라 성향이 달라질 수도 있으니 말이다. 모든 것을 유전자가 결정한다면 한 사람의 성격은 그가 소속된 계급이나 집단에 따라 달라질 수 있다고 설명하는 사회학은 설자리를 잃고 말겠다. 그런 점에서 모든 인간의 현상을 유전자로 설명하는 사회생물학을 자신의 방법론 이외의 학문의 가능성을 부인하는 '유전자 제국주의'라고 비판하는 사람들도 있다.

진화심리학자들이 말하는 이타성의 기원

사람들은 생면부지인 타인을 위해 헌혈을 하고, 물에 빠진 아이를 구하러 뛰어들기도 한다. 이렇게 서로 돕고 배려하는 마음, 즉 이타심의 진화론적 기원은 무엇일까?

《도덕적 동물》에서 저자 로버트 라이트는 생물의 이타적 행동을 '혈연 선택'과 '상호 이타주의' 이론으로 설명한다. 혈연 선택 이론에 따르면 혈연으로 맺어진 개체들은 구성원들이 공유한 유전자를 영속시키기 위해 가까운 친척에게 이타적인 혜택을 베푼다. 혈연 선택 가설은 생물학자인 윌리엄 해밀턴이 1963년 제기한 이론으로, 혈연을 돕는 것이 내 유전자의 번성을 돕는다는 관점으로 이타적 행위를 설명한다.

혈연 선택 이론의 가장 큰 약점은 이타적 행동이 굳이 혈연관계에 있는 개체들 사이에서만 국한되어 발견되는 것이 아니라는 점이다. 우리는 생전 보지도 못한 사람들을 위해서 이타적인 행동을 한다. 따라서 이 이론을 가족의 테두리를 넘어서 존재하는 이타적 행동을 설명하는 데까지 확장하기엔 다소 무리가 따른다.

그렇다면 왜 생물은 혈연관계가 전혀 없는 경우에도 이타적 행위를 하는 것일까? 이를 설명하는 것이 상호 이타주의 이론이다. 이 이론에 따르면 혈연관계가 전혀 없는 개체 사이에서 이타적 행동이 나타나는 이유는 '네가 도움을 주면 나도 너에게 도움을 준다.'는 식의 호혜적 행동 때문이다.

그러나 호혜주의는 당신이 어떤 이에게 도움을 받았어도 그에게 은혜를 갚지 않을 가능성이 있기 때문에 딜레마에 빠질 위험이 있다. 이러한 딜레마를 극복하기 위한 최선의 방책이 팃포탯(tit-for-tat) 전략이다. '눈에는 눈, 이에는 이'로 설명되는 팃포탯은 '처음에는 협력한다. 그다음부터는 상대방이 그전에 행동한 대로 따라서 한다.'는 두 개의 규칙으로 구성된다. 팃포탯은 인정 많음(먼저 배반자가 되지 않음), 분개(상대방이 배반하면 따라서 배반함으로써 즉시 응징함), 관대(상대방이 배반한 적이 있더라도 다시 협력하면 따라 협력함으로써 협조 분위기를 복원시킴)의 특성을 갖고 있다. 한마디로 당근과 채찍을 합쳐 놓은 전략이다. 결론적으로 팃포탯은 상호 호혜주의에 의해 이기적인 개체들로부터 협력 관계가 나타날 수 있음을 보여 준다고 할 수 있다.

진화론이 인간의 심리를 모두 설명할 수 있을까

로버트 라이트는 '일부일처제는 과연 남자에게 유리한가, 아니면 여자에게 유리한가.'를 묻는다. 이 질문에 대해 저자는 "일부일처제는 인간 본성에 역행하는 것이요, 남성들에게만 유리하게 작용한다."라고 말한다. 인류학자들의 연구에 따르면 1,154곳의 사회 가운데 980곳에서 한 명의 남성이 여러 여성을 거느리도록 허용해 왔다고 한다. 일부일처제 아래에서 남자는 다른 남성과 심한 경쟁을 할 필요가 없다. 일부다처제에서는 능력 있는 한 남성이 여러 명의 여성들에게 높은 수준의 생활을 보장해 줄 수 있기 때문에 능력 없는 남성은 소외될 가능성이 크다. 따라서 일부일처제는 능력이 없어 짝을 찾지 못할 위험이 있는 남성들을 위한 제도이며, 남녀 간의 평등이 아니라 남자들 간의 평등을 위한 제도라는 것이다.

그렇다고 이 책이 인간 심리의 모든 것을 유전자가 결정한다는 유전자 결정론을 고집스럽게 주장하고 있는 것은 아니다. 저자는 "문화적 다양성은 동일한 인간 본성이 매우 다양한 환경에 반응한 결과다."라고 말한다.

현대의 진화론이 인간과 사회를 어떻게 바라보고 있으며, 기존의 세계관과 학문에 어떤 충격을 던지고 있는지 알고 싶다면 이 책은 꼭 읽어 봐야 할 고전이라고 할 수 있다. 이 책이 바로 그런 궁금증에 적절하게 답하고 있기 때문이다.

9

우리는 어떻게 마음으로 연결되는가?

시인 김수영은 왜 조그만 일에 분개하는가?

아버지가 퇴근해서 집 안이 지저분하다고 엄마에게 불같이 화를 낸다. 사실 집 안 상태는 엄마의 눈에는 평소와 다름이 없다. 엄마가 볼 때 집 안은 깨끗하다고는 볼 수 없어도 지저분하다고 볼 정도는 아니다. 청결 상태는 여느 집 수준이다. 그런데도 아버지의 눈에는 집 안이 지저분하게 보인다. 화를 내는 아버지를 보며 엄마는 속으로 생각한다. '아마 이 양반이 바깥에서 무슨 안 좋은 일이 있었던 모양이로군'.

엄마의 짐작이 크게 틀린 것은 아니다. 사실 아버지는 회사에서 상사로부터 언짢은 소리를 들었다. 상사의 꾸지람을 들으면서 상사의 지적이 매우 불합리하다고 느꼈다. 이럴 경우 아버지의 분노가 향해야 할 곳은 상사지, 애꿎은 엄마가 아니다. 그러나 상사는 강자고 엄마는 약자다. '종로에서 뺨 맞고 한강에 와서 화풀이한다.'고 했다. 종로는 예부터 권력자들이 몰려 살던 곳이다. 그곳에서 화를 냈다가는 치도곤을 당하기 십상이다. 그러니 보신하기 위해서는 약자들이 몰려 사는 '한강'에 와서 화를 낼 수밖에.

이렇게 덜 위협적인 대상에게 화를 옮기는 현상을 심리학에서는 '전이(轉移)'라고 한다. 이 심리학적인 전이를 잘 보여 주는 시가 김수영의 〈어느 날 고궁을 나오면서〉다.

왜 나는 조그마한 일에만 분개하는가
저 왕궁 대신에 왕궁의 음탕 대신에
50원짜리 갈비가 기름 덩어리만 나왔다고 분개하고
옹졸하게 분개하고 설렁탕집 돼지 같은 주인 년한테 욕을 하고
옹졸하게 욕을 하고

한 번 정정당당하게
붙잡혀 간 소설가를 위해서
언론의 자유를 요구하고 월남 파병에 반대하는

자유를 이행하지 못하고
20원을 받으러 세 번씩 네 번씩
찾아오는 야경꾼들만 증오하고 있는가.

옹졸한 나의 전통은 유구하고 이제 내 앞에 정서로
가로놓여 있다.
이를테면 이런 일이 있었다.
부산에 포로수용소의 제14야전 병원에 있을 때
정보원이 너어스들과 스폰지를 만들고 거즈를
개키고 있는 나를 보고 포로 경찰이 되지 않는다고
남자가 뭐 이런 일을 하고 있느냐고 놀린 일이 있었다.
너어스들 옆에서

지금도 내가 반항하고 있는 것은 이 스폰지 만들기와
거즈 접고 있는 일과 조금도 다름없다.
개의 울음소리를 듣고 그 비명에 지고
머리도 피도 안 마른 애 놈의 투정에 진다.
떨어지는 은행나무 잎도 내가 밟고 가는 가시밭

아무래도 나는 비켜서 있다. 절정 위에는 서 있지
않고 암만해도 조금쯤 옆으로 비켜서 있다
그리고 조금쯤 옆에 서 있는 것이 조금쯤
비겁한 것이라고 알고 있다!

그러니까 이렇게 옹졸하게 반항한다.
이발쟁이에게
땅 주인에게는 못 하고 이발쟁이에게
구청 직원에게는 못하고 동회 직원에게도 못하고
야경꾼에게 20원 때문에 10원 때문에 1원 때문에
우습지 않으냐 1원 때문에

모래야 나는 얼마큼 작으냐
바람아 먼지야 풀아 나는 얼마큼 작으냐
정말 얼마큼 작으냐 …….

이 시의 화자는 참으로 옹졸하다. 하루하루의 무사함을 걱정하며 살아가는 소시민인 화자는 폭압적인 권력에 맞서 "붙잡혀 간 소설가를 위해서 언론의 자유를 요구"하거나 "월남 파병에 반대하는 자유"를 이행하지 못한다. 그랬다가는 직장에서 잘릴 수도 있고, 심지어는 현행법 위반으로 구속될 염려도 있다. 정정당당한 양심에서 비롯된 행위를 불법적 행동으로 몰고 가는 타락한 정권에 대한 분노는 가슴속에 쌓여 가지만 그 분노를 풀 길 없는 화자는 급기야 자신의 분노를 타인에게 옮긴다. 시의 화자는 "20원을 받으러 세 번씩 네 번씩 찾아오는 야경꾼들"에게 화를 낸다. 그가 화를 내는 대상은 설렁탕집 주인, 이발쟁이처럼 하나같이 사회적 약자다. 권력을 가진 자들을 '갑'이라고 하고, 그 반대쪽에 있는 자들을 '을'이라고 한다면, 〈어느 날 고궁을 나오면서〉의 화자가 화를 내고 있는 대상은 모두 '을'이다.

정작 화를 내야 할 대상에게 화를 내지 못하고 자기보다 더 약한 자들에게 화를 내는 것이 사람들의 일반적인 심리 구조다. 강자에게 약하고 약자에겐 강한, 이런 심리 구조를 더 면밀하게 알아보기 위해 미국의 심리학자 터너는 실험을 하나 고안했다. 그는 신호등이 파란색으로 바뀌어도 차가 출발하지 않을 경우, 뒤차의 경적 소리가 얼마 만에 나는지 측정해 봤다. 먼저, 일반 소형 승용차가 앞에 선 경우, 뒤차는 평균 5.4초가 지난 뒤에 경적을 울렸다. 그렇다면 앞에 선 차가 수억 원에 달하는 고급 외제차라면 어떨까? 경적 소리가 나기까지 8.2초가 걸렸다.

자, 이 실험이 말하는 것은 무엇일까? 약자에게는 강하지만 강자에게는 약한 사람들의 심리다. 사람들은 일반적으로 고급 외제 승용차를 타는 사람은 사회적 지위가 높다고 생각하고 반대로 일반 소형차를 타는 사람은 사회적 지위가 낮다고 생각하는 경향이 있다. '나'보다 사회적 지위가 낮은 사람의 차가 '내' 앞에서 미적거리면 자존심이 상하고 화가 나 경적을 누른다. 그러나 커다란 차가 '내' 앞을 가로막고 있다면 '뭐, 그럴 수도 있다.'며 가볍게 넘긴다.

부모님에게 꾸중을 듣고 애먼 강아지에게 화를 낸 적은 없는가. 강한 자에게 당하고 약한 자에게 화풀이한 적은 없는가. 아버지에게 꾸지람을 듣고, 엄마에게 화풀이한 적은 없는가. 성격이 대쪽 같은 아버지에게 꾸지람을 듣고 무엇이든 고분고분 받아 주는 엄마에게 화풀이를 했다면 무엇이 잘못되어도 한참 잘못되었다.

다시 김수영의 시로 돌아가 보자. 50원짜리 갈비가 기름 덩어리만 나왔다며 설렁탕집 주인에게 목청을 높여 따지고 드는 사람에게 "정작 당신이 화를 내는 이유가 무엇이냐?"라고 묻는다면, 그는 자신의 분노가 어디에서 비롯되는지 냉정하게 말할 수 있을까. 다시 말해 그는 자신의 분노가 '왕궁의 음탕', 곧 정치권력의 타락에서 기인한 것이라는 사실을 냉정하게 고백할 수 있을까. 열에 아홉은 자신이 무엇 때문에 분노하는지 밝히고 싶지 않을 것이다.

회사에서 상사로부터 꾸지람을 듣고 퇴근해 집 안이 지저분하다며 화를 내는 아버지도 정작 자신이 화를 내는 이유를 냉정하게 성찰하기는 어렵다. 자신을 냉정하게 분석하기 위해서는, 감정을 억제하고 타인의 입장이 되어, 타인의 눈으로 자신을 바라볼 필요가 있다. 자신의 감정을 억제하고 냉정하게 타인의 눈으로 '나'를 바라보는 것, 이것이 소위 '객관화'이고 '거리 두기'이다.

김수영의 시는 '객관화'이자 '거리 두기', 곧 성찰의 결과다. 그가 반성을 할 줄 모르는 소시민에 불과했다면 그는 설렁탕집 주인과 야경꾼들과 이발쟁이에게 화를 내는 것에 그쳤을 것이다. 그러나 그는 자신의 분노가 어디에서 오는지를 냉철하게 살폈다. 분노가 일었을 때, 김수영은 분노 그 자체에 그치거나 그 속에 매몰되지 않고 분노와 거리를 둘 수 있었다.

분노와 거리를 둔다는 것은 분노에 대해서 묻는 일이다. 나는 지금 무엇에 대해서 화를 내는가, 나는 왜 화를 내는가, 내 화의 근본적 원인은 어디에서 비롯된 것일까, 내가 화를 낸다면 타인은 어떤 영향을 받을까? 하지만 분노 앞에서 이런 질문의 카드들을 꺼낸다는 것이 쉬운 일은 아니다. 속담에 '법은 멀고 주먹은 가깝다.'고 했다. 감정은 자동적이다. 어떤 일 앞에서 저절로 일어나는 것이 감정이다. 그러나 이성적이 되려면 화를 진정시키고 사태를 냉정하게 바라볼 수 있는 '인내'라고 하는 성찰의 에너지가 필요하다.

너와 나의 경계를 사라지게 하는 공감

2011년 지리산을 종주할 때의 일이다. 텐트도 없이 오직 침낭 하나에 의지해 한데서 잠을 자는 이른바 '비바크'를 하게 되었다. 가을비가 추적추적 내리고 있었지만 비바크를 하기로 하고 산행에 나선 길이라 산장 대피소 근처에서 노숙을 할 수밖에 없었다. 젖어 있는 바닥에 비닐을 깔고 침낭 속에 들어가 다시 침낭 위에 비닐을 덮고 잠들어야 했다. 9월 말, 초가을이었지만 바닥에서 올라오는 냉기가 뼛속으로 스미는 듯했다. 거기에 비까지 내리니 불편하기 이를 데 없었다. 그러나 야영의 맛은 불편함을 의도적으로 껴안는 데 있지 편함을 구하는 데 있지 않았다. 빗속에 무거운 배낭을 지고 1,000미터 이상의 고지를 오르고 구부구불한 산길을 걷는 일도 힘에 부쳤지만, 쌀을 씻고 밥을 해먹는 일도, 편치 않은 잠자리도 고역이었다. 하지만 몸이 고되면 마음이 오히려 가벼워지는 법, 한 발 한 발 내딛는 일에 집중하다 보면 불편한 침낭 속에서도 깊고 달콤한 잠에 빠질 수 있었다.

새벽 2시쯤 되었을까. 축축한 기운에 잠이 깨, 계속 비가 오는지 확인하기 위해 침낭의 지퍼를 열었을 때였다. 숨이 턱 막혔다. 어마

어마하게 많은 별들이 나를 쏘아보고 있었다. 하늘의 반이 별이라고 해도 과언이 아니었다. 세상의 모든 별이, 피곤에 지쳐 잠든 한 사내의 모습을 지켜보기 위해 지리산 근처로 몰려온 것 같다는 생각이 들기도 했다. 새카만 밤하늘, 거대한 무리를 지어 반짝이는 별들을 보고 있자니 가슴이 울렁거렸다. 수억 광년을 고단하게 달려와 비로소 내 눈에 당도했을 별빛의 여정을 생각하니 지리산 3박 4일의 종주는 아무것도 아니었다. 내 눈에 들어온 것은 광대무변의 우주였다. 나는 그 우주의 한 귀퉁이에 있는 별 하나, 그 속의 아주 보잘것없는 존재일 뿐이었다. 나의 배낭도, 내가 걸어온 길도, 그 광대무변한 우주 속에서는 먼지 같은 것이었다. 이 거대한 우주를 심장과 폐를 지닌 한 마리의 포유류가 지켜보고 있다는 느낌, 급기야 내 눈에서는 미지근한 것이 흘러내렸다. 지리산의 밤하늘을 수놓던 별빛이 내 눈 속으로 흘러 들어와 하염없이 무엇인가를 흘려보냈다. 눈물이었다.

다음 날 아침을 먹으며 일행에게 어젯밤에 거대한 별들의 무리를 보았다고 했더니 일행 중 한 분도 새벽의 하늘을 보았다고 하면서 그런 장관을 보기는 처음이었다는 말을 덧붙였다.

나는 그에게 밤하늘을 보면서 눈물이 났다는 말은 하지 못했다. 남자가 감정이 뭐 그리 헤프냐는 말을 듣고 싶지 않았는지도 모른다. 그러나 저녁에 잠들기 전에 하루의 피곤을 풀기 위해 술을 마실 때, 이성의 통제가 느슨해졌는지 가슴속에 묻어 둔 이야기를 꺼냈더니, 새벽의 하늘을 보았다는 일행도 그 순간 눈물이 나더라고 속내를 털어놨다. 눈물을 매개로 두 사람의 마음이 하나가 되는 순간이었다.

〈오월의 환희〉라는 시에서 김현승은 이렇게 노래한다.

> 그늘, / 밝음을 너는 이렇게도 말하는구나 / 나도 기쁠 때는 눈물에 젖는다.

그늘이 있다는 것은 어딘가에 밝음이 있다는 것을 의미한다. 밝음 따로, 어둠 따로가 아니라 어둠과 밝음은 서로를 껴안고 있는 존재다. 밤하늘은 바로 어둠과 밝음이 둘이 아니라 하나임을 말해 준다. 밤하늘에서 빛과 어둠이 둘이 아니라 하나이듯 삶에서도 슬픔과 기쁨은 둘이 아니다. 슬픔은 기쁨을 껴안고 있고, 기쁨은 슬픔을 껴안고 있다.

혼자서 남편도 없이 아들을 대학까지 졸업시킨 어머니가 보여 주는 눈물, 그것은 기쁨도 아니고 슬픔도 아니다. 굳이 말하자면 그 눈물은 슬픔이기도 하고 기쁨이기도 하다. 눈물은 슬픔을 말하는 기호이지만 그 어머니의 눈물은 슬픔만을 말하지 않는다. 힘들게 자식을 키운 시간을 생각하면 서러움이 밀려온다. 그 서러움 때문에 흘리는 눈물이라면 슬픔의 눈물이겠지만 한편으로 그것은 아들이 훌륭하게 성장해 주어서 고맙다는 고마움의 눈물이요, 기쁨의 눈물일 수 있다.

바로 그 어머니의 눈물을 바라보면서 아들 또한 눈시울이 뜨거워진다. 어머니의 마음이 아들의 마음으로 흘러 들어오는 순간이다. 마음과 마음이 육체라는 경계를 넘어 흘러가는 것, 그것이 공감(共感)이다. 문자 그대로 공감은 같이(共) 느낌(感)이다. 지리산의 밤하늘에서 느꼈던 것을 일행과 공유하듯, 졸업식장에서 어머니의 마음과 아들의 마음이 하나가 되듯, 마음과 마음이 하나가 되는 것, 그것이 공감이다.

공감은 마음으로 연결되는 느낌이다. 마음과 마음이 연결될 때 우리는 마치 남과 내가 하나가 된 듯한 느낌, 일체감을 갖는다. 붉은 악마가 승리했을 때, 너와 나는 하나가 된다. 마음만이 아니라 몸도 하나가 되는 느낌이 든다. 모르는 이들과 어깨를 겯고 심지어는 포옹을 하기도 한다. 공감은 너와 나의 경계를 사라지게 한다. 너의 기쁨이 나의 기쁨이고 너의 슬픔이 나의 슬픔이기 때문이다.

제대로 판단하려면 먼저 공감하라

감정의 작용을 배제하고 이성에 따라 합리적으로 사고하라는 것이 철학의 요구다. 철학자들은 감정이 명석한 사유를 막는 일종의 장애나 다름없다고 철학자들은 생각했다. 아닌 게 아니라 화가 나거나 흥분한 상태에서는 차분하게 사유하거나 판단하기가 힘들어진다. 지독한 외로움과 슬픔, 질투심과 같은 부정적 감정에 사로잡혔을 때도 마찬가지다. 그러나 사랑과 같은 긍정적인 감정에 사로잡혀도 역시 냉정하게 사유하기가 힘들다. 소위 '눈에 콩깍지가 씌었다.'라는 표현은 사랑에 사로잡힌 사람이 냉철하기 힘들다는 사정을 잘 말해 준다. 이렇게 본다면 감정은 이성적 사유를 돕기보다는 방해하는 듯하다. 그러나 현대 뇌과학자들은 '감정'의 가치가 지나치게 저평가되고 홀대받고 있다고 말한다.

안토니오 다마지오가 1994년에 출간한《데카르트의 오류》에 나오는 환자의 사례를 보자.

1843년 9월 13일, 미국의 철도 건설 현장에서 감독관으로 일하던 스물다섯 살의 피니어스 게이지는 폭파 작업을 하다가 큰 사고를 입는다. 쇠막대기가 왼쪽 뺨으로 들어가 머리뼈와 뇌를 관통하여 머리 위쪽으로 나왔다. 그러나 그는 죽지 않았다. 언어장애, 기억력 상실 같은 후유증도 없었다. 쉽게 말해 이성, 사유 능력은 멀쩡했다.

사고의 후유증은 감정의 변화였다. 사고 전 그는 동료들과 잘 어울리고 책임감이 강했으나, 사고 후에는 화를 참지 못했고 행동도 충동적으로 변했다. 자신의 장래나 행동의 결과에 대해서도 신경 쓰지 않았다. 결국 그는 직장도 잃고 이곳저곳을 떠돌다 12년 뒤 죽게 된다. 당시 의사들은 그가 보여 준 사례가 좀 더 연구할 가치가 있다고 생각해서 시신을 발굴해 머리뼈와 쇠막대기를 하버드 의과 대학에 보관했다.

1994년 다마지오는 영상 기술을 이용해 게이지의 뇌에 가해진 손상을 진단했다. 그 결과 쇠막대기는 운동 기능이나 언어를 담당하는 부위는 건드리지 않았고, 왼쪽 대뇌 전두엽을 주로 손상시킨 것으로 나타났다. 왼쪽 대뇌 전두엽은 희로애락 등의 감정을 관장하는 뇌 영역이었고, 게이지는 바로 감정 영역을 담당하는 뇌에 손상을 입었던 것이다.

다마지오 이전의 학자들은 의사 결정을 하는 것은 이성이지 감정이 아니라고 생각했다. 그러나 다마지오의 연구 결과는 도덕적 행위나 의사 결정을 내리는 영역이 이성의 영역이 아니라 감정의 영역일 수도 있다는 반박이었다. 감정은 이성의 장애물이라는 데카르트의 생각이 오류임이 드러나는 역사적인 순간이었다.

"자, 화를 삭이고 차분하게 내 말을 들어 봐."라는 말은 감정을 뒤로하고 이성을 전면에 내놓으라는 주문이다. 그러나 다마지오의 연구 결과에 따르면 감정 없이는 이성도 제대로 작동하지 않는다.

공감은 불쌍하다는 마음, 또는 측은하다는 마음처럼 감정이 앞서는 심리 상태다. '왜'라고 묻는 것은 감정 이후의 일이다. 따지고 분석하고 이성의 현미경을 바짝 들이대면 감정이입(공감)은 그만큼 느려지고, 어떤 때는 감정이입 자체가 일어나지 않는다. 잘 판단하려면 잘 느껴야 하고, 잘 느껴야 현명하게 판단할 수 있다.

뇌를 다친 피니어스 게이지가 우리에게 말해 준다. 남의 슬픔에 동참하지 않는 마음, 남의 기쁨을 나 몰라라 하는 마음으로는 제대로 된 의사 결정을 할 수 없다. 감정은 이성의 장애물이 아니라 이성의 동반자다.

타인의 고통 앞에서 초연할 수 없는 인간

'남의 염병이 내 고뿔만 못하다.'는 속담이 있다. 남이야 큰 병에 걸려 사경을 헤맬지언정 내 일이 아닌 바에야 나 몰라라 하는 것이 사람들의 마음이다. 르완다에서 난민들이 굶어 죽고 있다는 내용의 뉴스를 접해도 우리는 태연하게 하던 일을 계속한다. 그러나 내 자식이 한 끼라도 굶으면 호들갑을 떨곤 한다. 혈족의 고통에 민감한 사람들의 성향을 설명한 이는 생물학자 해밀턴이다. 그의 '친족 선별 이론'에 따르면 인간의 사회적 친밀도는 유전자의 유사성에 기초한다. 우리는 팔촌보다는 사촌에게, 사촌보다는 내 직계가족에 더 끌리고, 그들의 아픔에 더 크게 반응한다. 자신의 유전자와 가까운 사람의 고통일수록 민감하게 반응하는 것이 인간을 비롯한 동물들의 본능이다.

그런데 황지우의 〈늙어 가는 아내에게〉라는 시를 읽다 보면 왜 인간은 자신의 유전자와 전혀 다른 사람의 고통에도 민감하게 반응할까 하는 생각을 하게 된다.

그리고 내가 많이 아프던 날
그대가 와서, 참으로 하기 힘든, 그러나 속에서는
몇 날 밤을 잠 못 자고 단련시켰던 뜨거운 말
저도 형과 같이 그 병에 걸리고 싶어요

사랑하는 사람, 연인은 보통 유전적으로 보면 완전한 타인에 불과하다. 이성 간의 사랑이란 것은 본래 아무런 혈연적 관련이 없는 사람과 하나가 되고자 하는 일체와 합일의 욕망이다. 황지우의 시에서 "그대"는 시인의 고통과 하나가 되기 위해서 시인이 걸린 병에 걸리고 싶다고 말한다. 당신이 몸과 마음으로 모두 아파하는데 나만 마음으로 아파할 수는 없다. 나 또한 당신처럼 몸과 마음으로 모두 아파하고 싶다는 것이 "그대"의 마음이다. 사랑은 이렇게 타인의 고통까지도 함께하고 싶어 하는 일체화의 욕망이다.

불교의 경전인 유마경에 "중생이 아프면 보살도 아프다."라는 구절이 있다. "보살"이란 진리를 구하는 자를 이른다. 평범한 사람들은 해밀턴의 친족 선별 이론대로 자신과 혈연적으로 가깝고 심정적으로 가까운 사람들의 고통에만 민감한 감수성을 보이지만 진리를 구하는 자라면 제 몸과 자기 이웃의 안위만 생각해서는 안 된다는 것이 유마경이 말하는 진리다. 불교에서 말하는 자비(慈悲)란 타인을 불쌍하게 여기는 마음이다. "네 이웃을 네 몸과 같이 사랑하라."라는 성경 구절이나 맹자가 어짊(仁)의 뿌리라고 말했던 측은지심(惻隱之心), 즉 남을 측은하게 바라보는 마음 또한 불교에서 말하는 자비의 마음과 크게 다르지 않다.

성선설(性善說)이냐 성악설(性惡說)이냐를 떠나서 인간이란 대체로 타인의 고통을 보고도 꿈쩍하지 않게 설계된 것 같지는 않다. 요리를 하다가 칼에 손을 베 피를 흘리고 있는 사람의 모습을 보고 얼굴을 찌푸리는 아이의 모습을 떠올려 보라. 사이코패스가 아니라면 타인의 고통 앞에서 인간은 결코 즐겁게 식사를 할 수 있는 존재가 아니다. 타인의 고통은 곧 나의 고통이기도 하다.

10

인간은 왜 남의 아픔을 나의 아픔으로 여기는가?

공감을 가능하게 하는 거울 뉴런과 놀이의 기능

남의 아픔이나 기분을 느낄 줄 아는 감성이 '공감'이다. 이 공감의 능력은 '역지사지(易地思之)', 즉 입장 바꿔 생각할 줄 아는 데서 비롯되는 것이다. 과거에 칼에 벴던 나의 고통을 미루어 보건대 타인의 고통 또한 매우 클 것이라는 유추를 통해 우리는 타인의 고통을 짐작한다. 바로 이런 사정을 두고 하는 말이 동병상련이다. 아파 본 사람이 아파 본 사람의 마음을 이해한다는 이야기다. 칼에 베면 누구나 아프다는 것이 상식이다. 몸을 가진 사람이라면 누구나 그 사실을 안다. 고통이 있기에 우리는 개별적인 존재가 아니다. "몸은 상식이 거주하는 장소"라고 한 니체의 말은 이런 맥락에서 이해된다.

1996년 이탈리아 파르마 대학의 뇌과학 실험실에서 있었던 일을 잠깐 들여다보자. (이 내용은 마르코 야코보니의 《미러링 피플》이란 책에 상세히 소개되어 있다.) 이곳의 신경과학자 자코모 리촐라티의 연구 과제는 원숭이들을 대상으로 운동 피질에 전극을 삽입한 다음, 어떤 물건을 집는 것과 같은 목표 지향적 행위를 할 때 원숭이의 뇌에 어떤 반응이 일어나는가였다. 실험실에서는 머리에 전극을 꽂은 마카크원숭이 한 마리가 다음 과제를 기다리고 있었다. 신경생리학자 비토리오 갈레세 박사는 아무런 생각 없이 무엇인가를 잡으려고 손을 움직였다. 바로 그때였다. 원숭이 뇌 안에 심어 놓은 전극과 연결된 컴퓨터에서 신호음이 들렸다. 참으로 이상한 일이었다. 원숭이는 아무런 행동도 하지 않았기 때문이다. 다만 갈레세 박사가 무엇인가를 집는 모습을 보았을 뿐이다. 컴퓨터 신호음을 분석한 결과 원숭이의 뇌에서 물건을 집는 운동 세포가 작동했음이 밝혀졌다.

다른 사람의 행동을 보기만 해도 자신이 직접 그 행동을 할 때와 똑같은 반응을 하는 신경세포를 거울 뉴런(mirror neuron)이라고 한다. 마카크원숭이와 마찬가지로 인간의 거울 뉴런은 컵을 쥐거나 미소를 짓는 등 다른 사람의 행위를 보는 것만으로도 자신이 그런 행위를 하는 것처럼 활성화되었다. 이 거울 뉴런은 '쥐다'라는 단어를 말하거나 듣기만 해도 발화되었다. 갈레세 박사는 거울 뉴런이 인간의 모방 행동을 가능하게 한다고 생각했다.

'공감'을 키워드로 무려 840페이지를 할당하고 있는 책이 제러미 리프킨의 책, 《공감의 시대》다. 이 책은 실로 '공감'의 백과사전이라 할 수 있다. 이 책에서 저자는 철학자 홉스의 명제, '인간은 인간에 대해 늑대'라는 이기적인 인간관을 거부한다. 저자는 인간을 움직이는 것은 성 충동이며, 성 충동에 의해 움직이는 인간은 본질적으로 공격적이라고 본 프로이트의 인간관 역시 거부한다. 인간은 본래 공격적이고 이기적인 존재가 아니라 오히려 '공감하는 종(種)'이라는 것이 저자의 주장이다. 그는 통합적인 지식의 소유자답게 인간이 '공감의 존재'임을 증명하는 수많은 분과 학문의 성과를 동원한다.

공감 능력을 향상시켜 주는 놀이

《공감의 시대》의 저자 제러미 리프킨은 인간이 가지고 태어난 공감의 능력은 놀이를 통해서 확장된다고 말한다. 여자아이와 남자아이가 소꿉놀이나 병원놀이를 하고 개나 말, 엄마와 아빠, 형제, 학교 선생님, 대통령이 될 때, 그 아이들이 하는 것이 바로 '공감의 확장'이다. 술래잡기 장면을 떠올려 보라. 우리는 놀이를 통해 역할을 바꿔 봄으로써 타인의 감정을 이해하게 된다.

리프킨은 "놀이를 통해 우리는 대체 현실을 끝없이 만들어 내고 정해진 시간 동안 대체 현실을 탐구한다. 우리는 거대한 타자, 즉 있을 수 있는 모든 가능한 존재의 무한한 영역을 헤치는 탐험가가 된다. 놀이를 통해 우리는 상상력이 만들어 낸 다른 현실을 우리의 것으로 만든다."라고 말한다. 상상력이란 어떤 특정한 사건이나 사물을 보고 다른 것을 생각해 낼 수 있는 '확장적 사고'다. '호수'를 보고 '나의 마음'을 떠올리는 것, 바로 그것이 확장적 사고다. 이질적인 것을 결합하는 통합적 사고가 바로 확장적 사고의 한 유형이라고도 할 수 있다. 나의 고통을 보는 것에서 그치지 않고 타인의 고통까지도 확장해서 생각할 수 있는 마음의 능력, 바로 그것이 공감이다. 나의 불행에서 타인의 불행의 가능성까지 유추해서 생각할 수 있는 마음의 능력 또한 공감일 것이다.

공감 능력을 확장시키는 메리 고든의 교육법

공감 능력을 확장시킬 수 있는 가장 좋은 방법은 무엇일까? 이 문제를 심각하게 고민한 사람은 《공감의 뿌리》라는 책의 저자인 캐나다의 교육 운동가 메리 고든이다. 고든은 교육은 무엇보다 "상대의 감성을 읽어 내는 능력, 즉 공감 능력을 배우는 과정"이어야 한다고 생각했다. '존이 사과를 세 개 가지고 있는데, 메리가 두 개를 가져갔다. 존이 가진 사과는 몇 개일까?'라는 것이 일반 학교에서의 질문이라면 공감 교육에서는 그 질문을 바꿔 '이때 존의 기분은 어떨까?'라고 물어야 한다는 것이다. 고든은 "내 행동을 상대가 어떻게 느낄까를 아는 것이 무엇보다 중요하다."라고 강조한다. 일반 학교에서는 교과서를 통해 배우지만 공감 교육에서는 갓난아기가 교과서가 될 수 있다고 그는 말한다. 그는 갓난아기가 공감 능력을 가르쳐 줄 수 있는 교사가 될 수도 있다는 사실에 주목하여 1996년에 공감 교육 프로그램인 '공감의 뿌리(Roots of Empathy)'를 만들었다. 이 프로그램은 캐나다의 유치원과 초·중·고등학교로 확산되고, 호주와 뉴질랜드, 미국 등으로 퍼져 나갔다. '공감의 뿌리'가 추구한 교육 현장을 책을 통해 들여다보자.

강사가 담요를 교실 바닥에 깔아 아기와 엄마가 자리 잡을 무대를 준비하면 그 주위로 다섯 살짜리 아이들이 둘러앉는다. 무대 중간에 6개월 된 아기가 등장한다. 아이들은 흥분해 환영 노래를 부른다. 프로그램 도중 아기가 찡그리자 강사가 아이들에게 묻는다. "아기가 우리한테 무슨 말을 하려는 걸까?" 그러면 여러 대답들이 튀어나온다. "엄마한테 가고 싶어 해요." "화가 났어요." "피곤해요." "실망했어요." 아이들은 아기의 입장이 되어 아기의 심정을 헤아려 보게 된다.

타인의 심정을 헤아리는 것, 바로 이것이 '공감의 뿌리'다. 저자는 아기들이 공감의 교사가 될 수 있는 것은 사랑스러운 데다 위협적이지도 않아서 아무리 말이 없고 공격적이며 외떨어져 있거나 화가 난 아이들일지라도 소통의 공간으로 끌어들이기 때문이라고 설명한다. 이 프로그램을 시행한 결과 소위 '왕따'가 크게 줄었다고 한다.

하버드 대학의 마크 하우저는 붉은털원숭이를 대상으로 레버를 당기면 먹이가 나오는 것을 가르쳤다. 그런 다음 옆 우리에 같은 종의 원숭이를 넣었다. 실험실의 우리는 원숭이가 레버를 당기면 먹이가 나오지만 동시에 옆 원숭이에게 전기 충격이 가해지도록 설계되었다. 실험 결과는 놀라웠다. 동료가 고통스러워하는 모습을 본 원숭이는 아무리 배가 고파도 5~12일 동안 레버를 당기지 않았다. 이 실험을 반복한 결과 원숭이는 낯선 원숭이나 다른 동물이 있을 때보다 평소 알고 지내던 원숭이가 있을 때 레버를 덜 당겼다. 또 전기 충격을 경험한 원숭이들은 그렇지 않은 원숭이들보다 더 오랫동안 레버를 당기지 않았다. '동병상련'의 능력이 원숭이에게도 있다는 사실이 입증되는 순간이었다.

공감 능력을 향상시켜 주는 문학

리프킨은 《공감의 시대》에서 문자의 발명이 인간의 공감 능력 향상의 획기적인 계기가 되었음을 강조한다. 언어로 감정을 묘사하고 자신의 이야기를 하고 경험을 나누는 능력은 공감적 표현을 배가하고 심화한다는 것이다. 그의 말을 직접 들어 보자.

느낌을 나타내는 뉘앙스의 어휘가 풍부할수록 상황의 깊은 의미를 더 잘 전달하고 그에 상응하는 감성적 반응을 끌어낼 수 있다. 느낌이 제대로 전달되지 않으면 그만큼 공감 충동과 반응을 불러일으키기 어렵다. 그래서 다른 사람의 어려운 처지를 글로 나타낼 때 뉘앙스가 풍부한 어휘를 사용하여 감탄할 만한 문체로 풀어 낸다면 한층 더 강렬한 공감적 반응을 이끌어 낼 수 있다.

우리는《홍길동전》을 읽으면서 서자인 홍길동이 느끼는 슬픔과 불행에 동참해 보기도 하고, 그것을 쓴 작가, 허균의 마음을 헤아려 보게도 된다. 문학은 이렇게 상상의 힘으로 타인과 세계에 대한 공감의 능력을 확장시켜 준다.

1987년도에 경산 부림초등학교 6학년에 다니던 배한권이란 아이가 쓴 〈엄마의 런닝구〉라는 시를 읽어 보자.

작은누나가 엄마보고
엄마 런닝구 다 떨어졌다
한 개 사라 한다.
엄마는 옷 입으마 안 보인다고
떨어졌는 걸 그대로 입는다.
런닝구 구멍이 콩만 하게
뚫어져 있는 줄 알았는데
대지비만 하게 뚫어져 있다.
아버지는 그걸 보고
런닝구를 쭉 쭉 쨌다.

엄마는

와 이카노

너무 째마 걸레도 못 한다 한다.

엄마는 새걸로 갈아입고

째진 런닝구를 보시더니

두 번 더 입을 수 있을 낀데 한다.

시의 내용은 조금도 어렵지 않다. 작은누나는 찢어진 '런닝구'를 입는 엄마가 안쓰럽게 느껴진다. 타인의 누추함을 보고 안쓰러워하는 마음, 이것이 연민이고 공감이다. 너는 너고 나는 나라는 마음이 아니고, 너는 곧 나라는 마음, 타인과 나를 동일시하는 마음이 공감이다. 누나는 찢어진 '런닝구'를 입지 말라고 엄마에게 말한다. 그러나 가난한 가정주부인 엄마는 "대비지만 하게(크게)" 구멍이 뚫린 '런닝구'를 그냥 입는다. 가장(家長)인 아버지는 자존심이 상하고, 아내의 누추함에 화가 난다. 그러나 그 화는 분노가 아니라 사랑이다. 아내에게 좋은 옷을 입히고 싶은 가장의 애정이요 관심이다. 그러나 가난한 가장은 가족을 따뜻하게 먹이고 입힐 능력이 없다. 가장은 자신의 무능력에 화가 난다. 그 화를 아내의 '런닝구'에 푼다. 가장은 '런닝구'를 잡아 찢는다. 누가 이런 거지 같은 옷을 입으라고 했어. 엄마는 아버지에게 '런닝구'를 너무 찢으면 걸레도 못 한다고 하면서 아버지를 만류한다. 그러면서 한마디를 더한다. "두 번은 더 입을 수 있을 낀데."

누추한 어머니를 바라보는 누나의 시선, 째진 '런닝구'를 입은 아내를 바라보는 가장의 시선, 누나와 엄마와 아버지가 옥신각신하는 것을 바라보는 초등학교 6학년 아이의 시선, 그 모든 시선이 연민의 시선이다. 따뜻하고 정겨운 시선. 가정이 작은 천국이라면 바로 그런 정겨운 시선들이 있는 곳이기 때문이리라.

한 지붕 아래에서 일어날 수 있는 작은 사건을 담담히 그리고 있는 아이의 시선은 천진하고 꾸밈이 없다. 무엇을 이루려고 하는 의도도 없다. 기필코 역작을 써야겠다는 무리한 작가적 야욕도 없다. 작품으로 무엇을 해 보겠다는 기획도 없다. 과잉도 없지만 그렇다고 절제도 없다. 더함도 없고 덜함도 없이, 있는 만큼만 썼다. 마음이 가난한 자, 그가 어린이다. 무엇을 덧붙일 교양도, 무엇을 추가할 장식적 능력도 없는 아이. 그러나 그 아이가 보여 주는 광경은 읽는 이의 가슴을 적신다.

이 시에는 또 하나 연민의 시선, 공감의 시선이 있다. 하마터면 망각의 저편으로 묻혔을지도 모를 이러한 동시들을 시집으로 묶어 낸 이오덕 선생의 시선이 그것이다. 시가 위대한 사람의 출중한 상상력의 산물이어야 한다는 생각이 그에겐 없다. 시는 이렇게 조그만 사람의 조그만 목소리로, 조그맣게 마음을 울리는 것이라는 생각을 한 이가 이오덕 선생이다. 화려한 수식이 없어도, 세련되거나 호들갑스럽지 않아도, 아이들이 '삐뚤빼뚤'한 글씨로 소박하게 쓴 것일지라도 이오덕은 그것을 소중하게 엮어 책으로 만들었다. 《일하는 아이들》과 《우리도 크면 농부가 되겠지》와 같은 아이들의 문집이 그것이다. 이 책들은 천진난만한 존재들에게 보내는 이오덕의 연민과 사랑의 시선을 묶어 낸 책이다. 공감이 시를 만들고, 공감이 책을 엮었다. 이 책을 읽으며 독자들은 이웃의 삶을 들여다보고 그들의 아픔에 공감한다.

위기의 시대에 필요한 공감 능력

리프킨은 홀로코스트와 같은 사건은 인류사에서 흔한 일이 아니며 단지 예외적 현상일 뿐이라고 말한다. 제2차 세계대전에서 홀로코스트를 겪은 뒤 오히려 다시는 그런 일이 인류사에서 일어나선 안 된다는 공감이 보편화됐으며, 여성, 동성애자, 장애인, 유색인종, 소수민족, 소수 종교 신봉자 등의 '낯선 타자'에게까지 공감의 범위가 확대되었다. 나아가 동물 보호법이라는 형태로 인간을 넘어 다른 종에게까지 우리의 공감적 감성이 확대되었다. 그러나 리프킨은 인류의 문명을 낙관적으로만은 보지 않는다.

리프킨은 고대 수메르의 관개 기술이 에너지를 다루고 이용하는 도시 산업 모델의 원형이 되었다고 주장한다. 그는 관개 문명 시스템을 관리하기 위한 최초의 설형문자와 이를 바탕으로 한 법의 제정 등을 통해 인간의 공감 능력이 크게 진화되었다고 본다. 그러나 관개 기술이 주변 환경에 영향을 끼쳐 토양의 염류화를 부르고, 사용할 수 있는 에너지의 감소, 즉 엔트로피의 증가를 불러와 문명 자체가 몰락했듯이, 석유 에너지에 바탕을 둔 현대 문명이 에너지 고갈로 인해 절멸의 위기 앞에 서 있다고 진단한다. 기후변화, 에너지의 고갈 등으로 압축되는 이 절체절명의 위기에서 필요한 것은 공감의 능력이라는 것이 리프킨의 결론이다. 환경은 우리 세대의 것만이 아니라 후손의 것이기도 하다. 점점 악화되어 가는 환경에 그들이 겪어야 할 고통을 나 몰라라 할 수 없다면 리프킨의 주장에 귀를 크게 열어야 하지 않을까.

II

감정은 이성의 적인가?

플라톤의 명령, 감정을 이성의 지배 아래 두어라

일찍이 플라톤은 〈파이드로스〉에서 마음을 "두 마리 말이 끄는 마차"에, 이성을 "말의 고삐를 틀어쥐고 목적지를 향해 가도록 이끄는 마부"에 비유했다. 두 마리 말이 하나가 되어 마부의 명령에 따라 움직이면 좋겠지만, 유감스럽게도 두 마리는 제각각이다. 한 마리는 혈통도 좋고 행동도 올바르지만, 다른 한 마리는 거칠어서 통제하기 어렵다. 플라톤의 표현을 빌리면 이렇다.

> 이 말은 혈통이 비천하다. 목은 수소처럼 짧고, 코는 들창코에다, 피부는 검고, 눈은 벌겋게 충혈되어 있다. 교만하고 예의마저 없는 데다, 귀 주변은 털이 덥수룩하게 덮여 있어 기껏해야 채찍 휘두르는 소리만 어렴풋이 들을 뿐이다.

여기서 '고집이 센 말'은 질투나 분노 같은 감정을 가리킨다. 그리고 '유순한 말'은 연민이나 용기 같은 감정을 가리킨다. 한마디로 플라톤은 인간의 내면을 이성과 감정으로 나누면서, 마부와 말들이 서로 다른 것을 원할 때는 마부의 생각, 곧 이성에 귀를 기울여야 마땅하다고 보았다. 그가 말하는 '절제'란 이성적인 마부가 이끄는 질서를 의미한다. 이성이 인도하는 삶을 살지 못할 때 인간은 감정의 충동에 이끌릴 수밖에 없다. 고대의 다른 사상가들 역시 플라톤과 마찬가지로 이성이야말로 절제와 균형을 이루는 미덕이요, 감정은 혼란과 광기로 이끄는 부덕(不德)이라 보았다.

근대 철학을 열었다고 평가되는 데카르트 역시 이성과 감정에 관한 한, 고대의 사상가들과 비슷한 견해를 갖고 있었다. 그는 인간이라는 존재를 서로 다른 두 가지 실재로 구분했다. 하나는 합리성을 추구하는 존재가 가진 이성이고, 다른 하나는 감정이다. 인간의 인식이 명석한 판단에 도달할 수 있는 방법을 찾는 데 평생을 바친 그의 눈에 감정과 욕망 같은 정념은 현명한 판단을 방해하는 요소로 비쳤다.

이러한 견해가 가장 구체적으로 담겨 있는 저서가 바로 《정념론》이다. 데카르트는 정신과 육체에 대해 "이 둘은 밀접히 결합되어 존재하지만, 근본적으로 서로 환원될 수 없는 다른 종류의 것"이라 생각했다. 이 같은 이원론과 관련해서 그는 신체 행위와 직접적 관련을 맺고 있는 정념들을 어떻게 규제할 수 있는지 고민했는데, 그 산물이 바로 《정념론》이다. 그에 따르면 '경이, 사랑, 미움, 욕망, 환희, 슬픔'이라는 여섯 개의 기본 정념에서 나머지 정념들이 갈라져 나온다. 그런데 이 모든 정념을 완전히 제거하기란 불가능하다. 오히려 정념의 발생은 존재의 필수 불가결한 요소이자 존재를 결정해 주는 양식의 하나라 할 수 있다. 정념은 정신 속에서 사유를 강화하고 지속하게 돕기도 하니까.

그렇다면 우리에게 필요한 것은 정념의 적절한 통제다. 철학자이기 이전에 기하학의 대가였던 데카르트는 정념의 원인을 철저하게 분석해 그것에 대한 완전한 지식을 얻으면, 정념의 비합리성을 제거하는 동시에 과도한 욕구를 억제할 수 있다고 보았다. 예컨대 용기 있는 사람이 되겠다는 의지만 갖고서는 공포를 물리치기 어렵다. 이 경우 문제의 대상이 그다지 위험하지 않다는 걸 입증할 객관적인 근거가 필요하다. 그런 의미에서 데카르트의 《정념론》은 '정념의 규제를 연구하는 이론'이라 할 수 있다.

이처럼 인간의 이성에 굴레를 씌우는 감정을 규제하거나 제거하는 데서 싹튼 것이 바로 계몽주의다. 계몽주의란 인간의 합리성을 확대시키기 위한 하나의 거대한 기획이었다. 베이컨과 콩트가 사회를 '합리적인 과학을 반영하는 곳'으로 재조직하려 한 것도 이런 계몽주의적 기획의 하나로 이해할 수 있다. 계몽주의는 이성을 절대시한 나머지, 감정을 '배제해야 할 어떤 것'으로 치부해 버렸다. 이렇게 서구의 근대화는 감정이 설자리를 잃게 만들었다. 그런 의미에서 서구의 근대화는 '과학으로 대표되는 이성의 무한한 확대 과정'이라 할 수 있다.

프로이트와 애덤 스미스가 생각했던 합리성

심리학자 프로이트는 플라톤이 언급한 마부와 말의 관계를 다르게 해석한다. 프로이트에게 두 마리 말은 각각 '쾌락 원칙'과 '현실 원칙'에 해당한다. 쾌락 원칙은 말 그대로 쾌락을 추구하고 실현하려는 원초적인 욕망이 지향하는 바다. 동물들은 이 쾌락 원칙에 기대 배를 채우고 짝짓기를 하고 생명을 영위해 간다. 쾌락 원칙은 본능에 기반을 두고 있다. 그러나 모든 인간이 전적으로 쾌락 원칙에 의지하여 살아간다면, 이 세상은 홉스가 말한 대로 "인간이 인간에 대해서 늑대"인 야만적인 장소가 될 것이다.

이런 혼란을 막기 위해서는 원초적이고 파괴적인 본능을 통제해 줄 현실 원칙이 필요하다. 우리는 현실 원칙에 따라 욕망을 감시하고 통제하며 검열하게 된다. 이렇게 보면 삶이란 쾌락 원칙과 현실 원칙의 타협이라 할 수 있다. 나의 욕망을 실현시키되, 타인과의 잡음이 없도록 하기 위해 내면에서 날마다 협상이 벌어진다고나 할까.

프로이트는 이 협상이 우리의 의식에서도 일어나지만, 무의식에서도 일어난다고 보았다. 이를 설명하기 위해 그는 꿈을 예로 든다. 우리는 현실 원칙의 감시 활동, 곧 검열 때문에 꿈속에서조차 욕망을 노골적으로 실현하지 못한다. 그 결과 욕망은 은유의 형태로 나타난다는 것이 프로이트의 《꿈의 해석》의 요지다. 이런 은유의 전략으로 인해 꿈에서는 온갖 상징적인 기호들이 넘쳐 나게 된다.

어쨌든 서구의 근대화 과정에서 감정은 어둡고 설명되지 않는 부분으로서 배제되어야 할 그 어떤 것, 곧 '타자(他者)'였다. 경제학의 아버지 애덤 스미스의 고전 경제학도 인간의 합리성에 바탕을 두고 있다. 그는 인간이 자신의 이익을 좇는 욕망의 존재일지는 몰라도, 전체의 관점에서 볼 때 합리적일 수밖에 없다고 주장한다. 그가 말하는 '보이지 않는 손' 역시 '합리성(이성)'을 의미한다고 할 수 있다. 그는 하나하나의 개인은 욕망의 존재, 다시 말해 이기적이지만 이들은 '합리적인 선택'을 통해 자신의 이익을 충족시키며, 그런 개인들의 집합인 사회 역시 자원을 합리적으로 배분함으로써 국가 전체의 부(富)를 증대시킨다고 보았으니까.

감정은 이성의 적이 아니다

《스피노자의 뇌》라는 책의 저자 다마지오는 감정이 "이성의 조력자"에 그치지 않고, "인간을 외부의 위협으로부터 보호해 주는 시스템"이라는 적극적 의미를 띠고 있다고 역설한다. 그는 감정을 '정서(emotion)'와 '느낌(feeling)'으로 엄밀히 구분한다. 뇌가 외부 자극에 무의식적으로 반응하는 것이 정서인 반면, 느낌은 정서가 유발하는 부차적 감정이다. 가령 배고픔으로 인해 일어나는 육체적인 감정은 정서이고, 정서로 인해 생겨나는 마음이 곧 느낌이다. 정서가 신체의 영역에 속한다면, 느낌은 마음의 영역이라 할 수 있다. 다마지오에 따르면, 정서는 신경적 반응의 복합체이며, 진화 과정에서 우세하도록 우리 몸에 이로운 방향으로 반응한다.

이처럼 최적의 상태를 지속적으로 유지하려는 생명체의 특성이 '항상성'이다. 더울 때 땀을 흘리는 것은 열을 배출해 일정한 체온을 유지하려는 현상이고, 피곤할 때 잠들고 싶어지는 것 역시 항상성을 유지하기 위한 몸의 요구다. 짚신벌레는 신경 세포가 없지만, 날카로운 것을 맞닥뜨리면 즉각 몸을 움츠린다. 다마지오는 이렇듯 위험에서 자신을 보호하기 위한 반응이 정서라고 말한다.

여기서 고개를 드는 의문 하나! 책 제목이 왜 하필 '스피노자의 뇌'일까? 네덜란드의 철학자 스피노자는《에티카》에서 "덕의 1차적 기반은 자신을 보존하고자 하는 노력이며, 행복은 자신의 존재를 유지할 수 있는 능력에 있다."라고 말한 바 있다. 그는 사물에는 자기 존재를 유지하려는 경향이 있다고 생각했는데, 이러한 경향이 곧 항상성의 욕구다. 이런 맥락에서 볼 때 항상성의 욕구를 드러내주는 '느낌'은 더 이상 규제의 대상이 아니다. 더 나아가 긴밀한 상호작용을 주고받는 몸과 마음을 이분법적 시각으로 바라볼 수만도 없다. 이처럼 몸과 마음, 이성과 감정에 대한 이분법을 극복한 스피노자에게서 영감을 받은 다마지오는, '느낌'이야말로 "인간 존재의 왜소함과 위대함을 동시에 드러내 줄 수 있는 것"이라 단언하기에 이른다.

끝으로 하나 더! '사랑에 눈멀다'라는 표현처럼, 사랑이나 질투 같은 감정에 사로잡히면 대다수의 사람은 현명한 판단을 내리지 못한다. 마치 약물에 중독되기라도 한 것처럼 말이다. 실제로 학자들 중에는 '도파민'이라는 신경 전달 물질이 사랑을 유발한다고 보는 사람도 있다.

사랑이 화학작용에 의해 어쩔 수 없이 유발되는 것이라면, 사랑은 자유의지와는 상관이 없다. 그래서 인간의 행위는 자유의지의 결과여야 한다고 생각했던 칸트는 자유의지의 행사를 방해하는 정념을 '영혼의 병'으로 간주하기도 했다. 사랑에 빠진 연인이나 재물욕, 권력욕이 남달리 강한 사람의 경우를 떠올려 보라. 다른 가치는 안중에도 없고, 바라는 대상을 소유하려는 욕망만이 그들의 내부를 가득 채운다. 그러니 이성이 비집고 들어설 자리가 없다.

그럼에도 불구하고 사랑은 우리를 행복하게 해 준다. 단조로운 회색빛 일상을 장밋빛으로 물들이고, 삶에 의미를 부여한다. 아무리 절망적인 상황에 빠졌더라도 사랑하는 이들이 곁에 있는 한, 그 사람은 절망을 꿋꿋이 이겨 낼 확률이 높다. 사실, 이 세상을 전부 갖는다고 한들 사랑하는 사람을 잃는다면 무슨 소용이 있겠는가? 다마지오는 《스피노자의 뇌》에서 감정은 외부의 위협으로부터 인간을 보호해 주는 시스템이라 주장한다. 그러나 굳이 그런 과학적인 관점을 택하지 않더라도 우리는 감정의 가치를 얼마든지 옹호할 수 있다. 예컨대 불의에 흥분하고 분노하는 감정이야말로 우리를 정의로운 세상으로 이끌 것이다. 물론 그 흥분의 밀도와 세기를 이성으로 제어하는 임무 또한 인간의 몫이겠다.

이성이 인간에게는 축복임에 틀림없지만, 그것이 더없는 축복이 되기 위해서는 반드시 감정의 도움을 받아야 한다. 그러니 명심하자. 감정은 절대로 이성의 적이 아니다.

공감의 가치

〈노 서프라이즈〉

라디오헤드, 1997.

기분이 처지고 우울할 때는 가볍고 경쾌한 음악보다는 라디오헤드(Radiohead)의 〈노 서프라이즈(No surprise)〉 같은 무겁고 음울한 음악이 오히려 위안이 될 수 있다. 밝고 경쾌한 음악은 무겁고 우울한 나와는 대조적이어서 나의 음울함을 더욱 부각시킨다. 그러나 음울한 내 곁에 슬픈 음악이 있다는 것은 세상에 나처럼 무겁고 우울한 누군가가 또 있다는 생각을 갖게 한다. 동료 의식이랄까, 나처럼 아픔을 겪고 있는 누군가가 곁에 있다는 사실은 우리를 위로한다. 풍년 거지가 더 서럽다고 했다. 풍년이 들어 이웃들은 모두 풍족한데 나만 배를 곯고 있다면 서러움은 갑절이 될 수밖에 없다. 그러나 세상 사람들 대부분이 나처럼 배를 곯고 있다면 유독 나의 배고픔만 부각되지는 않는다. 우리의 불행은 상대적이다. 불행한 이들 속에서는 나의 불행이 도드라지지 않지만 행복한 사람들 속에서는 도드라지기 마련이다. 내가 스스로를 불행하다고 느낄 때, 행복한 이들은 우리를 위로하지 못한다. 오히려 불행과 슬픔이 우리를 위로한다. 바로 그런 이유로 세상에 비극이 존재하고, 서럽고 슬픈 음악들이 존재하는 것인지도 모른다. 서러움이 서러움을 위로하고 슬픔이 슬픔을 위로하는 법이다. 지금 당신이 슬프다면 이런 음악에 손을 뻗어 보는 것은 어떨까? 슬픔은 우리의 영혼을 정화하고 눈에 맑은 기운을 돌게 한다.

《돼지가 한 마리도 죽지 않던 날》

로버트 뉴튼 펙 지음, 사계절, 2005.

열두 살 소년 로버트네 가족은 살림이 풍족하지 않다. 가족들은 5년 후 은행 빚을 다 갚으면 농장과 가축이 자기네 것이 된다는 희망을 가지고 있다. 유행을 따르거나 사치를 부릴 형편은 되지 못한다.

어느 날 우연히 옆집 소 '행주치마'가 새끼를 낳으려는 걸 본 로버트는 행주치마의 출산을 돕는다. 그 대가로 아저씨에게서 새끼 돼지 핑키를 선물 받는다. 로버트는 핑키를 깨끗하게 목욕 시켜 주고 일이 없을 때는 풀밭을 뒹굴며 함께 뛰어놀기도 한다. 새끼 돼지를 얻은 로버트는 행복하다. 핑키는 박람회에 나가 '가장 예절 바른 돼지'로 뽑혀 메달을 받기도 한다. 하지만 핑키는 새끼를 낳지 못한다. 게다가 지나치게 많이 먹는다. 새끼를 낳지 못하니 재산을 불려 주지도 못하고 자꾸 먹어 대니 돈은 돈대로 들어간다. 가난한 아버지로서는 핑키를 그대로 두고 볼 수만은 없다. 결국 아버지는 핑키를 잡기로 한다. 로버트는 돼지 잡는 일을 하는 아버지가 미웠고, 핑키를 잡는 아버지가 미웠다. 하지만 어쩔 수 없는 일, 아버지는 핑키를 잡고 돌아서며 눈물을 보인다. 그제야 로버트는 아버지를 이해하고 아버지의 손에 입을 맞춘다. 아버지는 잔인한 사람이 아니었다. 아버지도 자기처럼 새끼 돼지 핑키의 죽음을 슬퍼하고 있음을 아들은 알게 된다. 이듬해 봄, 아버지는 병을 이기지 못하고 세상을 떠난다. 로버트는 이제 겨우 열세 살이다. 아끼던 핑키도 죽고, 아버지도 세상을 떠나고 로버트는 버거운 세상을 혼자 살아가야 한다.

이 슬픈 이야기 속에는 크나큰 위로의 힘이 있다. 그리고 세상의 목숨 가진 것, 생명을 바라보는 따스한 시선이 있다. 건강한 사람만이 건강한 눈물을 흘릴 수 있다. 이 소설이 보여 주는 슬픔이 그런 건강함을 가지는 데 힘을 보태 줄 수 있을 것이다.

〈자전거 도둑〉

비토리오 데 시카 감독, 1948.

나는 아버지가 눈물도 없는 냉정한 사람이라고 생각했다. 그런 아버지에 대한 인상을 바꿔 놓은 것이 있었다. 바로 비토리오 데 시카 감독의 〈자전거 도둑〉이란 영화였다. 아버지는 이 영화를 보며 우셨다. 아버지가 우시다니? 내게는 충격적인 사건이었다. 아버지를 울린 영화의 줄거리는 이렇다.

제2차 세계대전 직후 일자리를 구하지 못해 거리를 배회하던 안토니오는 우연히 직업소개소를 통해 벽보를 붙이는 일거리를 얻는다. 그 일을 하기 위해선 자전거가 필요했고 이 사실을 안 아내 마리아는 남편의 직업을 위해 자신이 소중하게 지녀 온 침대 시트를 전당포에 잡히고 자전거를 구한다. 직업을 갖게 된 안토니오와 아들 브루노는 기쁨을 참지 못한다. 이튿날 안토니오가 출근해 로마 시내에 벽보를 붙이는 사이에 한 사내가 자전거를 타고 도망친다. 도둑을 쫓다가 놓치고 만 안토니오는 절망감을 안고 집으로 돌아온다. 다시 실직하게 된 것이다. 다음 날부터 안토니오 부자는 자전거를 찾으러 로마 거리를 배회한다. 소나기를 피하던 부자는 자전거를 훔친 도둑을 발견하지만 또 놓치고 만다. 안토니오는 자전거를 찾지 못하자 아들에게 손찌검까지 한다. 둘은 곧 화해를 하지만 자전거는 오리무중. 계속해서 자전거를 찾아다니던 둘은 결국 도둑을 잡게 된다. 그러나 도둑은 간질병 환자고 증거물인 안토니오의 자전거는 없다. 자전거를 찾을 수 없게 된 안토니오는 허탈한 마음으로 거리에 앉아 사이클 경기를 지켜본다. 자전거가 지나가는 모습을 바라보다가 문득 안토니오도 자전거를 훔친다. 그러나 그 자리에서 잡혀 온갖 멸시와 모욕을 받다가 풀려난다. 안토니오 부자는 좌절감을 안고 해 지는 로마 거리를 터벅터벅 걸어간다.

영화감독 이장호는 이 영화를 보고 나서 장차 영화감독이 되기를 꿈꾸었다고 한다. 젊은 나이에 세상을 떠난 소설가 김소진은 같은 제목의 단편소설에서 "이 영화를 볼 때마다 난 무엇보다 외로움을 느꼈다. 아들이 지켜보는 앞에서 아버지의 권위를 깡그리 무시당한 안토니오의 무너진 등이 견딜 수 없어 콧등이 시큰해졌고, 그보다는 무너져 내리는 아버지의 뒷모습을 목격해야 하는, 그럼으로써 평생 씻을 수 없는 내면의 상처를 끌어안고 살아갈 어린 아들 브루노 때문에 나는 혀를 깨물어야 했다."라고 썼다. 나는 김소진이 무엇을 말하고 있는지 알 것 같다. 같이 느끼는 마음, 그것이 공감이다. 이 영화를 보면서 같은 마음을 경험할 수 있게 된다면 영화감독 이장호와 소설가 김소진, 나와 내 아버지의 마음에 동참할 수 있을 것이다. 사람과 사람, 마음과 마음을 이어주는 접착제, 그것이 공감이다. 공감이 있어서 인간은 자신을 넘어 타인과 하나가 될 수 있다.

감정의 성찰

《시기심》

롤프 하우블 지음, 에코리브르, 2002.

한 작가가 세속적인 부와 대중적인 인기를 멀리한다고 해서 그를 '무욕의 존재'라고 말할 수 있을까. 천만의 말씀. 무명 시절의 동료가 권위 있는 문학상의 수상자가 되었다면 어떨까. 그때도 여전히 평상심을 유지할 수 있을까. 겉으로야 축하 운운하겠지만 내 일처럼 기뻐해 줄 수는 없을 것이다.

데이비드 흄은 "철학자를 시기하는 작가는 거의 없다."는 말로 시기심의 심리적 구조를 표현했다. 이 말에 대한 한국적 버전은 '사촌이 땅을 사면 배가 아프다.'쯤 될 것이다. 나와 통 관계가 없는 사람에 대해서는 시기심이 거의 일어나지 않는다. 그러나 지인들, 나와 가난을 같이 해주던 동료가 땅을 사면 '부처님 가운데 토막' 같은 사람도 조금은 복통을 느낄 것이 분명하다.

시기심의 대상은 다양하다. 병든 자에게는 건강이, 가난한 자에게는 부유함이, 왕비에겐 백설공주의 미모가, 살리에리에겐 모차르트의 재능이 시기심의 대상이 된다. 이처럼 시기심은 다양한 양태로 나타난다. 《시기심》의 저자 롤프 하우블은 시기심을 극복하기 위한 양태로 낙담, 야심, 분노의 세 가지를 든다.

'낙담'은 시기하는 대상을 결코 소유할 수 없다고 생각할 때 생긴다. '어차피 가질 수 없다면 꿈꾸지도 말자.'는 식의 자포자기는 패자의 생존 방식이라고 할 수도 있겠지만, 달성할 수 없는 과도한 욕망으로부터 자신의 프라이드를 보호하는 방책이라고 할 수도 있겠다.

'야심'은 시기하는 대상을 극복할 수 있다고 보고, 그와 경쟁할 때 생긴다. 복수를 꿈꾸며 와신상담(臥薪嘗膽) 내공을 쌓아 가는 강호의 협객이나, 대작을 꿈꾸며 뼈를 깎는 습작에 몰두하는 문학인의 욕망이 이에 속한다고 할까. 야심의 형태로 나타나는 시기심은 대작을 만들어 낼 수도 있지만, 자칫 영화 〈아마데우스〉의 살리에리처럼 한 사람을 파멸에 이르게 하기도 한다.

'분노'는 상대가 정당하지 못한 방식으로 소유물을 가졌다고 믿을 때 발동한다. 분노는 상대의 약점을 공격하고 폭로함으로써 자신의 욕구를 충족시킨다. 이런 분노는 홍길동으로 하여금 활빈당을 조직케 하고, 임꺽정으로 하여금 산채의 괴수가 되게도 하고, 혁명의 아지트를 구축하게도 한다. 재산 신고를 누락한 의원들의 죄상을 밝히는 투서를 쓰게 하는 것도 분노라는 이름의 시기심일 것이다.

롤프 하우블은, 시기심은 어쩔 수 없는 인간의 본성이기 때문에 결코 감출 수 없다고 한다. 젖을 뗀 맏이가 갓 낳은 동생을 괴롭히는 것이나, 남근을 향한 여자아이의 결핍감 등은 시기심의 원초성을 말해 준다.

정치적으로 보수적이고 권위주의적인 사람들은 '계급 투쟁'을 못 가진 자들의 시기심으로 해석하지만, 롤프 하우블은 "분배가 정당하지 못할 때, 이 불평등의 구조를 바꾸는 긍정적인 힘"으로 시기심이 작용한다고 본다. 롤프 하우블은 이런 집단 시기심을 극복할 방안으로서 《정의론》의 저자 존 롤스의 견해를 제시한다. 사회 구성원 간에 중요한 물질적, 비물질적 재산의 분배가 너무 불공평해 사회 구성원들이 시기심을 품게 될 경우, 이때의 시기심은 정당하며, 그것을 사회적으로 해결하기 위해 정의를 세우는 것은 옳다는 것이다. 그러나 이런 사회적 제도나 장치로서도 해결할 수 없는 시기심은 어떻게 관리해야 할까.

이솝의 〈신 포도 이야기〉도 시기심을 관리하는 데 좋은 교훈이 된다. 어차피 가지지 못할 바에야 '저것은 운명적으로 내 것이 아닌 것'이라고 체념하는 것도 좋으리라. 체념의 미학을 패자의 궤변으로 볼 수도 있다. 그러나 어떠랴. 문제는 마음의 화평이 아닌가.

'당신들의 성공의 기준과 내 성공의 기준이 엄연히 다른데 내가 어째서 당신들이 땅을 산 것에 배 아파해야 하는가.' 하며 의연해 보는 것도 평정심의 한 방편이리라. 당신의 동업자가 성공을 했다면, 분명 무슨 술수가 있었겠지 하고 비아냥거리기보다 '너는 너대로 살아라, 나는 내 길을 가면 그만 아이가?'라고 말하면 아픈 속이 좀 달래질지도 모르겠다. 좀 느긋해 보자는 거다.

시기심을 꼭 나쁘게 볼 것만도 아니다. 변영로는 〈논개〉라는 시에서 "거룩한 분노는 종교보다도 깊다."라고 쓰고 있다. 일본 제국주의에 나라를 빼앗긴 데 대한 분노의 에너지가 없는 안중근 의사를 생각해 볼 수 있을까? 애국 열사들의 대일 항쟁의 에너지가 분노가 아니었을까. 불의에 대한 분노를 변영로는 "거룩하다"라고 표현했는지도 모른다.

시인 기형도는 "질투는 나의 힘"이라고 했다. 랄로는 어디선가 이런 말을 한 적이 있다. "위대한 풍경화를 그리게 하는 것은 위대한 풍경이 아니라 위대한 풍경화"라는 것. 모든 위대한 작가란 대작을 능가하고 싶다는 시기심의 소유자가 아닌가. 그런 우월에의 욕구가 없었다면 예술사는 태작과 범작의 창고가 되었으리라. 양식 있는 예술가에게 정당한 시기심은 창조의 에너지인 셈이다.

노벨 문학상 수상 작가인 오르한 파묵의 소설에는 "세밀화가로 살아가는 데 있어서 동료에 대한 질투는 시간이 흐를수록 물감만큼이나 필요 불가결한 재료가 된다."라는 구절이 등장한다. 좋은 화가가 되려면 좋은 질투심을 가져야 한다는 것이다. 우리는 질투라는 감정을 부정적인 감정에 속한다고 속단할지 모르지만 오르한 파묵은 질투라는 감정의 긍정성에 주목하고 있다. 질투라는 감정이 나쁜 것이 아니라 그것을 어떻게 사용하느냐가 문제라는 것이다.

《내 감정 사용법》

프랑수아 를로르 · 크리스토프 앙드레 공저, 위즈덤하우스, 2008.

프랑스 최고의 정신과 전문의 프랑수아 를로르와 크리스토프 앙드레가 함께 쓴《내 감정 사용법》도 오르한 파묵처럼 감정의 긍정성에 주목한다.

책은 '감정이란 무엇인가'라는 질문에서 시작해 분노와 시기, 기쁨, 슬픔, 수치심, 질투, 두려움, 사랑 등 여덟 가지 기본 감정이 어떻게 생겨나고 실생활에서 어떤 식으로 나타나는지를 설명한다. 그리고 더 나은 삶을 위해 이들 감정을 어떻게 다스리고 사용해야 하는지 조언한다.

예를 들어 끓어오르는 분노를 제대로 다스리지 못하면 낭패를 볼 수 있다. 소위 '뚜껑이 열리는' 감정의 경험이 분노의 폭발이고, 꾹꾹 참기만 하는 것은 분노의 억제다. 폭발과 억제는 분노라는 감정을 잘못 사용한 예다. 격렬한 분노는 문제의 해결책을 파악하는 능력을 둔화시키고, 평소에 멀쩡하던 이성적 능력을 무력화시킨다. 결국 분노가 사람의 두 눈을 멀게 만든다.《내 감정 사용법》은 끓어오르는 분노를 다스리는 기술 여덟 가지를 소개한다.

① 소소한 요인들을 그대로 쌓이게 방치하지 말고, 짜증 유발 요인을 줄이라.

② 매사를 중요시하는 것은 스트레스를 초래한다. 우선순위를 정해 중요한 것부터 처리하라.

③ 상대방이 고의로 그랬을 거라는 시나리오를 쓰지 마라. 상대방의 입장을 충분히 고려하다 보면 분노도 식는다.

④ 문제 상황에 봉착했을 때 당장 대응하기보다는 하룻밤 고민하라.

⑤ 화를 돋운 사람에게 자신의 의사를 밝힐 시간을 주는 아량을 보이면 의외의 결과를 얻을 수 있다.

⑥ 화를 돋운 사람을 탓하는 대신 그의 행동에 집중하면 이해의 폭이 넓어진다.

⑦ 언어 혹은 신체 폭력으로 나아가는 것은 절대 금물이다. 자기 통제가 어려울 때는 일단 자리를 피하라.

⑧ 상황이 일단락되면 두 번 다시 곱씹지 말고 쿨하게 정리하자.

3부

생각한다는 것

우리에겐 또 다른 시스템이 있다. 바로 이성적 시스템이다. 이성적 시스템은 고칼로리의 음식이 나의 건강에 어떤 영향을 미칠 것인지, 그 손익 계산서를 작성한다. 고칼로리의 음식이 나의 스타일에 어떤 결과를 초래할지도 판단한다. 우리의 두뇌에는 이렇게 상이한 시스템이 있다. 우리의 두뇌 속에서는 두 개의 시스템이 언제나 충돌을 일으킨다. 자동화된 실행 프로그램과 의식화된 실행 프로그램이 충돌을 빚는 것이다. 이때 어떤 결정을 해야 할지 결정하는 것은 '생각'이다.

12

선택은 착각에 불과한 것일까?

사물에게는 의지가 없다. 고로 자유가 없다

이런 상황을 가정해 볼까. 당신은 지금 몇 시간째 컴퓨터에 매달려 중요한 워드 작업을 하고 있다. 그런데 무슨 일인지 컴퓨터가 먹통이 된다. 다시 부팅을 해서 작업 중이던 파일을 불러 보니 웬걸, 파일이 없다. "이런 빌어먹을 컴퓨터." 당신의 입에서 절로 욕이 나온다. 그러나 잘 생각해 보면 컴퓨터는 아무런 잘못이 없다. 특정한 조건에서 다운되도록 설계됐기 때문이다. 컴퓨터의 먹통, 즉 다운은 컴퓨터의 자유의지와는 상관없는 일이다. 컴퓨터 스스로의 의지로 선택하지 않은 일에 대해서 컴퓨터가 도덕적인 책임을 질 필요는 없다. 그러나 우리는 컴퓨터에게 욕을 해 대며 마치 컴퓨터가 부도덕한 일을 한 것처럼 생각한다. 심지어 화가 나면 컴퓨터에게 발길질을 할지도 모른다. 그러나 '먹통'은 컴퓨터가 선택한 일이 아닌 특정한 조건에서 맞닥뜨릴 수밖에 없는 '불가피한 일'이었으니까 컴퓨터는 잘못이 없다.

공사장에서 당신의 머리 위로 벽돌이 떨어지는 상황을 생각해 볼까? 떨어지는 벽돌은 자신의 행로를 스스로 선택할 수 없다. 벽돌의 운동 방향은 예정되어 있는 것이니까. 당신의 머리가 그 운동 방향과 일치하는 곳에 놓여 있다면 당신의 머리는 깨질 수밖에 없다. 출혈은 '불가피한 일'이다. 당신은 머리에서 피를 흘리고 벽돌을 집어 내동댕이치며 "망할 놈의 벽돌 같으니라고." 하며 불같이 화를 낼 수도 있다. 그러나 벽돌에게는 자신의 행로를 선택할 수 있는 자유의지라는 것이 없다. 중력이 잡아끄는 길, 그 예정된 코스를 따라 떨어질 수밖에 없다.

여러분을 둘러싸고 있는 자연계를 둘러보라. 떨어지는 나뭇잎 역시 자신의 행로를 스스로 결정할 수가 없다. 나뭇잎은 바람 속을 자유롭게 날아가는 것 같지만, 따지고 보면 나뭇잎 역시 예정된 행로를 갈 뿐, 스스로 행로를 선택할 수 없다. 마치 혜성의 운동처럼 말이다. 지구인을 보호하겠다는 생각으로 지구를 비켜 가는 혜성이 있다면 그것은 절대 혜성이 아니다. 혜성은 인정사정이 없다. 그렇다고 혜성을 악하다고 할 수 있을까.

노자는 《도덕경》에서 "천지불인 이만물위추구(天地不仁 以萬物爲芻狗, 천지는 어질지 않아 만물을 짚으로 만든 개와 같이 여긴다.)"라고 했다. '추구(芻狗)'는 고대 중국에서 제물로 만든 개 모형으로 제사 때는 존귀한 대우를 받다가 제사가 끝난 뒤에는 하찮게 여겨지는 존재다. 천지가 만물을 "추구"로 여긴다는 것은 만물을 하찮게 여긴다는 뜻이다. 논에서 농사일을 하고 나오는 농부가 번개에 맞아 죽는 일도 있다. 농사일을 하는 농부에게 번개를 내릴 수도 있는, 즉 농부를 하찮게 여기는 것이 자연이다. 번개는 농부를 추구쯤으로 여긴다. 먹통이 된 컴퓨터도, 출혈을 야기한 벽돌도, 영화 〈아마겟돈〉에 등장해 지구를 초토화시키는 혜성도 역시 "불인(不仁)"한 존재다. 착한 사람에게는 상을 주고, 악한 사람에게는 벌을 줄 수 있는 선택의 여지가 자연에는 없기 때문이다.

자유의지는 환상에 불과한 것일까?

선택의 여지, 이것이 곧 자유다. 여러분은 물에 빠진 아이를 구해 줄 수도 있고, 그러지 않을 수도 있다. 두 개의 선택지 중에서 하나를 고를 수 있는 가능성, 그것이 자유다. 먹통이 되느냐 마느냐를 컴퓨터가 선택할 수 없는 것과는 대조적이다.

그런데 여기 인간의 행위도 컴퓨터나 벽돌의 운동과 다르지 않다는 생각을 가진 사람들이 있다. 인간의 행동도 결정론적 입장에서 보면 예정되어 있다는 것이다. 아니, 인간의 행동이 컴퓨터와 다르지 않다? 상당히 거북한 논리다. 자, 차근차근 그들의 이론 속으로 들어가 보자.

1983년 벤저민 리벳이라는 신경과학자는 재미있는 실험 결과를 발표했다. 실험은 아주 단순하다. 피험자는 자신이 그렇게 하고 싶은 충동을 느낄 때 손가락 하나를 들어 올린다. 이때 피험자의 뇌에서 어떤 일이 일어나는지가 체크된다. 그런데 실험을 통해 밝혀진 바에 따르면, 피험자가 손가락을 들어 올리려는 충동을 느끼기 전에 손가락을 들어 올릴 것을 알려 주는 뇌 활동이 먼저(약 0.3초 전에) 일어난다.

우리는 스스로 행동을 선택한다고 생각하지만 실제로는 그 전에 우리의 뇌가 이미 선택을 내렸다는 얘기다. 그렇다면 우리가 선택했다고 하는 것은 착각일까? 우리는 자유의지로 행동을 선택했다고 하지만 실제로 그것은 우리의 뇌 기능이 만들어 내는 착각에 불과할 수밖에 없다.《인문학에게 뇌과학을 말하다》의 저자, 크리스 프리스는 심지어 자아라는 감각조차 착각이라고 주장한다. 크리스 프리스의 발언을 직접 들어 보자.

> 우리는 우리 자신이 선택을 한다고 생각하지만 실은 우리의 뇌가 선택을 내렸다. 따라서 그 순간에 우리가 선택한 것처럼 경험하지만 사실은 착각일 뿐이다. 그리고 우리가 선택한다는 생각이 착각이라면, 우리가 자유의지를 갖고 있다는 생각도 착각이다.

내 행동을 선택하고 결정하는 주체, 즉 자아마저도 뇌가 만들어내는 환상이라는 것이다. 인간의 자유의지라는 것은 뇌의 신경세포를 자극해 얻는 반응의 일종이며, 상황에 대처하고 행동을 선택하는 이성적 사고라는 것도 뇌세포에 저장된 경험의 결합을 통한 반응일 뿐이라는 것이 저자의 주장이다. 인간의 이성은 뇌라고 하는 물질의 작용에 불과하다는 이러한 뇌과학자들의 파격적인 주장은 인간이 다른 동물들과 달리 자신의 자유의지대로 행동을 선택할 수 있다고 주장하는 자유의지론자들과 마찰을 빚고 있다.

인간, 선택을 하도록 설계된 존재

인지과학과 철학계의 석학으로 꼽히는 대니얼 데닛 교수의 저서《자유는 진화한다》는 이런 마찰의 한복판에 있는 책이다. 데닛 교수는 자연과학의 유물론과 결정론을 부정하지 않는다. 하지만 인간의 의식과 자유의지를 물질의 결정물만으로 바라보지도 않는다. 데닛은 인간이 결정론적인 세계에서 살고 있지만 그렇다고 해서 자유의지라는 것이 전혀 쓸모없는 것은 아니라고 생각한다.

그가 비판하는 것은 자유의지를 부정하는 '강한 결정론'과 결정론적 사유를 불편해하는 자유지상주의자 모두이다. 그는 물리 세계는 인과관계에 따라 결과가 정해져 있다는 강한 결정론의 논리를 꼼꼼히 따져 보며 균열을 찾아낸다.

결정론과 자유의지론의 양립 가능성을 주장하는 그의 이론을 이해하기 위해서는 '불가피함(inevitability)'과 '피할 수 있음(evitability)'을 올바로 해석할 수 있어야 한다. 이 책의 해제를 쓰고 있는 장대익 교수의 글을 인용해 보도록 한다.

> 어떤 것이 불가피하다는 것은 언제나 행위자에 대한 상대적 의미로 읽혀야 한다. 예컨대 바둑 프로그램을 생각해 보자. 프로그래머는 컴퓨터가 어떤 수를 어떤 방식으로 둘지를 '결정론적'으로 설계한다. 즉, 모든 수는 이전 수들과 프로그램에 기반하여 정확히 예측될 수 있다. 만약 철수가 이 결정론적 시스템과 대결하여 내리 세 판을 이겼다고 해 보자. 이 시스템의 패배는 '피할 수 없었던' 것인가? 이 물음을 그 시스템에 하지 않고 그 시스템을 설계한 엔지니어에게 해 보면 대답은 달라진다. 왜냐하면 엔지니어는 완벽하게 예측 가능하면서도 특정 행동은 피할 수 있는 시스템을 설계하고자 하기 때문이다.

여기에서 말하는 엔지니어는 인간의 육체를 지금의 모습으로 있게 한 진화의 과정을 말한다. 데닛은 자유의지를 비롯한 인간의 모든 것은 유기체가 환경에 점점 더 잘 적응할 수 있도록 디자인되었다고 본다. 그런데 데닛은 설계자와 시스템의 이런 차이를 이해하게 되면 결정론이 '불가피함'을 뜻하지 않는다는 것의 의미를 알게 된다고 말한다. 결정론이 불가피함을 뜻하지 않는다? 우리의 상식을 뒤엎는 이론이다. 열을 가하면 얼음은 불가피하게 녹을 수밖에 없다. 결정론의 세계는 마땅히 '그렇게 될 수밖에 없는' 세계가 아니던가? 강원도의 남대천에서 태어난 연어가 베링 해협을 돌아

'불가피하게' 자신이 태어난 모천인 남대천으로 돌아올 수밖에 없듯이 말이다. 그런데 결정론이 불가피함을 뜻하지 않는다니, 정신을 차리고 데닛 교수의 말에 귀를 기울여 보아야겠다.

데닛 교수는 말한다. "물리적 수준에서는 예외 사례가 전혀 없는 반면, 설계 수준에서는 일반화에 예외의 여지를 남겨 두어야 한다." 데닛 교수는 결정론과 자유의지론이 양립할 수 없다고 주장하는 양립 불능론자들은 '설계적 태도'로 설명해야 할 것을 '물리적 태도'로 설명하는 오류를 범하고 있다고 주장한다. 자연이 인간을 설계할 때 불리한 상황을 '피할 수 있도록' 설계했다는 것이다. 인간이 자연에 의해 설계되었다는 점에서 인간은 결정론적 존재지만 특정 상황을 '피할 수 있는' 존재라는 점에서는 인간에게는 자유의지가 깃들 수 있는 여지가 남는다.

불리한 상황을 피할 수 있는 능력, '회피 능력'은 사실상 수십억 년에 걸친 진화의 산물이라고 할 수 있다. 눈부신 곳에서 눈을 가늘게 뜨는 것은 자외선으로부터 시신경을 보호하려는 무의식적인 '회피 행위'일 것이고, 이물질에 대한 알레르기 반응이나 구토 행위 또한 일종의 '회피 행위'로 설명할 수 있다. 낯선 음식과 문화에 대한 이질감 또한 일종의 '회피 행위'로 볼 수 있겠다.

데닛이 말하는 자유의지의 개념은 어떤 결과를 피할 수 있는 능력, 즉 '회피 능력'을 말한다. 인간이 무언가를 회피할 수 있도록 설계되었다는 것은 우리에게 풍부한 영감을 준다. 우리의 몸에는 특정한 위기 상황에 대처하는 프로그램만 내장된 것이 아니라, 특정한 상황에서 가능한 한 여러 가지 선택지들을 비교하고 행동할 수 있는 메커니즘이 진화되어 왔다는 것이 진화론을 신봉하는 데닛 교수의 주장이다. 데닛 교수는 인공지능학자 드레처의 구분법을 따라 전자를 '상황-행위 기계', 후자를 '선택 기계'라고 부르면서 인간은 자연계 최고 품질의 선택 기계라고 말한다.

데닛 교수가 이 책에서 옹호하는 결정론은 모든 사건에는 원인이 있다는 것이지 특정한 사건에 대한 특정한 결과가 불가피하다는 것을 의미하는 것은 아니다. 피할 수 있는 방법을 찾고자 한다면 결정론적인 세계에서 피할 수 있는 여러 가지 방법이 있다는 것, 거기에 자유의지의 존재 가능성이 있게 된다. 데닛은 모든 사건에 원인이 있는 세계에서 인간의 자유의지는 불가능하다는 기존 결정론자들의 믿음은 잘못된 것이며 자유의지는 허구가 아니라 실제로 존재한다고 말한다. 자유의지는 그것이 우리에게 도덕적 책임을 물을 수 있도록 하기에 중요하다.

데닛 교수의 주장을 요약해 보자면 인간은 불리한 상황을 회피할 수 있도록, 즉 선택이 가능하도록 설계되었다는 것이다. 그렇다면 선택이란 무엇을 의미할까. 여기 500원짜리 동전과 1,000원짜리 지폐가 있다고 하자. 이 두 가지 중에서 하나를 선택하라고 할 때 화폐의 가치를 아는 사람이라면 열이면 열 모두 1,000원짜리 지폐를 선택할 것이다. 왜? 답은 간단하다. 1,000원 짜리 지폐가 500원짜리 동전보다 가치가 높기 때문이다. 가치가 높다는 것은 그만큼 더 많은 보상이 따를 수 있다는 것이다. 1,000원으로 구입할 수 있는 물건이 500원으로 구입할 수 있는 물건보다 더 많은 심리적 보상을 안겨 줄 것은 분명한 일이겠다.

그런데 만약 이런 선택 실험이 무인도에서 행해진다면 사정은 달라질 것이다. 화폐를 통한 사회적 거래가 불가능한 곳에서 화폐의 가치는 쓸모가 없다. 화폐의 사회적 가치가 전혀 없는 무인도에서는 어쩌면 지폐보다 금속으로 만들어진 동전이 실질적인 사용가치가 높을 수도 있겠다. 어떻든 인간의 선택은 가치가 높은 쪽으로 기울어질 수밖에 없다.

13

논리학은 연애에 도움이 될까?

우리의 이성은 온도에 좌우된다?

미국 콜로라도 대학 경영학과 로렌스 윌리엄스 박사와 예일 대학 심리학과 존 바그 박사는 심리학 연구를 진행하기 위해 남녀 학생 41명을 모집했다. 학생들은 한 명씩 차례차례 로비로 이끌려 갔다. 젊은 조교가 로비에서 그들을 맞이해 실험실이 있는 4층으로 갈 엘리베이터로 안내했다. 조교는 책 더미, 클립보드, 커피가 담긴

잔 하나를 두 손 가득 들고 있었다. 엘리베이터에 있는 동안 조교는 실험 참가자에게 클립보드에 그들의 이름이나 기타 정보를 적을 것이니 커피잔을 잠깐 들어 달라고 부탁했다. 참가자 가운데 절반은 뜨거운 커피잔을 들어 달라고 부탁받았고, 나머지 절반은 차가운 커피잔을 들어 달라고 부탁받았다. 참가자들은 무심코 잔을 받았을 뿐, 잔이 뜨거운지 차가운지는 의식하지 않았다.

참가자들은 엘리베이터에서 나와 실험실로 들어서며 다른 실험 진행자를 만났다. 이 실험 진행자들은 학생들이 자리에 앉도록 한 후 'A'라고 부르는 어떤 인물에 대해 묘사한 글을 읽으라고 했다. A는 능숙하고 똑똑하고, 단호하고 현실적이며, 부지런하고 신중한 사람으로 묘사되어 있었다. 참가자들이 몰랐지만, 사실 A는 가상의 인물이었다. 다시 참가자들은 문서에는 거론되지 않은 내용인, 별도로 추가된 성격 특성 열 가지를 적어 놓은 목록을 받았고, 이 열 가지 안에는 '따뜻한/차가운' 성격과 관련된 것, 이를 테면 '관대한/옹졸한, 온화한/과민한, 사교적인/비사교적인, 배려심이 있는/이기적인' 등과 같은 단어들이 포함되어 있었다. 나머지 성격 특성은 '따뜻한/차가운'의 양상과는 아무런 관련이 없었다. 예를 들면 '수다스러운/조용한, 강한/약한, 정직한/부정직한' 등과 같은 단어가 포함됐다.

이때 실험 참가자들의 손에 잠깐 들렸던 커피잔의 온도는 실험에 어떤 영향을 미쳤을까. 엘리베이터에서 뜨거운 잔을 몇 분 동안 쥐었던 참가자들이 A에 대해 관대하고 배려심이 있으며 온화하다고 평가한 경우가, 차가운 커피잔을 쥐었던 참가자들보다 압도적으로 많았다. 반면 차가운 잔을 쥐었던 참가자들은 A에 대해 과민하고 비사교적이며 이기적이라고 판단한 경우가 훨씬 많았다. 재미있는 것은 실험 참가자들이 성격 특성 중 '따뜻한/차가운'의 범주와는 관련이 없는 것들에 대해서는, 실험실에 들어서기 전에 어떤 커피를 손에 쥐었느냐와는 상관없이 거의 동일하게 평가했다는 사실이다. (이 내용은 살마 로벨의 저서, 《센세이션》에 잘 소개되어 있다. 동영상으로는 EBS 다큐프라임, 〈인간의 두 얼굴 2〉의 제1부, '착각의 진실'에 흥미롭게 편집되어 있다.) 아무 이유 없이 단지 잠시 맡겨진 커피잔의 온도에서 느껴지는 온도 차이로 사람의 인상까지 달라진다는 결과다.

두 번째 실험도 흥미롭다. 연구진은 53명의 학생에게 '제품 테스트'라고 밝히면서 치료용 패드를 손등에 붙여 줬다. 그리고 테스트에 참가해 줘 고맙다며 아이스크림 쿠폰이나 음료 교환권 등을 본인이 가져가거나 또는 친구에게 선물로 줘도 된다고 했다. 결과는 놀라웠다. 따뜻한 패드를 붙인 학생은 자기보다 친구에게 쿠폰을 더 많이 선물했고, 차가운 패드를 붙인 학생은 친구에게 주기보다 자기가 상품을 더 많이 가져갔다. 이타적이 되느냐 이기적이 되느냐를 결정한 것이 재미있게도 패드의 온도 차이 하나였다는 것이다.

이런 일련의 실험 결과들은 이성적 존재인 인간을 아주 기분 나쁘게 만들 수 있다. 생각해 보라. 이성적이라고 판단한 결과가 기껏해야 커피잔의 온도에 영향을 받은 것이라니, 인간의 이성이 커피잔의 온도에 따라 이랬다 저랬다 할 수 있는 것에 불과하다니, 어찌 기분이 나쁘지 않을 수 있겠는가. 《센세이션》의 저자 살마 로벨은 실제로 자신의 집을 팔 때 구입을 원하는 사람으로부터 따뜻한 홍차를 대접받고 나서 자신들이 원했던 금액보다 그들이 원하는 낮은 가격으로 계약을 한 경험이 있음을 고백한다. 따뜻한 홍차를 대접받은 경험이 '너그러운 마음'을 만들어 냈다는 것이다. 집을 사고파는 데는 여러 가지 계산이 따를 수밖에 없는데 고작 홍차 하나에 판단과 이성이 좌우된다니 놀라운 일이 아닌가. 원자의 세계를 들여다보고, 우주의 세계를 통찰할 수 있는 이성적 존재인 인간이 기껏 커피잔의 온도에 좌우되는 존재라니 자존심이 상할 만하지 않은가.

어쨌든 이 실험 결과들을 토대로 연구진은 '따뜻한 물건을 손에 쥔 사람은 마음까지 따뜻해지며, 테이블 건너편의 사람을 타인을 친절하게 보살펴 주는 사람으로 파악하는 경향이 있다.'는 결론을 내렸다. 따뜻하거나 차가운 물건을 만지는 등 주변 환경의 작은 물리적 변화가 우리의 행동이나 기분에 큰 영향을 미칠 수 있다는 이야기다.

살마 로벨의 책은 여러 가지 흥미로운 실험 결과들을 소개한다. 예를 들면 해변에서 모래 위를 걷는 날보다 보드워크를 걷는 날에 좀 더 융통성이 없어진다고 한다. 왜? 보드워크는 '딱딱하기' 때문에 보드워크를 걸으면 우리의 성격도 일시적으로 '딱딱해질' 수 있다는 것이다. 따뜻한 커피잔을 손에 쥐면 일시적으로 '관대한' 성격이 될 수 있다는 것과도 상통하는 논리다. 온도뿐만 아니라 촉각도 우리의 판단에 영향을 미친다는 해석도 가능하다. 저자는 이런 현상을 '체화된 인지(embodied cognition)'라는 개념으로 설명한다.

이성은 정념보다 우월할까?

"저 사람은 너무 감정적이야."라고 평가하는 말은 그 사람에 대한 칭찬일까, 아니면 비난일까? 과연 그런 말을 들었을 때의 기분이 어떨지 상상해 보자. 모르긴 몰라도 그런 말을 들으면 대부분 기분이 상할 것이 틀림없다. 누군가가 너무 감정적이라는 평가는 그가 분별력이 부족하다는 평가, 즉 일종의 비난이 섞인 평가일 테니까 말이다.

우리들이 일상에서 사용하는 말들을 잘 살펴 보자. '왜 이렇게 감정적이냐.'라는 말은 비난의 의미로 사용되는 경우가 허다하다. 사람들은 감정이 올바른 판단에 장애가 된다고 생각한다. 바른 판단을 위해서는 감정을 누르고 냉정함을 찾아야 한다. 하지만 감정에 대한 사람들의 상식적 판단과는 달리 감정이 도덕적인 가치 판단을 하는 데 꼭 필요한 것이라고 보는 철학자가 있다. 바로 영국의 경험주의 철학자 데이비드 흄이다.

그는 이성만으로는 어떤 행동도, 어떤 욕구도 야기할 수 없다고 보았다. 그의 감정 이론은 "이성은 정념의 노예다."라는 말로 정리된다. 그가 말하는 정념(passion)은 감정과 다양한 욕구를 포괄하는 개념으로 욕구, 혐오, 비탄, 기쁨, 희망, 두려움, 긍지, 겸손, 사랑, 증오 등을 말한다. 흄은 사람으로 하여금 행동하게 만드는 근본적인 동기가 정념에서 온다고 보았다.

운동을 열심히 하는 사람이 있다. 그에게 물어보자. "당신은 왜 운동을 열심히 하시죠?" 그는 답한다. "건강을 위해서입니다." 건강을 위해서 운동을 한다면 그는 꽤 이성적인 이유에서 운동을 하는 셈이다. 그러나 과연 그가 '건강'이라는 추상적인 이유로 운동을 하는 걸까. 다시 그에게 물어보자. "당신은 왜 건강하려고 하시죠?" 그는 답할 것이다. "건강해야 병에 안 걸리고 그래야 고통스럽지 않기 때문입니다." 그가 운동을 하면서 내세우는 것은 '건강'이라는 추상적인 이유지만 실상 그는 고통을 피하겠다는 욕구, 즉 정념을 해결하기 위해서 운동을 한다는 것이 흄의 설명이다.

흄은 정념의 원천을 고통과 쾌락으로 보았다. 쾌락을 추구하고 고통을 피하고자 하는 욕망이 인간의 행동을 결정한다는 것이다. 흄은 자기(self)가 보존될 때 느껴지는 것이 쾌락이라고 보았다. 추운 날 불가에 서서 언 손을 녹일 때를 생각해 보라. 곱은 손이 녹는 느낌, 바로 그것이 쾌락이다. 따뜻한 물을 마시면 추운 몸이 녹는 느낌이 들 것이다. 그것이 바로 자기 보존의 느낌, 쾌락이다. 갈증과 배고픔은 우리의 몸이 분해된다는 느낌을 맛보게 한다. 이때 물을 마시고 음식물을 먹음으로써 우리는 자기 보존의 쾌락을 맛볼 수 있다.

좋은 향기가 난다고 하자. 우리의 감각은 그 향기를 수용하고 즉각적으로 그것을 받아들일 수 있는, 즉 수용 가능한 것으로 시인(approval)한다. 그때의 감정이 쾌감이다. 이번에는 악취가 난다고 하자. 우리의 감각은 그 악취에 거부 반응을 느끼고, 그것을 수용 불가능한 것으로 인지하며 부인(disapproval)한다. 시인의 정서를 불러일으키는 행위나 사건들을 우리는 좋다고 하거나 옳다고 부른다. 반면에 부인의 정서를 불러일으키는 것은 나쁘다거나 그릇되다고 평가한다. 그러므로 흄은 선과 악, 덕과 부덕, 쾌락과 고통, 유쾌함과 불쾌함, 시인과 부인 등과 같은 도덕적 구별이나 가치평가는 이성에 의해서 판단된다기보다는 정서나 감정의 방식으로 느껴진다고 주장한다.

사업을 하는 사람의 목표는 '돈'이다. 그러나 돈이 아무리 창고에 가득하다 할지라도 그 자체는 아무런 의미가 없다. 그것을 가지고 있거나 사용함으로써 얻는 '포만감'이나 그것을 기부함으로서 얻을 수 있는 '행복감'이 의미가 있을 뿐이다. 돈 자체보다 돈이 불러일으키는 정념이 우리에게 중요한 것이 된다. 바로 이 정념이 어떤 사람으로 하여금 사업에 몰두하게 하고, 어떻게 사업에서 이익을 남길 수 있는지 전략을 구상하게 한다는 것이 흄의 생각이다. 다시 말해 우리의 행동을 몰고 가는 힘은 정념에서 오는 것이지 이성에서 오는 것이 아니라는 말이다.

흄의 생각을 헤아리기 위해 이런 상상을 해 보자. 이성 친구를 소개받았다. 굉장한 미남이다. 키도 훤칠하다. 목소리도 중후하다. 한마디로 어디 하나 부족한 데가 없다. 이때 작동하는 내 안의 '좋은 마음'이 정념이다. 흄에 따르면 이성은 정념의 노예다. 정념이 흐뭇해하고 있으니 이성이란 노예들은 정념을 더욱 흐뭇하게 만들기 위해 자신이 가지고 있는 지혜를 동원해 그가 멋져 보이는 이유를 찾기 시작한다. 실제로 그가 보통 남자가 지닐 법한 성격의 소유자일지라도 우리의 이성은 그를 평균 이상의 좋은 성격을 지닌 남자로 평가하고, 성격의 여러 특성에 후한 점수를 주는 데 주저함이 없다.

그렇다면 반대의 경우도 한번 상상해 보자. 이번엔 상대방의 첫인상이 별로 좋지 않았을 경우다. 그에 대한 정념은 차갑다. 한마디로 그가 마음에 들지 않는다. 이럴 경우 우리의 이성은 그의 모든 면을 낮게 평가한다. 왜? 흄이 말한 대로 이성은 정념의 노예이므로, 정념이 그를 싫어하는데도 그를 높이 평가할 이유가 없는 것이다. 정념이 싫다고 하면 이성은 그 싫은 이유를 찾고, 정념이 좋다고 하면 이성은 그 좋은 이유를 찾는다.

논리학으로 사랑이 가능한가?

멋진 사람을 만났다고 하자. 첫눈에도 상당히 호감이 가는 사람이다. 이성적인 판단이 앞서기 전에 정념은 그에 대한 호감을 즉각적으로 나타낸다. 이럴 때 쓰는 말이 '끌린다'이다. N극이 S극에 끌리듯 자연스럽게 상대방에게 매혹된다. 매혹에는 복잡한 이성과 계산이 개입하지 않는다. 동공이 확대되고 가슴이 콩닥거린다.

맥스 슐만의 《사랑은 오류》라는 소설에는 사랑을 논리와 이성으로 설명하려다 여자 친구에게 차이는 법대생이 등장한다. 주인공은 냉철하고 논리적이다. 법대 1학년으로서 몇 년 후 변호사 개업을 계획하고 있다. 그는 성공적인 변호사라면 모름지기 아름답고 우아하고 지적인 여자와 결혼해야 한다고 생각하고 있다. 로망인 여자가 있긴 하다. 그녀의 이름은 폴리 에스피다. 그녀는 그의 기숙사 룸메이트인 피티 벨로우스의 여자 친구다. 피티는 그에게 너무리 털 코트를 가질 수 있다면 무엇이든 하겠다고 말한다. 그는 아버지가 입던 너구리 털 코트를 피티에게 주고, 피티의 여자 친구 폴리와 데이트를 한다. 그녀는 우아하고 아름답지만 전혀 지적이지 않다. 주인공의 표현을 빌리자면 "무식함은 끔찍할 정도"다. 그는 그녀에게 사고하는 법을 가르치기 위해 사고에 대한 학문, 즉 논리학을 강의하기로 한다.

운동은 좋다. 그러므로 모든 사람은 다 운동을 해야 한다는 '단순화의 오류', 빌을 데리고 갈 때마다 비가 오니까 빌을 소풍에 데려가선 안 된다는 '근거 없는 비난의 오류', 하느님이 무엇이든 할 수 있다면 자기가 들 수 없을 만큼의 무거운 바위를 만들 수도 있다는 '상반되는 전제의 오류', 새 직장에 지원하는 지원자에게 사장이 자격을 묻자, 겨울은 닥쳐오는데 자신은 가난하기 짝이 없다고 호소하는 '동정심에의 호소', 외과 의사들도 수술하는 동안 엑스레이를 보고, 변호사들도 재판하는 동안 서류를 보며, 목수들도 집을 지을 때 설계도를 보는데, 왜 학생들은 시험을 볼 때 교과서를 보면 안 되느냐는 '그릇된 유추의 오류', 퀴리 부인이 우연히 우라늄 덩어리가 들어 있는 서랍 속에 사진 감광판을 놓아두지 않았더라면 오늘날 세계는 라듐에 대해 모르고 있었을 것이라는 '사실과 상반되는 가정의 오류', 어떤 사람이 말을 시작하기도 전에 거짓말쟁이라고 말함으로써 상대방을 꼼짝 못하게 하는 '우물에 독 풀기 오류' 등을 주인공은 폴리에게 닷새 동안 가르친다. 그는 폴리를 논리학자로 만들었다고 자부한다.

그는 상수리나무 아래에서 폴리에게 말한다. "우리는 그동안 닷새 저녁을 같이 보냈어. 그동안 서로 아주 잘 지내왔지. 우리가 잘 어울리는 사람들이라는 것은 분명해." 그러자 폴리는 이내 답한다. "'성급한 일반화'군. 겨우 다섯 번의 데이트를 가지고 어떻게 우리가 잘 어울린다고 말할 수 있지?"

그는 껄껄 웃으며 "다섯 번의 데이트로 충분해. 케이크의 맛을 알기 위해 케이크를 다 먹어 볼 필요는 없거든."이라고 말한다. 그러자 폴리는 "그건 '그릇된 유추'야. 나는 케이크가 아니고, 여자거든."

그는 약간 떨떠름해져서 그녀에게 말한다. "폴리, 난 너를 사랑해. 넌 내게 있어서 전 세계이고, 달이자 별이며 우주의 성좌야. 제발 내 애인이 되어 주겠다고 말해 줘. 왜냐면 만일 네가 그렇게 해주지 않으면 내 인생의 의미를 잃어버리기 때문이야. 그렇게 되면 나는 번민할 거고 음식도 거부할 것이며, 눈이 움푹 꺼져 비틀거리며 지표를 방황하는 폐인이 되고 말 거야." 그러자 폴리는 "'동정심에의 호소'로군." 하며 즉시 반응한다. 그에게 논리학을 배운 그녀가 보기 좋게 논리학으로 그를 공격하고 있는 것이 아닌가. 그는 속으로 생각한다. "나는 프랑켄슈타인이었고 내가 만든 괴물은 내 목을 조이고 있었다."라고.

그는 당황하며 그녀에게 논리학을 가르친 것은 그라면서 "만일 나를 만나지 못했더라면 넌 결코 오류에 대해 배우지 못했을 거야."라고 말해 보지만 폴리는 즉시 "그건 '사실과 상반되는 가정'이야."라고 응수한다.

그가 투덜거리며 "그것들은 그저 강의실에서 통하는 것들이지. 학교에서 배우는 것들이 실생활과 아무런 상관이 없다는 것을 잘 알잖아."라고 말하자 그녀는 이내 "그건 '단순화의 오류'야."라고 응수한다.

그는 황소처럼 울부짖으며 "내 애인이 되어 줄 거야, 말 거야?"라고 다그친다. 그녀는 오후에 피티 벨로우에게 애인이 되어 주기로 약속했다면서 분명히 거절한다.

그가 극도로 흥분하며 "폴리, 넌 그 녀석하고 사귈 수 없어. 그놈은 거짓말쟁이고 사기꾼이야. 그놈은 치사한 놈이란 말이야."라고 말하자 폴리는 "우물에 독을 푸는군."이라고 답한다. 점입가경이다.

그는 흥분을 가라앉히고 말한다. "너는 논리학자야. 그렇다면 논리적으로 이야기해 보자. 도대체 어떻게 나를 버리고 벨로우를 선택할 수 있니? 나는 뛰어난 학생이고 탁월한 지성인이며 장래가 보장되어 있어. 피티는 돌대가리에다가 유행만 좇아 다니고 끼니마저 걱정해야 하는 인간이야. 왜 피티 벨로우의 애인이 되기로 했는지 단 한 가지만이라도 논리적인 이유를 내게 말해 줄 수 있니?" 폴리는 간단하게 답한다. "그 앤 너구리 털 코트를 갖고 있거든."

그는 처음부터 폴리를 가슴으로 사랑하지 않고 머리로 사랑했다. 성공적인 변호사가 되는 데 필요한 자본 정도로 생각한 것이다. 그가 그녀에게 가르친 것도 논리학이다. 논리학은 철저하게 감정이 배제된, 차가운 이성의 영역이다. 동정심이나 연민이 개입이 되면 오류로 분류된다. 그러나 동정심이나 연민이 사랑이 아니라면 무엇인가. 다음은 김종삼 시인의 손바닥만 한 이야기라는 뜻을 가진, 〈당편(掌篇) 2〉라는 시다.

조선 총독부가 있을 때
청계천변 10전 균일상 밥집 문턱엔
거지 소녀가 거지 장님 어버이를
이끌고 와 서 있었다.
주인 영감이 소리를 질렀으나
태연하였다.

어린 소녀는 어버이의 생일날이라고
10전짜리 두 개를 보였다.

시인은 거지 소녀를 바라보고 있다. 밥집 앞에 서 있는 소녀에게 주인은 소리를 지른다. 그러나 소녀는 동냥을 온 것이 아니라 장님 아버지의 생일에 따뜻한 밥 한 그릇을 대접해 드리기 위해 손님으로 온 것이다. 거지에게도 어버이를 위하는 따스한 마음이 있다는 것을 시는 알려준다. 그러나 우리는 얼마나 자주 사람을 겉모습으로 판단하는가. 이 시의 화자는 연민의 마음으로 소녀를 바라본다. 참으로 안되었다는 마음, 그것이 연민이고, 연민은 곧 사랑이다. 그러나 논리학에서 연민은 오류로 분류된다. 감정은 개입하지 말라는 것이 논리학의 요구다.

빠르게 생각할 것인가, 느리게 생각할 것인가?

대니얼 카너먼은 그의 저서 《생각에 관한 생각》에서 인간의 모든 행동과 생활의 근원이라고 할 수 있는 생각을 크게 두 가지로 구분해 설명한다. 직관을 뜻하는 '빠르게 생각하기(fast thinking)'와 이성을 뜻하는 '느리게 생각하기(slow thinking)'가 바로 그것이다. 달려드는 자동차를 피하는 동물적 감각의 순발력이나 '3 곱하기 3'의 정답인 '9'를 떠올리는 것처럼 완전히 자동적인 개념과 기억의 정신 활동이 '빠르게 생각하기'다. 반면 전문가의 해결책이나 복잡한 수학 문제의 정답처럼 머릿속에 즉시 떠오르지 않는 문제의 답을 심사숙고하는 사고방식이 '느리게 생각하기'다.

저자는 '빠르게 생각하기'와 '느리게 생각하기'에 각각 '시스템 1'과 '시스템 2'라는 이름을 붙이고 우리의 사고 행위를 이 두 시스템의 상호작용으로 해석한다.

시스템 1은 "거의 혹은 전혀 힘들이지 않고 자발적인 통제에 대한 감각 없이 자동적으로 빠르게 작동한다." 소리가 난 곳으로 주의를 돌린다거나, 미완성된 문구를 완성한다거나, 끔찍한 사진을 보고 '역겨운 표정'을 짓는다거나, 상대의 목소리에서 적대감을 감지하는 것 등은 모두 시스템 1이 하는 일이다.

반면 시스템 2는 "복잡한 계산을 포함해서 관심이 요구되는 노력이 필요한 정신 활동에 관심을 할당한다." 경기에서 출발 신호가 울리기를 기다리거나, 두 핸드폰의 기능을 비교하거나, 복잡한 논리적 주장의 타당성을 확인하는 등의 일을 하는 것이다.

시스템 1은 우리를 둘러싼 모든 상황을 자동적으로 인식하며 시스템 2를 위해 수많은 인상과 직관, 의도, 느낌 등을 제시한다. 시스템 2는 수집된 자료를 검토하고 승인하며 인상과 직관을 믿음으로 변환시키거나, 충동을 자발적 행위로 바꾼다.

저자는 우리의 두뇌가 정보를 분석적이고 꼼꼼하게 처리하는 시스템 2보다 빠르고 직관적으로, 다시 말해 대충 처리하는 시스템 1에 더 의존하고 있다고 설명한다. 시스템 1은 일상적인 사건의 처리에 능숙하며, 단기적인 예측에 대부분 정확하다.

문제는 시스템 1이 특정 오류에 취약하다는 사실이다. '닻 내림 효과(anchoring effect)'는 시스템 1의 취약성을 잘 보여 주는 예다. 닻 내림 효과는 어떤 사항에 대한 판단을 내릴 때 초기에 제시된 기준에 영향을 받아 판단을 내리는 인간의 심리 현상을 설명하는 개념이다. 이는 닻을 내린 배가 닻을 내린 지점에서 크게 움직이지 않듯 처음 접한 정보가 기준점이 돼 판단에 영향을 미치는 일종의 사고 왜곡 현상을 말한다. 즉, 사람들이 어떤 판단을 하게 될 때 초기에 접한 정보에 집착해, 합리적 판단을 내리지 못하는 현상을 일컫는다. 《생각에 관한 생각》이 소개하는 사례를 보자.

몇몇 방문객들은 처음에는 얼마를 기부할지 주관식으로 묻는 질문 대신 '5달러를 기부하시겠습니까?'와 같은 '닻 내림' 질문을 먼저 받았다. 아무 닻이 없었을 때 과학관 방문객들은 평균 64달러를 기부할 의사가 있다고 말했다. 닻 내림 금액이 불과 5달러였을 때 방문객들이 기부하겠다고 말한 금액의 평균은 20달러였다. 닻이 다소 높은 400달러였을 때 기부하겠다고 말한 평균 금액은 143달러였다.

왜 이런 차이가 나타났을까? 원인은 바로 닻 내림 효과 때문이다. 닻 내림 효과는 판단과 의사 결정을 할 때, 의식 또는 무의식적으로 제시되는 '어떤 것'이 그 판단과 의사 결정에 영향을 끼치는 것이다. 제시된 5달러나 400달러는 '닻'과 같은 역할을 하였다.

슈퍼마켓에서도 닻 내림 효과를 마케팅 전략으로 사용할 수가 있다. 한 슈퍼마켓에서 한 제품에 대해 10퍼센트 할인 행사를 했다. 어떤 날에는 '1인당 열두 개 한정'이라고 적힌 안내판을 내걸었다. 이때는 1인당 평균 일곱 개의 제품을 구매했다. 어떤 날에는 '무한정 구매 가능'이라고 적었다. 이때는 1인당 평균 서너 개의 제품을 구매했다. 안내판에 적힌 숫자가 닻의 역할을 한 것이다.

이 닻 내림 효과와 관련해, 미국 펜실베이니아 대학 와튼스쿨의 부동산 전문가인 그레이스 부치아네리 교수 팀이 2013년 수행한 연구의 결과는 주목할 만하다.

부치아네리 교수 팀은 주택 거래 데이터를 사용해 초기 제시 가격과 최종 매매 가격 사이의 상관 관계를 조사했다. 즉, 주택을 팔려는 사람이 시세보다 높은 값에 주택을 내놓았을 때 최종 매매 가격이 어떻게 결정되는지를 살펴봤다. 그 결과 초기 제시 가격을 높게 설정하는 게 주택 판매자의 수익에 도움이 되는 것으로 나타났다. 예를 들어 시세가 23만 4,000달러에 달하는 주택이 있다고 치자. 이 주택을 팔려는 사람이 시세보다 10퍼센트(2만 3,400달러) 높은 가격인 25만 7,400달러에 집을 내놓을 경우 어떤 현상이 벌어질지 관찰했다. 연구 결과, 최종 주택 매매는 10퍼센트 상승 제시 금액분(2만 3,400달러)의 약 0.5~0.7퍼센트(117~163달러)만큼 더 높은 가격(25만 7,517~25만 7,563달러)에 거래되는 것으로 드러났다.

부치아네리 교수팀은 이 같은 결과를 '닻 내림 효과'로 해석했다. 초기에 어떤 가격을 제시하느냐가 최종 가격에 영향을 미쳤다는 말이다. 그런데 우리는 적절한 초기 제시 가격(닻)이 얼마인가에 대한 답은 쉽게 내놓기 어렵다. 터무니없이 높은 가격은 거래를 방해할 것이고, 너무 낮은 가격은 집을 팔아서 남는 이익, 즉 시세 차익을 감소시킬 것이다. 그러나 한 가지 확실한 것은 초기에 제시 가격을 너무 낮게 책정하면 그만큼 돌아오는 이익도 작아질 것이라는 점이다.

이 닻 내림 효과를 생각한다면 중간고사에서 수학 점수의 목표를 90점으로 잡았을 때와 80점으로 잡았을 때, 어떤 결과가 나올지를 예상하는 것이 어렵지 않다. 도저히 실현이 불가능한 너무 높은 목표를 잡는 것도 문제지만 너무 낮은 목표를 잡는 것도 역시 문제다. 내 능력보다 조금 높은 점수를 목표로 잡는 것이 현명한 일이겠다.

카너먼은 "연구를 계속할수록 시스템 1과 시스템 2가 갈등과 오류를 일으켜 문제의 해결이 예상보다 어렵다."고 말한다. 올곧게 나가지 못하고 편향과 왜곡을 일삼는 인간의 사고 시스템을 보여 주는 여러 심리학 자료들은 인간의 불완전성을 말해 준다. 어떤 오류를 범하고 있는지 살피는 일은 불완전한 인간이 자신의 불완전성을 인식하고 스스로를 개선해 가는 일과 다름이 없다.

거역하는 존재, 엘런 튜링

컴퓨터와 인간이 '말 따라 하기' 게임을 한다고 하자. 먼저 내 말을 따라 하라는 명령을 컴퓨터에 입력하고 게임을 시작하자. "너는 컴퓨터다."라고 말하면 컴퓨터도 "너는 컴퓨터다."라고 따라 한다. "나는 철수다."라고 말하면 컴퓨터도 "나는 철수다."라고 따라 한다. 컴퓨터에게 "이제 게임을 그만하자."라고 말해도 컴퓨터는 "이제 게임을 그만하자."라고 따라 할 것이 분명하다. 화를 내며 컴퓨터에게 그만하자고 해도 컴퓨터는 따라 하기 게임을 중지하지 않을 것이다.

그러나 이 게임을 컴퓨터 대신 세 살짜리 아이와 한다고 하자. 아이는 처음에는 게임의 규칙대로 상대방의 말을 따라 하겠지만 상대방이 성난 목소리로 그만하자고 하면 상대방의 눈치를 살피게 되고 급기야는 "그만하자."는 상대방의 지시를 받아들일 것이다.

컴퓨터에 파일을 복사하라는 명령을 내리면 컴퓨터는 인간의 명령을 한 치의 어김도 없이 실행한다. 컴퓨터는 인간의 명령 이외의 작업을 감히 실행하지 않는다. 도구는 결코 자신의 의견을 주장하지 않는다. 인간의 명령에 대한 신속하고도 충실한 이행, 이것이 도구의 충직성이다. 충직한 도구는 거부를 모른다. 그러나 도구와 달리 인간은 거역하는 존재다. 하달된 명령만을 이행하는 존재가 아니라는 이야기다.

영화 〈이미테이션 게임〉의 주인공 '엘런 튜링'이 바로 '거역하는 존재로서의 인간'의 모습을 잘 보여 준다. 튜링은 제2차 세계대전이 일어나자 연합군의 암호 해독반 팀장이 된다. 그에게 내려진 명령은 거대한 암호 체계 '에니그마'를 해독하라는 것이었다. 에니그마는 1939년 제2차 세계대전 중에 독일군이 사용한 암호 체계로 여러 가지 복잡성으로 인해 세계의 수많은 수학자와 공학자 들이 매달렸지만 끝내 풀지 못한 난공불락의 암호 체계였다. 게다가 독일은 24시간마다 암호 체계를 바꾸었기 때문에 튜링이 속해 있던 암호 해독반은 24시간 안에 암호를 풀어야만 했다. 그는 천재적인 능력으로 암호 해독 기계인 '튜링 봄베(Turing Bombe)'를 고안한다. 1943년 튜링은 이 기계를 이용해 마침내 독일의 암호들을 풀어낸다.

독일의 암호 체계를 알아내라는 명령을 수행했으니 튜링의 임무는 끝났다. 그러나 튜링은 기계가 아니었다. 튜링은 임무를 완료하면 작업을 중지하는 기계와는 달랐다. 만약 암호 해독 작업을 중지해서 에니그마가 해독된다면 독일은 에니그마의 암호 체계를 다른 것으로 바꿀 것이고, 그렇게 되면 튜링이 해독한 작업은 물거품이 된다. 그 결과 전쟁은 계속되고 더 많은 인명이 희생될 것이다. 이에 튜링은 멋진 작전을 구사한다. 에니그마의 암호를 모두 풀되 그것을 연합군 측에 모두 넘겨주지 않는다는 것이 작전의 요체였다. 그런데 여기에도 문제가 따른다. A 지점에서 연합군의 선박이 독일 잠수함으로부터 공격을 받는다는 암호 해독 결과를 넘겨주지 않으면 A 지점 연합군 측의 인명이 희생될 수밖에 없기 때문이다. 튜링은 고민한다. 과연 나에게 사람들의 목숨을 좌지우지할 수 있는 권한이 있는가. 독일군의 공격으로 가족을 잃고 비통해하는 동료의 모습을 보며 그의 고민은 깊어 간다. 그러나 그는 모든 암호 해독 결과를 연합군 측에 넘기지 않고, 넘겨야 할 정보와 그렇지 않은 정보의 비율을 냉정하게 계산한다. 어떻게 그 비율을 정해야 더 많은 수의 인명을 구할 수 있을지 그는 고민하고 또 고민한다.

튜링이 만든 '튜링 봄베'가 아무리 뛰어난 기계고, 컴퓨터의 시초로 평가받는 우수한 기계일지라도 그 기계는 외부로부터 입력된 명령만을 수행할 뿐이지 스스로 명령을 만들어낼 수 없다. 기계는 인간의 명령에 따라서만 움직이고 스스로 명령을 만들어 낼 수 없지만 튜링은 달랐다. 그는 타인의 명령을 수행할 수도 있지만 스스로 자신에게 명령을 내릴 수 있는 인간이었다. 튜링이 스스로에게 내린 명령은 무엇일까? 그것은 사람의 목숨을 구하라는 것이었다. 해독한 암호를 연합군 측에 모두 넘겨주지 않고 부분적으로 넘겨준 결과 영국 함대 사령부는 독일 잠수함의 위치와 공격 계획을 미리 알게 됐고 이에 따라 연합군 선박의 격침 수가 현저하게 줄어든다. 반면 격침되는 독일 잠수함의 수는 크게 늘어난다. 만약에 튜링이 외부의 명령에 따라서만 움직이고 스스로의 이성의 명령에 따라 움직일 수 없었다면 전쟁은 더 많은 사상자를 낼 수밖에 없었을 것이다.

프랑스에서 주로 활동하는 벨기에 소설가 아멜리 노통브는 그녀의 소설《이토록 아름다운 세 살》에서 이렇게 말한다. "살아 있다는 것은 거부한다는 뜻이다. 무엇이든 다 받아들이는 사람은 세면대에 난 구멍만큼밖에 생명력이 없다." 독일군의 암호 해독 결과를 모두 넘기라는 것이 연합군 측의 명령이었지만, 튜링은 왜 그 명령에 거부해야 하는지 알고 있었다. 그는 생명의 가치를 헤아릴 줄 아는 사람이었다. 그는 기계가 아니었고, 아멜리 노통브의 표현을 빌리자면 "세면대에 난 구멍"이 아니었다. 그는 왜, 무엇을 위해, 거부해야 하는지 아는 인간이었다. 그의 '인간적인' 고민 덕분에 수많은 사람이 목숨을 구할 수 있었다.

14

인간은 왜 걸핏하면 오류에 빠질까?

인간은 과연 합리적인가?

역사적으로 가장 유명한 손은 애덤 스미스의 '보이지 않는 손(invisible hand)'이 아닐까. 애덤 스미스는 《국부론》에서 "공익을 추구하려는 의도도 없고 자신이 공익에 얼마나 이바지하는지조차 모르는 이, 오직 자신의 이익만을 도모하는 이는 그 과정에서 보이지 않는 손에 이끌려 의도하지 않았던 부수적인 결실도 얻게 된다."라고 말한다. '보이지 않는 손'을 다르게 부른다면 '가격'이라고 할 수 있다. 아닌 게 아니라 우리에게 어떤 물건을 사라고 강요하는 '보이는' 존재는 없다. 또 사지 말라고 권유하는 존재도 없다. 가격이 적당하면 사고, 가격이 비싸면 사지 않는 것이 소비자들의 일반적인 구매 패턴이다. 그렇다면 그 구매를 결정짓는 것은 무엇일까. 바로 '보이지 않는 존재', 가격이다.

시장의 가격에 따라 수요와 공급이 저절로 조절되고 생산 자원이 효율적으로 배분된다는 논리가 애덤 스미스와 같은 고전적 자유주의자들의 핵심 논리다. 가만 놓아두어도 가격이 거래를 성사시키니, 정부는 범죄 예방과 치안 유지 차원에서 야경꾼들로 하여금 순찰이나 돌게 하고, 가급적이면 시장에 손을 대지 말라는 것이 애덤 스미스가 말하는 '야경 국가론'이다. 국가는 가급적이면 국민들의 생활에 시시콜콜 간섭하지 말라는 이야기다. 더구나 국민들의 경제 문제에 대해서는 국민들이 알아서 자신의 이익을 좇아 합리적으로 결정을 내릴 것이니, 국가는 뒷짐 지고 있으라는 것이 애덤 스미스의 주장이다.

그러나 과연 인간이 합리적인 존재일까? 적어도 애덤 스미스와 같은 학자들의 자유주의 경제학은 합리적이고 이기적인 인간을 전제로 한다. 스위스의 물리학자 베르누이의 '기대 효용 이론'도 기본적으로 합리적인 인간을 전제로 자신의 이론을 전개한다. 기대 효용 이론은 행동의 귀결이 불확실한 상황에서 합리적인 경제 주체의 판단은 결과에 관한 효용의 기대치에 입각해 이루어진다는 이론이다. 쉽게 말해 인간은 자신의 이익을 극대화하는 방향으로 행동을 결정한다는 것이다. 100만원의 봉급을 주는 회사보다는 120만원의 봉급을 주는 회사를 선택하는 것도 기대 효용 이론으로 설명이 가능하다. 그러나 2002년에 노벨 경제학상을 수상한 심리학자인 대니얼 카너먼은 효용을 부의 절대적인 수준으로 측정하는 것을 '베르누이의 착오'로 표현했다.

예를 들어 K는 한 달 사이에 금융 자산이 4,000만원에서 3,000만원으로 줄었고, P는 1,000만원에서 1,100만원으로 증가했다고 가정해 보자. 과연 어느 쪽이 더 행복할까? 베르누이 같으면 최종적인 부의 수준을 척도로 K가 더 행복하다고 할지 모르겠지만, 실제로는 P가 더 행복하다고 생각하는 사람이 많다는 것이 심리학 실험이 말해 주는 진실이다. 행복을 느끼는 인간의 행동을 결정짓는 것은 최종적인 부의 절대치가 아니라는 이야기다.

또 다른 예를 보자. 6년간 급여 총액이 정해져 있고, 두 가지 봉급 체계 중 하나를 선택할 수 있다면 사람들은 어떤 선택을 할까. 첫 번째 봉급 체계는 처음에는 임금이 낮은 편이지만 점점 상승하는 유형이고, 두 번째는 처음에는 봉급이 높지만 점점 하락하는 유형이다. 어떤가? 고민이 되지 않는가? 아마도 점점 월급이 오르는 상승 유형을 선택할 가능성이 높을 것이다.

사실 이 선택이 합리적인 선택이라고는 볼 수 없다. 합리적 관점에서는 초봉이 높고 그 후 조금씩 하강하는 유형이 유리하다고 볼 수 있으니까. 입사 초기에 받은 돈을 다른 곳에 투자하면 더 큰돈을 벌 수도 있고, 회사를 다니다 도중에 퇴직하더라도 퇴직 시점까지 높은 임금을 받을 수 있기 때문이다. 그럼에도 불구하고 사람들은 하강 유형을 선택하지 않는다. 왜 그럴까? 그 이유를 설명하는 것이 '손실 회피 성향'이다. 즉 지금의 높은 임금이 준거가 되면 다음 번 임금이 감소하는 만큼을 손실로 인식하게 되기 때문에 이 유형을 선호하지 않는다는 것이다. 카너먼의 실험에 따르면 1,000원의 손실이 주는 불만족은 1,000원의 이익이 주는 만족보다 2~2.5배 크다고 한다. 1,000원의 절대치를 효용적 가치로 볼 때는 1,000원의 손실이나 1,000원의 이익이 모두 같다고 할지 모르지만 그것을 심리적 가치로 보자면 내 손에 굴러 들어오는 '떡'보다 내 손을 빠져나가는 '떡'이 몇 배 커 보인다.

이 사례가 말해 주는 바는 무엇일까? 바로 가치는 절대치가 아니라, 기준이 되는 '준거점'에 의존해 측정해야 한다는 이른바 '준거점 의존성(reference dependence)'이다. 동일한 붉은색이 검정색을 배경으로 했을 때와 하얀색을 배경을 했을 때 다르게 지각되듯이, 동일한 변화에 대해서도 준거점이 다르면 다른 판단이 이루어진다.

인간의 비합리적 행동에 초점을 맞추는 행동 경제학

부의 절대치만으로 인간이 자신의 행동을 결정짓지 않는다는 '준거점 의존성'과 함께 '민감도 체감성'과 '손실 회피성'은 대니얼 카너먼이 제시한 '행동 경제학'의 핵심 개념이다. '민감도 체감성'

은 같은 3도 차이지만, 기온이 1도에서 4도로 오를 때가 21도에서 24도로 오를 때보다 더 따뜻하게 느껴지는 것을 설명하는 인간의 행동 특성이다.

여기서 중요한 것은 인간의 행동을 결정짓는 것이 재화의 '효용적 가치'가 아니라 '심리적 가치'라는 것이다. 이것이 대니얼 카너먼의 '행동 경제학'의 기본 전제다. 애덤 스미스와 같은 고전 경제학자들이 '효용적 가치'를 추구하는 인간을 합리적인 인간으로 보았다면 대니얼 카너먼과 같은 행동 경제학자들은 인간이 결코 완벽한 이성으로 자신의 행위를 결정짓지 않는다고 보았다. 오히려 인간은 감정에 치우친 결점과 오류투성이일 수 있다는 것이다.

도모노 노리오가 쓴 행동 경제학 해설서인 《행동 경제학》에서는 카너먼이 창시한 '휴리스틱(heuristic)'과 '바이어스(bias)' 개념을 소개한다. 《행동 경제학》에서는 "불완전하지만 판단에 도움이 되는 주먹구구식 직감"을 휴리스틱이라고 한다. 휴리스틱은 선택의 기로에 선 인간이 비합리적인 결정을 하는 행위를 설명하는 데 아주 유용한 개념이다.

가령 MP3를 구입한다고 할 때, 이 구매 행위가 완전히 합리적이 되려면 시중에 나온 MP3를 모두 분석해야 한다. 가격, 성능, 디자인, 애프터서비스 수준 등 고려해야 할 사항이 너무도 많다. 하지만 이것은 현실적으로 불가능하다. 고려 사항이 너무도 많고, 정보도 부족하기 때문이다. 물론 시간도 부족하다. 이 어려운 결정을 손쉽게 하는 것이 바로 '간편 추론법', 즉 휴리스틱이다. 좋은 회사나 인지도와 같은 것이 판단을 결정짓는 일종의 휴리스틱인 셈이다.

그러나 좋은 회사나 인지도 같은 속성이 MP3의 질과 정비례하지 않는다는 점에서 그것은 일종의 오류인 '바이어스'를 만들어 낸다. 일류 회사 제품이라는 것을 믿고 덜컥 MP3를 구입했더니 그 제품의 질이 형편없다면 그건 '휴리스틱으로 인한 바이어스의 발생'이라고 말할 수 있다. 구매 행위에 비합리성이 발생한 것이다.

이런 비합리성은 일상생활에서도 자주 볼 수 있다. 어떤 사람을 학벌로 판단한다든가, 출신 지역으로 판단하는 것도 일종의 휴리스틱이고, 입고 있는 옷의 브랜드로 그 사람의 미적 감각을 이해하는 것도 일종의 휴리스틱이다. 이런 비합리성으로부터 벗어나기 위해서는 부분으로 전체를 판단해서도 안 되고, 편견이나 고정관념으로부터 벗어나 사물을 있는 그대로 보는 훈련이 필요하겠지만 우린 정보와 시간이 부족하다는 이유로, 또 판단력과 상상력의 부족으로 곧잘 사고의 비합리성에 빠지곤 한다.

수학적 확률이 인간의 행동을 모두 말해 주는 것은 아니다

《행동 경제학》에서는 미국 사람들에게 자살과 타살 중 어느 쪽이 많은가 물어보면 대부분 타살이 많을 것이라고 착각한다고 한다. 왜 이런 착각이 발생할까? 그 이유는 뉴스에 자살보다 타살 사건이 훨씬 많이 보도되기 때문에 이것이 휴리스틱으로 작용했다는 것이다. 이처럼 우리가 판단할 때 자주 활용하는 휴리스틱은 실제 사실이나 객관적인 평가와는 거리가 멀다.

이와 관련해 《홍성욱의 과학 에세이》는 재밌는 사실을 알려 준다. 저자는 과학·사회학적 접근을 통해 대중이 위험을 느끼는 원인을 설명하면서 불안은 확률이 불러오는 것이 아닌 본능이라고 이야기한다.

책에 따르면 미국의 엔지니어인 C. 스타는 1960년대부터 위험에 대해 연구해 왔다고 한다. 그는 원자력 발전소 사고로 죽을 확률이 사냥을 하거나 스키를 타다 죽을 확률보다 훨씬 적은데도 사람들이 원자력 발전소를 훨씬 더 위험하게 느낀다는 사실을 발견했다. 베트남 전쟁에서 죽을 확률이 오토바이를 타다 죽을 확률 정도밖에 안 되지만 사람들이 느끼는 체감 위험은 전쟁 쪽이 훨씬 크다는 이야기다. C. 스타는 사람이 느끼는 위험의 정도가 다른 것은 자발성과 비자발성에 있다는 사실을 알아냈다. 사람들이 스키와 사냥, 오토바이를 선택하는 것은 '자발적'인 욕구나 필요 때문이지만, 전쟁에 징집되거나 원자력 발전소가 집 근처에 들어오는 것은 '비자발적'이다.

이 흥미로운 과학 에세이는 또 한 명의 심리학자 폴 슬로빅을 소개한다. 그는 사람이 위험을 느끼는 데 자발성 변수 외에 위험의 원인, 피해의 정도, 노출된 사람의 수가 영향을 미친다는 사실을 밝혀냈다. 비행기 사고나 벼락을 두려워하지 않는 것은 이러한 사고의 원인이 무엇인지 알고 있고, 위험에 노출된 사람도 소수에 국한돼 있기 때문이라는 것이다.

카너먼의 논리대로 인간의 행동을 결정짓는 것이 확률과 같은 합리적 요소가 아니라 심리적 요소라는 것이다. 눈치가 빠른 독자라면 눈치챘겠지만 행동 경제학은 심리학의 관점에서 인간의 경제적 의사 결정을 기술하는 학문이라고 할 수 있다. 그렇다고 카너먼이 인간을 비합리적 존재라고 말하지는 않는다. 그는 2002년 노벨상 수상 연설에서 "우리가 한 일을 인간의 비합리성을 증명한 것이라고 말한다면 받아들이지 않겠다. 휴리스틱과 바이어스에 관한 연구는 합리성이란 비현실적인 개념을 부정하고 있을 뿐이다."라고 말했다. 착각하기 잘하는 인간, 바로 그것이 호모 사피엔스가 현실을 살아가는 모습이라는 것이지, 사람들이 모두 바보라는 이야기는 아니다. 그렇다고 안심하지는 말자. 또 어떤 실수를 할지 모르는 일이니.

내 속에서 나를 조종하는 또 다른 나, 인코그니토

《노래기야, 춤춰라!》라는 동화책에 등장하는 이야기다. '천 개의 발'이란 이름을 가진 노래기가 산책을 하다가 나뭇가지에서 쉬고 있을 때, 수다스러운 박새들을 만난다. 박새들은 노래기에게 "넌 어떻게 그렇게 많은 다리로 헷갈리지 않고 잘 걸을 수 있니?"라고 묻는다. 박새들이 자꾸 묻자 노래기는 걸음을 떼며 자신의 걸음을 '의식'하기 시작한다. 그러자 놀라운 일이 벌어진다. 천 개의 발이 뒤엉켜 버린 것이다. 발걸음을 의식하기 전에는 멀쩡했는데 발걸음을 의식하자마자 발이 뒤엉킨 것이다.

이와 비슷한 사례를 일상에서도 어렵지 않게 찾아볼 수 있다. 우리는 자판을 의식하지 않고 타이핑을 한다. 자판과 손가락을 의식하는 순간 오타가 나기 십상이다. 의식은 행동을 망친다. 본능적인 슛 감각을 지닌 축구 선수가 승부차기에서 엉뚱한 슛을 날리는 것도 비슷한 이유다. 지나치게 골을 의식하고 계산을 하는 순간 공은 엉뚱한 방향으로 날아가기 쉽다. 야구 선수도 마찬가지다. 전설적인 미국의 야구 선수 놀런 라이언은 시속 164킬로미터로 공을 던졌다. 포수 글러브까지 도달하는 시간은 0.4초. 이 짧은 시간에 타자들은 볼인지 스트라이크인지를 가려내고 방망이를 휘두른다. 머리로 분석해서는 도저히 불가능한 일이다. 누가 이 일을 해냈을까. 답은 '인코그니토'이다.

미국 베일러 의과대학의 신경과학자인 데이비드 이글먼은 그의 책《인코그니토》에서 인간 내면에서 인간의 욕망과 무의식을 지배하는 존재로서의 또 다른 나를 '인코그니토(incognito)'라 명명한다. 이는 '익명의, 신분을 숨긴'이란 뜻으로 인간 행동의 여러 측면을 설명해 줄 수 있는 개념이다. 인코그니토는 계산하고 따지고 분석하는 존재가 아니라 '감'으로 일을 처리하는 존재다. 분석을 하면 늦고 의식은 행동을 망친다. 천 개의 발을 가진 노래기로 하여금 자연스럽게 춤출 수 있게 하는 것은 '생각'이나 '의식'이 아니라 '무의식적'인 감각이다. 인코그니토는 의식할 수는 없지만 나의 내면에 숨어서 나를 조종하는 또 다른 나이다.

우리가 느끼는 쾌감이나 불쾌감은 우리의 생존과 번식을 돕는다. 성적 쾌감은 번식에 도움을 주고 공포감은 생존에 도움을 준다. 생존은 우리에게 공포감이라는 센서를 장착시켰다. 이 공포감이라는 센서는 뱀과 맹수를 만나면 자동으로 작동한다. 위험과 마주쳤을 때 쾌감을 느끼는 개체는 뱀과 호랑이의 먹잇감이 될 수밖에 없다. 바로 이 작동 시스템이 '인코그니토'다. 걸을 때 우리는 팔과 다리를 의식하지 않는다. 의식하지 않음에도 몸이 움직이는 것은 무의식적 작동 시스템이 내 안에 존재하기 때문이다.

우리는 몸이 내린 무의식적 결정을 의식이 내린 결정으로 착각할 때가 있다. 신경생리학자들은 인간은 정신보다 육체에 가깝다고 주장한다. 바람둥이의 바람기를 잠재우는 데는 '바소프레신'의 주입이 효과적일 수 있다. 바소프레신은 배우자 한 명에게만 매달리게 하는 물질로 알려져 있다. 여러 명의 배우자들을 선호하는 산악들쥐나 초원들쥐들에게도 바소프레신을 주사하면 한 명의 배우자에 대한 충성도가 높아진다고 한다. 어떻게 사람과 동물을 수평적으로 비교할 수 있느냐고 따질 수 있겠지만 호르몬이 인간의 행위와 무관하다고 볼 수 없는 연구는 허다하다.

뇌하수체에서 분비되는 호르몬으로 알려진 옥시토신은 분만 후 자궁 수축에 관여하는 호르몬이다. 이 호르몬은 산모가 아기에게 모유를 수유할 때에도 분비되어 아기와 엄마와의 친밀감을 높여준다고 한다. 옥시토신 부족이 모성 결핍으로 이어질 수 있다면 위대한 모성애도 호르몬의 영향 아래 있다 해도 크게 틀리지 않을 것이다. 어미가 자식을 사랑하는 행위, 모성적 행동은 의식이 만들어내는 것이 아니다. 그 행동의 주인은 '인코그니토'다.

그렇다면 인간은 본능에 따라 움직이고 호르몬이라는 화학물질에 의해 움직이는 한낱 로봇에 불과한 것일까? 신경생리학자 데이비드 이글먼은 이 물음에 반은 수긍하고 반은 부정한다. 우리는 본능에 따라 움직일 수도 있지만 이성에 따라 움직일 수도 있다. 이글먼은 우리 두뇌를 "라이벌들을 모아 놓은 팀"이라고 부른다. 맛있는 음식이 눈앞에 있다고 해보자. 우리의 본능적인 시스템은 누가 시키지도 않았는데 침을 꼴깍 삼키고 섭취를 종용한다. 한마디로 당장 먹으라고 부추기는 것이다. 그러나 우리에겐 또 다른 시스템이 있다. 바로 이성적 시스템이다. 이성적 시스템은 고칼로리의 음식이 나의 건강에 어떤 영향을 미칠 것인지, 그 손익 계산서를 작성한다. 고칼로리의 음식이 나의 스타일에 어떤 결과를 초래할지도 판단한다. 우리의 두뇌에는 이렇게 상이한 시스템이 있다. 우리의 두뇌 속에서는 두 개의 시스템이 언제나 충돌을 일으킨다. 자동화된 실행 프로그램과 의식화된 실행 프로그램이 충돌을 빚는 것이다. 이때 어떤 결정을 해야 할지 결정하는 것은 '생각'이다.

이글먼은 생각이 없는 동물, 재갈매기를 예로 든다. 재갈매기가 둥지에 붉은색 알을 낳았다. 붉은색은 '적'을 상기시키고, 둥근 알은 품고 싶다는 욕망을 자극한다. 두뇌 한쪽에서는 적과의 싸움을 명령하고, 다른 쪽에서는 알을 돌보라고 명령한다. 이 상이한 명령을 재갈매기는 어떻게 처리할까. 알을 품었다가 집어 던졌다가 한다는 것이다. 충돌하는 두 개의 시스템을 조율할 능력이 없기 때문이다.

하지만 인간은 재갈매기와는 다르다. 인간은 생각을 통해 욕구를 조절한다. 음식물을 열량을 확보할 수 있는 수단으로도 보기도 하지만 비만을 유발할 수 있는 지방질로도 해석할 수 있는 것이 우리의 생각이다. 우리에게는 우리를 행동으로 몰고 가는 가속페달, 즉 욕망도 있지만, 적절히 현실의 원칙에 맞게 우리의 행동을 제어할 수 있는 브레이크, 즉 이성도 있다. 가속페달과 브레이크 어느 하나가 일방적으로 작동하는 것이 아니라 둘의 조화로운 작동으로 우리의 몸과 마음은 쾌적함을 향해 나아간다.

15

과학의 시대에도 미신은 힘이 세다

접신 문어 '파울'에 열광하는 심리학

5만 년 전의 구석기 시대 사람 앞에 호랑이가 나타났다고 가정해 보자. 무조건 줄행랑을 치는 것이 상책이라고 생각하겠지만 그렇지 않다. 반쯤 먹다 만 물소를 앞에 두고 있는 배부른 호랑이라면 그다지 위험하지 않다. 배도 부른데 슬슬 놀이나 할까 하는 생각으로 사람 사냥에 나서는 호랑이는 없으니까. 어린 새끼를 입에 물고 이동하는 호랑이도 그다지 위험하지 않다. 자식을 나 몰라라 위험 속에 팽개쳐 두고 사냥에 나서는 비정한 호랑이는 많지 않다. 호랑이가 코앞에 있는 상황에서 어떤 행동을 취해야 할지를 판단하는 데 필요한 것은 호랑이가 어떤 행동을 취할지 아는 예측력이다. 이런 예측력 덕분에 호랑이가 나타나더라도 무조건 줄행랑부터 쳐서 아까운 에너지를 낭비하지 않을 수 있는 것이다.

외출 시 우산을 준비할지 말지를 결정하는 것도 예측의 힘이고, 어떤 주식을 살지 말지를 결정하는 것도 예측의 힘이다. 심지어는 배우자를 결정하는 것 또한 예측의 힘이다. '저 사람이라면 내 인생이 충분히 행복할 수 있을 거야.'라는 판단 없이 결혼을 결정하는 것은 무모한 일이지 않은가.

미래가 어떻게 전개될지 모르는 상황에서 느끼는 불안은 영혼을 야금야금 파먹는다. 흔히 '피가 마른다.'라고 하는 표현은 이런 상황을 두고 하는 말이다. 인간이면 누구나 미래를 예측하고 내 의지대로 미래를 통제하고 싶어한다. 미래를 예측하고 통제하는 힘, 바로 그것이 과학기술의 힘이다. 우리는 기상관측의 힘을 빌려 날씨를 예측하고, 천문학의 힘을 빌려 지구로 향하는 혜성의 접근을 예측한다. 또 의료 기술의 힘을 빌려 질병을 예측하기도 한다. 그러나 그 예측이 100퍼센트 적중하지는 않는다. 왜 그럴까. 현실의 복잡성 때문이다. 현실에는 수많은 변수들이 존재한다.

이번 대회의 우승팀은 어떠어떠한 팀이 될 것이라고 예측하는 축구 전문가가 열에 아홉이라고 할지라도, 대회가 진행되면서 어떤 상황이 전개될지는 아무도 모른다. 우승 예상 팀의 주전 선수가 배

탈이 날지도 모른다. 심지어는 팀 동료들 간의 사소한 다툼으로 컨디션이 위축될 수도 있다. 이밖에도 경기에 영향을 주는 요소들이 한두 가지가 아닐 것이다. 이 모든 변수들을 고려할 수 있는 전문가는 아쉽지만 현실에는 없다. 펠레도 차범근도 역부족이다. 인간의 지력으로 현실에 존재하는 수많은 변수들을 고려해서 완벽한 예측값을 내놓기는 사실상 불가능하다. 이런 사정을 감안해서 일기예보관들은 강수 확률이 20퍼센트니 50퍼센트니 하는 식으로 날씨를 예보한다. 그러므로 강수 확률 50퍼센트 상황에서 우산 없이 외출하는 것은 확률이 2분의 1인 도박판에 돈을 거는 일이나 다름없다.

구석기 시대 사람들 또한 미래를 통제하고 예측하고 싶었을 것이다. 날씨가 추워진다면 짐승의 털가죽을 준비해야 하고, 건기가 오래 지속될 것 같으면 식량을 비축해야 하기 때문이다. 그들에게 예측은 생존과 관련된 절박한 것이었을 터다. 그러나 그들에게는 아직 과학이 없었다. 대신 주술사와 무당이 있었다. 비록 확률은 떨어질지 모르지만 미래를 예측하고 통제할 수 있다는 생각은 강력한 심리적 안정제가 되었을 것이다. 더구나 미래가 내 쪽으로 우호적으로 기울어질 것이라는 예언은 기쁨과 정서적 안정감마저 선사했을 것이다. 바로 이것이 주술의 힘이다. 이 주술의 힘은 21세기에도 강력하게 작동한다.

2010년 남아공 월드컵에서 '접신(接神) 문어'는 큰 화제를 불러모았다. 독일의 오베르하우젠 수족관에 사는 문어 파울이 그 주인공이었다. 국기가 그려진 투명 플라스틱 상자 두 개에 각각 홍합을 넣어 두면 문어는 한 상자의 홍합을 골라 먹어 승리 팀을 예상했다. 독일이 치른 일곱 경기와 스페인-네덜란드의 결승전 등 여덟 경기 결과를 모두 맞히는 신통력을 발휘했다고 한다. 문어 파울에 열광하는 사람들의 마음은 "내게 미래를 알려주시오." 하고 무당 앞에서 말하는 절박한 원시인들의 불안 심리와 다를 바가 없다. 물에 빠진 사람은 지푸라기라도 잡는다고 했다. 세상이 불안해질수록 미신에 대한 유혹도 그만큼 강해진다. 2010년 앱스토어인 삼성앱스 다운로드 수 발표에 따르면 얼굴 인식 관상 앱이 압도적인 1위를 차지해, 휴대폰 게임이 대부분 1위를 차지한 다른 나라들과 대조를 이루었다고 한다. 점성술, 관상술 등 불안 해소 상품이 인기를 끈다는 것은 그만큼 우리 사회가 불안하다는 증거가 아닐까?

일상에서 나타나는 미신적 행위

초등학교 시절의 이야기다. 축구를 좋아했던 나는 등굣길에 깡통을 차면서 가기를 좋아했다. 깡통을 툭툭 차며 가노라면 조금 멀다싶은 등굣길이 가깝게만 느껴졌다. 그런데 때론 너무 힘을 주어 찬 탓인지 깡통이 내가 움직여야 할 동선에서 너무 멀리 떨어진 곳으로 굴러가기도 했다. 거기까지 가서 다시 깡통을 차면 시간이 지체되어 학교에 지각을 할 수도 있는 상황, 그럴 때는 깡통 하나 때문에 선생님께 혼날 필요가 있겠느냐는 판단 아래 학교로 발길을 서두르는 게 상책이겠다. 그러나 내 생각은 달랐다. 저 깡통을 홀로 두고 가면 나에게 나쁜 일이 생길지도 모른다는 이상한 믿음이 나를 불안하게 했다. 아주 근거 없는 믿음이다. 깡통에 영혼이 있어 인간에게 복수를 하는 것도 아니니까. 그러나 나는 깡통을 하나의 금속 덩어리로만 생각하지 않았다. '깡통을 홀로 버려둘 수 없다, 그렇게 했다가는 벌을 받는다.'는 믿음 때문에 학교에 지각하더라도 깡통을 등굣길의 동선 위에 올려놓고야 말았다.

인간은 만물의 영장이라고 하지만 원시인은 미약하기 짝이 없는 존재였다. 악어처럼 튼튼한 가죽도 없고, 호랑이처럼 강인한 송곳니도 없으며, 곰처럼 강력한 앞발과 독수리처럼 튼튼한 발톱도 없었다. 허약성, 그것이 인간이 가진 조건이다. 그렇기에 인간은 무엇엔가 기대고 싶어 한다. 어린 내가 기댄 것은 깡통이었다. 내가 깡통을 저버리지 않고 꾸준히 발길로 차 준다면 나에게 결코 나쁜 일이 일어나지 않으리라는 믿음에 기댄 것이다. 만약 내가 충분히 강한 존재였다면 그런 근거 없는 믿음에 기대지 않아도 좋았을 것이다. 강한 존재는 스스로 자족할 수 있는 존재니까. 그러나 약한 존재, 스스로 자족할 수 없는 존재는 불안 때문에 근거 없는 믿음에 살짝 기대어 위안을 구하기 마련이다.

주위를 살펴보면 이런 근거 없는 믿음에 기댄 행위를 얼마든지 찾아볼 수 있다. 시험을 앞두고 미역국을 먹지 않는 수험생들의 행위도 마찬가지다. 불세출의 농구 스타 마이클 조던은 시카고불스 시절 유니폼 아래 항상 노스캐롤라이나 대학 농구팀 시절에 입던 유니폼을 입고 경기에 나섰다고 한다. 2010년 프로야구 시즌 초반 16연승을 달렸던 SK의 김성근 감독은 무심코 면도를 안 했는데 계속 이기더라면서 깎지 않은 수염이 행운의 징표였다고 말하기도 했다.

고개가 시작되는 곳에서는 수많은 돌들이 무더기를 이루고 있는 모습을 종종 볼 수 있다. 이 돌무더기는 수많은 행인들이 던진 돌들이 쌓여 만들어진 것이다. 왜 그들은 돌을 거기에 던졌을까. 고개를 넘기 전에 돌을 던지면 맹수를 만나거나 넘어져 다친다거나 하는 나쁜 일이 일어나지 않을 거라는 믿음이 돌무더기를 만들게 한 것이다. 밤중에 물체를 분간할 수 있는 적외선 안경이나 레이저 총을 가졌다면 그들은 굳이 돌무더기에 돌을 던지는 수고를 하지 않아도 됐을 것이다. 그러나 그들에게는 맹수와 칠흑 같은 어둠에 대항할 변변한 장비가 없었고, 그들이 기댈 데라곤 돌무더기를 향해 돌멩이를 던지는 것이 위험을 제거해 줄 것이라는 믿음뿐이었다.

등굣길에서 깡통을 차는 행위나, 시카고불스 유니폼 아래 노스캐롤라이나 대학 농구팀 시절에 입던 유니폼을 입고 경기에 나섰던 마이클 조던의 행위나, 수염을 깎지 않았던 김성근 감독의 행위나, 고개를 넘으면서 돌멩이를 던졌던 전근대 이전 사람들의 행위에는 아무런 합리적인 근거가 없다. 이렇게 합리적인 근거가 없는 행위가 바로 미신적 행위다. 나폴레옹, 처칠, 루스벨트도 13일의 금요일에 잡힌 약속을 취소했다고 하니 미신적 행위가 비단 어리석거나 미개한 사람들만이 하는 행위는 아닌 것 같다.

동물들에게서도 나타나는 미신적 행위

징크스 혹은 미신 행동이 사람에게만 있는 것은 아니다. 쥐나 비둘기들도 미신 행동을 한다는 사실을 밝힌 사람은 B. F. 스키너라는 심리학자였다. 그는 상자에 비둘기들을 넣고 소리 신호와 함께 먹을 것을 주었다. 소리가 나면 먹을 것이 생긴다는 것을 알게 된 비둘기들은 나중에는 소리 신호만으로 먹이가 나오는 곳으로 모여들었다. 소리와 먹이를 연합한 것이다. 다시 말하면 소리라는 원인(조건)이 먹이라는 결과를 야기한다고 생각했던 것이다. 그 이후 스키너는 소리 신호와 관계없이 일정한 간격으로 먹이를 주었다. 그런데 며칠이 지난 뒤 비둘기들의 행동에 변화가 관찰되었다. 배가 고플 때 특별한 행동을 보이게 된 것이다. 모서리를 쪼아 대고, 새장 안에서 시계 반대 방향으로 두세 바퀴씩 돌기도 했으며, 눈에 보이지 않는 막대기 밑에 머리를 두었다가 반복해서 들어 올리는 것처럼 머리를 흔들기도 했고, 머리와 몸을 옆으로 흔들기도 했다. 대체 비둘기들에게 어떤 일이 일어났던 것일까?

먹이와 비둘기의 행동과는 실제로 아무런 관련이 없지만 비둘기들은 자기 나름대로 원인과 결과의 패턴을 찾아 인과관계를 만든 것이다. 가령 우연히 상자를 쪼았는데 금방 먹이를 발견한 일을 몇 번 겪은 비둘기는 두 사건이 연관이 되어 있다고 여겼고, 배고플 때마다 먹이를 기대하고 이런 행동을 했던 것이다. 스키너는 이처럼 자극에 반응을 보이는 비둘기의 행동을 일종의 '미신적 행위'라고 설명했다.

인간의 진화에 도움을 준 믿음의 엔진

《믿음의 엔진》의 저자 루이스 월퍼트 런던 대학 생물학과 명예 교수는 "합리적이고 이성적인 인간이 왜 타당한 근거가 없거나 부족한 것들을 믿는가."라는 질문을 던지고, 그 질문의 답을 진화심리학과 생물학을 통해 찾고 있다. ('믿음 엔진'이란 심리학자 마이클 셔머가 만든 용어로, 우리의 삶에 영향을 끼치는 사건들을 인과적으로 설명하려는 메커니즘을 가리킨다.) 월퍼트 교수는 우리는 우리에게 영향을 끼치는 뜻밖의 현상들을 설명하고자 하는 강한 의지를 지니고 있다고 말한다. 이 의지는 우리들의 까마득한 선조들도 지니고 있었다. 원시인들조차 자신의 이해 범위를 넘어서는 현상을 접했을 때 거기에다 나름의 인과관계를 부여함으로써 그에 대한 두려움에서 벗어나고자 했다. 그는 말한다.

> 왜 믿음은 쉽게 버릴 수도, 바꿀 수도, 포기할 수도 없는 걸까? 이것은 진화론적으로 설명할 수 있다고 나는 생각한다. 인간이 만일 초기 진화 과정에서 목숨을 부지하는 데 필요한 믿음을 고수하지 않았다면 큰 어려움을 겪었을 것이다. 예를 들어, 사냥을 하거나 도구를 만들 때 생각을 자주 바꿨다면 심각한 손해가 발생했을 것이다. 특히 위험에 처했을 때는 일관된 행동이 안전을 보장한다. 누군가 흔들거리는 바위가 위험하다고 고수했다면 그 믿음을 고수하는 편이 현명했을 것이다.

믿음이 인간의 생존에 필수적이었다는 이야기다.

월퍼트 교수는 인간의 도구 사용 또한 인과적 믿음의 능력 덕택이라고 말한다. 가령 단단한 재질의 돌이 과실의 껍데기보다 더 단단하다는 인과적 믿음이 없었다면 돌망치의 발견은 요원했을 것이라고 한다. 월퍼트 교수는 언어조차 인과적 믿음의 능력 덕택이라고 말한다. "많은 동사들은 화자가 원인과 결과에 대한 믿음을 갖지 않는 이상 그 어떤 의미도 갖지 못한다. '가다'에서부터 '치다', '던지다'에 이르기까지 동사들은 인과적 사고를 필요로 한다." 월퍼트 교수는 250만 년 전부터 석기가 제작되었지만 대략 10만 년 전부터 도구가 복잡해진 것을 언어의 출현 때문으로 추정하기도 한다. 그는 인과적 믿음이 인간의 진화에 물질적으로나 문화적으로 가장 큰 영향을 미쳤다고 단언한다.

16

인간은 스스로 속이는 존재다

믿음의 보수성을 말해 주는 인지 부조화 이론

지동설이 사실이라고 밝혀졌음에도 오랫동안 수많은 사람들이 천동설을 믿은 것을 보면 믿음은 꽤나 보수적이라고 할 수 있다. 심지어는 현재의 믿음에 어긋나는 일이 있더라도 사람들은 그 믿음을 고수하려고 든다. 이를 보여 주는 재미있는 이야기가 있다. 1950년대 미국에서 있었던 일이다. 심리학자인 레온 페스팅거는 한 사이비 종교 집단 속에 숨어들어 그 집단의 신도들을 관찰했다. 그들은 특정한 날이 오면 지구는 대홍수로 멸망하고, 소수의 선택된 자들만이 하늘에서 내려온 우주선을 타고 구원받는다고 믿고 있었다. 하지만, 약속한 시간이 되어도 대재앙은 오지 않았고 구원의 우주선도 오지 않았다. 신도들은 실망감을 감출 수 없었다. 여기서 페스팅거와 그의 제자들은 놀라운 사실을 발견했다. 지구가 멸망한다는 사실도 거짓으로 드러났고, 예언마저도 허황된 것으로 끝났지만 신도들은 이전보다 더 종교에 애착을 두기 시작했다. 교주의 지구 멸망 예언이 이루어지지 않았기에 신도들은 일시적으로 실망하였으나 그렇다고 종교를 버리지는 않았다. 오히려 더욱 강하게 자신들의 종교에 집착하는 모습을 보였다. 바로 이런 신도들의 모순된 모습을 페스팅거는 '인지 부조화'로 설명했다.

신도들은 지구가 멸망한다고 굳게 믿었다. 그래서 직장도 버리고, 집도 팔고, 가족도 버렸다. 그런데 이제 와서 지구가 망하지 않는다니, 이게 무슨 청천벽력과도 같은 사실인가? 신도들은 예전의 생활로 돌아갈 수도 없었다. 그러자 그들은 생각을 바꾼 것이다. 자신들의 실수를 인정하기에는 너무나 큰 고통이 따르므로 결국 믿음을 더 돈독히 하는 쪽을 선택했다. 그들은 결국 "그대들의 믿음이 지구를 구원하였노라!"라는 교주의 말을 전적으로 받아들인 것이다.

인간은 개인의 생각이나 태도가 객관적 현실과 일치하지 않을 때 심리적 갈등을 일으키며, 자기 합리화를 통해 이를 극복한다는 이론이 바로 이 사건을 통해 만들어진 이른바 '인지 부조화' 이론이다.

인지 부조화 이론은 사람들의 비합리적인 행위의 많은 부분을 설명해 주기도 한다. 가령 어떤 사람을 믿고 많은 돈을 빌려주었는데 행적이 묘연해졌다고 하자. 이때 많은 사람들이 "그 친구는 당신의 돈을 떼먹고 도망을 간 거야."라고 말한다. 당신도 그 친구가 돈을 떼먹고 도망 갔다는 의심을 하기 시작한다. 그러나 그런 의심 때문에 그 친구를 믿었던 마음과 의심 사이에 부조화가 발생한다면 많은 사람은 이런 마음의 부조화를 이렇게 극복한다. "당신들이 무엇을 안다고 떠들어. 그 친구에게는 그 나름대로의 사정이 있을 거라고." 물론 그 친구에 대한 의구심이 말끔하게 사라진 것은 아니지만 이렇게 말해야 '우정과 의심'이라는 마음속의 갈등과 부조화를 해소할 수 있기 때문이다. 인간은 이런 식으로 이전 믿음에 과도하게 집착하는 존재이다.《믿음의 엔진》의 저자 루이스 월퍼트는 인지 부조화를 다음과 같이 설명한다.

> 우반구는 좌반구로 정보를 보내는데, 믿음을 형성하고 인식의 불협화음을 처리하는 쪽은 좌반구다. 우리가 마음을 바꾸기 위해서는 우반구로부터 유입되는 정보가 좌측 두뇌가 보유한 믿음을 압도하는 상황에서만 가능하지만, 우리는 우리를 속이는 능력 또한 갖고 있기 때문에 흡연자가 흡연이 암을 유발한다고 믿으면서도 흡연을 필수적인 활동이라고 생각하는 경우처럼, 두 개의 상충하는 면을 동시에 갖고 있을 수도 있다.

사람들이 이상한 것에 매달리는 이유는?

과학적 회의주의자를 자처하는 마이클 셔머는《왜 사람들은 이상한 것을 믿는가》라는 책에서 사람들이 종교와 미신, 사이비 과학을 믿게 되는 이유에 대해 설명한다. 왜 사람들은 그 인과적 효력이 입증되지 않았는데도 불구하고 그렇게 열심히 기도를 드리는 것일까, 저자는 인간이 이유와 원인을 찾는 동물이기 때문에 그렇다고 생각한다. 인간이라는 존재는 무언가가 우연히 일어났다는 것을 그대로 수긍하지 않는다. 인간은 이렇게 묻는 존재다. '그 사건은 왜 일어났으며, 어떻게 일어났는가.' 인간은 불확실성과 우연으로 가득한 세상에서 벌어지는 사건들을 하나의 인과율이나 유형으로 엮어 이야기로 설명하고 싶어 한다. 사냥을 할 때 바람을 등지고 서면 사냥감이 냄새를 맡기 때문에 실패하게 된다. 밭에 소의 배설물을 뿌렸더니 수확이 늘었다. 이렇게 하는 것이 진화에 유리한 도움을 주었을 것이다. 마이클 셔머는 이러한 두뇌의 메커니즘을 설명하기 위해 '믿음 엔진'이라는 개념을 사용한다. 우리를 둘러싼 세상을 의식적으로 정리하고 싶은 욕망, 사건을 끊임없이 인과적으로 설명하는 '믿음 엔진'은 인류의 생존에 꼭 필요했기 때문에 진화해 왔다는 것이 셔머의 설명이다.

그러나 불행하게도 인간의 뇌가 항상 의미 있는 패턴만을 찾아낸 것은 아니었다. 문지방에 앉으면 복이 달아난다, 밤에 휘파람을 불면 뱀이 나타난다, 기우제를 지내면 가뭄이 물러간다는 등의 믿음이 그것이다. 마이클 셔머는 이런 '마술적 사고'를 인과적 사고

메커니즘이 진화하면서 어쩔 수 없이 생겨난 부산물이라고 말한다.

바닷물은 왜 짠지, 조수는 왜 끊임없이 밀려오며, 월식이면 왜 달의 한쪽이 이지러지는지, 천둥은 왜 치며, 가뭄은 왜 생기며, 계절은 왜 순환하는지, 불확실성으로 가득한 세상에서 벌어지는 사건들을 인과율로 엮어 하나의 이야기로 만든 것, 그것이 바로 신화(神話)라고 할 수 있다. 우리가 알고 있는 '창조 신화'라고 하는 것은 우주와 인간과 동식물들을 비롯한 사물들이 어떻게 해서 출현했는지, 그 인과적 기원을 밝히는 이야기다. 이런 맥락에서 루마니아 출신의 인류학자인 미르체아 엘리아데는 신화를 안다는 것은 사물들의 기원에 대한 비밀을 배우는 것이라고도 말한 바 있다.

기술의 발달로 과거에 비해 홍수와 가뭄과 같은 자연의 불확실성을 통제할 힘은 커졌지만 현대사회라고 해서 삶의 불확실성이 현저히 감소한 것은 아니다. 주식시장도 불안정하고 고용도 불안정하며, 조그마한 기술 시스템의 이상이 커다란 불안정을 야기할 수 있는 것이 울리히 벡이 현대사회를 두고 명명한 이른바 '위험사회'의 본질이기도 하다. 이 변덕과 우연성을 그냥 두고 볼 수만은 없었고, 어떻게든 환경을 인간에게 유리한 쪽으로 끌고 오고 싶었기에 인간은 사이비 과학이나 미신에 이끌렸는지도 모르겠다.

철학자 프랜시스 베이컨은 "인간은 자신이 진실이기를 바라는 것을 더 선호한다."고 했다. 실상이야 어쨌든 내가 주관적으로 믿고 싶은 것, 자신이 진실이기를 바라는 것만을 믿고 싶은 것이 인간의 욕망인지도 모르겠다. 그러나 믿고 싶은 것만 믿을 때, 대화는 독백에 불과하며, 대화가 없는 주장은 독선(獨善)이 되고 만다. 올바른 믿음은 진화의 원동력일 수 있지만 그릇된 믿음은 불화의 씨앗임을 명심해야겠다.

더 들여다보기 — 1

인간을 예측하는 미래의 과학

〈마이너리티 리포트〉

스티븐 스필버그 감독, 2002.

2054년. '범죄 예방 시스템'은 미래에 발생할 살인 사건을 예측해 범인을 사전에 검거한다. 세 명의 예언자가 살인 사건을 예측하면 범죄 예방 수사국은 사건이 일어나기도 전에 범인을 체포한다. 범죄 예방 수사국의 존 앤더튼은 예언자들이 지목하는 미래의 살인자들을 탁월한 솜씨로 잡아들인다. 그는 왜 범죄를 저지르지도 않은 사람을 체포하느냐며 범죄 예방 시스템의 문제점을 꼬집는 법무부 감찰관 대니 위트워와 갈등을 일으키기도 한다.

그런데 어느 날 범죄 예방 시스템이 앤더튼 자신을 미래의 살인범으로 예언하게 된다. 꼼짝없이 잡혀 들어가야 할 상황, 앤더튼은 예언자 중 한 명인 아가사를 데리고 수사국에서 탈출한다. 앤더튼은 미래의 살인자라는 자신의 운명을 부정하면서 범죄 예방 시스템의 비밀을 파헤치기 시작하는데, 시간이 흐를수록 알 수 없는 힘에 이끌려 예언자들이 예언한 살인범의 운명에 더 다가서게 되는 자신을 발견하게 된다.

자신의 아들을 납치해 살해한 유괴범 앞에서 총구를 겨누는 앤더튼, 그는 과연 예언가들의 말대로 살인을 저지를까? 양자택일의 기로에서 그는 방아쇠를 당기지 않는다. 아들을 죽인 살해범들을 향한 분노를 억제한다.

감독이 앤더튼의 행동을 통해서 관객들에게 말하고 싶었던 것은 무엇일까? 앤더튼이 예언자들이 말한 운명대로 방아쇠를 당기려는 찰나, 예언자 아가사는 앤더튼을 향해 속삭인다. "너는 선택할 수 있어. 너는 선택할 수 있어."

우리에게는 선택할 수 있는 것과 선택할 수 없는 것이 있다. 대한민국에 태어나기를 선택하지는 않았지만 대한민국에서 어떻게 살아갈 것인지, 삶의 태도와 자세는 선택할 수 있다. 가난한 부모 밑에서 태어난 사람도 가난을 선택하지는 않았지만 가난을 어떻게 받아들일지, 가난을 바라보는 삶의 태도와 자세는 스스로 결정할 수 있다. 주어진 조건이 똑같다 하더라도, 그 조건에 반응하는 사람들의 모습은 제각기 다르다. 앤더튼 역시 마찬가지다. 앤더튼은 범죄 예방국의 다른 직원들처럼 예언자들의 명령에 똑같이 반응하지 않았다. 왜? 그는 이미 운명을 믿지 않기 때문이다. 사람의 운명이 정해져 있다는 사실에 그는 제동을 걸었다. 그러고 나서 스스로 선택을 했다. 자유는 선택의 다른 이름일 뿐이다.

〈투모로우〉

롤랜드 에머리히 감독, 2004.

세상을 도무지 예측할 수 없다면 우리는 자연 재해에 고스란히 당할 수밖에 없다. 가뭄이나 폭우에 대한 피해를 최소화하려면 어떤 식으로든지 대비하지 않으면 안 된다. 그러나 현재를 헤아리기도 힘든데 미래까지 안다는 건 쉬운 일이 아니다.

누군가 미래를 내다보는 신통력이라도 있다면 조상들은 당장이라도 달려가 길흉화복을 점쳤을 것이다. 열 중에서 넷은 맞고 여섯은 틀려도(즉 적중률이 4할이라도), 미래에 대해 까맣게 모르는 것보다는 낫다는 생각에 점성술사나 무당에게 매달렸을 것이다. 혹시 인간의 길흉화복을 주관하는 신이 있다면 뇌물을 써서라도 액운을 막아 보겠다는 염원으로 신께 제사를 지내기도 했으리라.

그러나 인간의 염원을 담아 신에게 기원을 해도 비 한 방울 오기는 커녕 푹푹 찌는 폭염이 무자비하게 농작물을 시들게 하고, 매정한 메뚜기 떼가 정성스레 가꾼 농작물을 황폐화시켰을지도 모를 일이다. 대체 이 일을 어찌할까. 혹시 자연을 잘 관찰하면 미래를 알 수 있는 방법이 있을지도 모른다고 우리의 선조들은 생각했을지도 모른다. 아닌 게 아니라 해결의 기미는 있었다. 오호, 제비가 낮게 날면 비가 온다. 어쨌든 제비가 낮게 난다는 사실과 비가 온다는 사실이 어떤 관련이 있다는 것을 알아챈 것이다. 곤충의 날개는 날씨가 습해지면 대기 중의 습기를 흡수해서 무거워진다. 그래서 곤충들의 비행 고도가 낮아지게 된다. 곤충들의 비행 고도가 낮아지면 그것들을 잡아먹기 위해서 제비들의 비행 고도도 낮아진다는 삼단논법식 추리를 하기까지는 훨씬 더 오랜 시간이 필요했겠지만 말이다.

그러나 제비가 낮게 난다는 사실이 비가 온다는 사실과 항상 연결되는 것은 아니었다. 단지 무당의 예언보다 조금 적중률이 높을 뿐이었다. 어디 미래를 예측할 수 있는 강력한 수단이 없을까. 조상들의 고민은 깊어 갔다. 바로 이 고민들이 만들어 낸 것이 '과학'이었다. 비가 온다면 그 이유를 밝혀라, 장마가 진다면 그 이유를 밝혀라, 태풍의 이유를 알아내고 그 경로를 예측하라. 이리하여 인간은 태풍, 장마, 가뭄과 같은 자연의 불확실성을 하나하나 예측해 가게 된다. 위대한 과학이여, 위대한 이성이여, 사람들은 장밋빛 환상에 젖게 되었고 과학만이 살길이라고 부르짖었다.

그러나 영화 〈투모로우〉가 보여 주는 미래상은 어둡다. 엄청난 기상 재앙은 미래를 예측하겠다는 과학자들의 포부가 얼마나 헛된 것인가를 보여 주고, 폭설에 덮인 뉴욕의 거리는 장밋빛 미래를 약속하겠다던 과학자들의 믿음이 얼마나 교만했던가를 보여 준다. 영화 〈투모로우〉는 과학이 왜 겸손해야 하는가를 우리에게 보여 준다.

〈트위스터〉

얀 드봉 감독, 1998.

냄비의 물은 섭씨 100도에서 끓는다. 물에 아무리 열을 가해도 온도는 섭씨 100도에서 더 올라가지 않는다. 물론 기압이 낮아지면 물은 섭씨 100도보다 낮은 온도에서 끓는다. 압력솥에 물을 끓이면 어떤가. 압력이 상승함에 따라 물의 비등점도 높아진다. 따라서 조리하는 온도가 높아져 음식을 익히는 데 필요한 시간이 단축된다. 보통 압력 밥솥은 내면의 1세제곱센티미터당 1킬로그램의 압력을 받는데 이는 보통 기압의 두 배에 가깝다. 따라서 물이 섭씨 122도에서 끓게 된다. 그렇다면 물은 섭씨 100도에서 끓는다는 말은 수정돼야 한다. 물이 끓는 데 영향을 주는 압력과 부피라는 변수가 있기 때문이다.

실험을 할 때는 가급적이면 외부의 변수를 줄여 가야 한다. 실험을 하는 용액에 불순물이 가라앉으면 곤란하다. 이 점을 고려해서인지 실험자들은 흰 가운을 입는다. 침이라도 튈까 두려워 마스크를 착용하는 실험자들도 있다.

고성능 제습기를 설치한 실험실도 있다. 완벽하게 습기를 제거하면 정전기 문제가 발생할 수도 있다. 실험실 창밖에서 굴착기의 소음이라도 들려오면 곤란하다. 완벽한 방음 시설을 갖춘다 할지라도 실험자의 숨소리는 어찌할 것인가. 게다가 실험실 위로 고압선이라도 지나간다면 문제가 심각하다. 이래저래 실험실은 외부의 변수가 적은 외딴 곳에 설치될 수밖에 없다. 이제 모든 변수들로부터 해방된 실험실을 지었다고 해도 중력이란 변수가 버티고 있다. 지구의 어느 곳도 중력의 값이 다르지 않은가. 결국 아무리 변수를 줄인다 할지라도 완벽하게 변수들을 제거하기란 불가능하다.

변수가 달라지면 실험 결과도 달라진다. A에서 실험한 결과가 B라는 곳에서의 결과와 다르다면 A란 곳에서 타당한 것이 B라는 곳에서도 타당하다고 할 수는 없다. 언제나 오차는 존재한다는 것이다. 과학은 완벽하다는 환상은 사실 이런 오차를 모르는 데서 오는 헛된 믿음인지도 모른다. 세상에는 무수한 변수가 있다. 누군가 모든 변수를 고려해서 이론을 만들었노라 자부할 수 있을지 모른다. 그러나 예기치 못한 변수는 있기 마련이다.

초대형 토네이도가 어느 쪽으로 진행될 것인가를 예측하고, 그 예측 결과를 사람들에게 알려 피해를 최소화하자는 것이 영화 〈트위스터〉에 등장하는 주인공 과학자의 의도다. 그러나 자연을 100퍼센트 이해하기란 어렵다. 토네이도의 앞길에는 무수히 많은 변수가 있고, 아무리 엄청난 능력을 자랑하는 슈퍼컴퓨터를 동원한다 할지라도 존재하는 모든 변수를 알 수는 없기 때문이다. '오류 가능성'이라는 사실 앞에서 과학자도 우리네 평범한 선남선녀들도 겸손을 배워야 할 듯싶다.

더 들여다보기 — 2

똑똑해지는 세상의 부작용

《마음의 미래》

미치코 카쿠, 김영사, 2015.

fMRI, EEG 스캔 등으로 머릿속 생각을 읽고, 생각만으로 물건을 움직이고, 꿈도 동영상으로 찍게 되는 세상을 더욱 세세하게 그리고 있는 책이 미치오 카쿠의 《마음의 미래》다. 책의 서문에서 저자는 과학기술이 바꿔 놓을 세상을 간단하게 요약해 주고 있다.

영화 〈매트릭스〉에서처럼, 특정 기억이나 기술을 사람의 뇌에 다운로드하게 될 것이다. 동물의 두뇌에 칩을 삽입하여 특정 생각을 유발하는 실험은 이미 성공 단계에 와 있다. 사람의 뇌에 인공 기억을 주입하여 새로운 기술을 배우고 환상적인 장소에서 휴가를 즐기거나 새로운 취미를 익히는 날이 도래할 것이다. 인부와 과학자의 머릿속에 기술이나 지식을 다운로드하게 되면 인력 수급이 자유로워질 것이므로 세계 경제는 가히 혁명적인 변화를 겪게 된다. 게다가 이 기억은 여러 사람이 공유할 수도 있다. 미래에는 전기 신호를 통해 생각과 감정을 전 세계 모든 사람과 교환하는 '마음의 인터넷(Internet of the mind)'이나 '브레인넷(brain-net)'등이 대세로 떠오를지 모른다. 심지어 꿈을 동영상으로 찍어서 실시간 인터넷으로 전송하는 '브레인 메일(brain-mail)'이 등장할 수도 있다.

언뜻 보면 불가능할 것 같은 미래 기술에 대한 미치오 카쿠의 대답은 매우 긍정적이다. 소설 속에서나 있을 법한 텔레파시도 그는 가능하다고 본다. 두뇌 속 진동하는 전자가 방출하는 라디오파를 fMRI, EEG와 같은 최첨단 센서로 읽을 경우 누군가의 생각을 알 수 있다고 저자는 말한다.

지능의 향상도 가능한가? 가능하다는 것이 저자의 답이다. 저자는 수십 년 뒤엔 유전자 치료법, 약물요법, 자기장을 이용한 각종 장치를 조합해 지능도 높일 수 있다고 전망했다. 1999년에 조셉 첸 박사는 쥐의 기억력을 크게 향상시키는 유전자를 발굴해 쥐에게 이식하는 데 성공했다. 이 '똑똑한 쥐'는 미로의 출구를 훨씬 빠르게 찾아냈고, 지나간 과거를 훨씬 더 많이 기억해 냈다고 한다.

과학자들은 기억과 관련해 두 개의 유전자를 발견했다. CREB 활성제(뉴런 사이의 새로운 연결을 촉진하는 유전자)와 CREB 억제제(새로운 기억이 형성되는 것을 억제하는 유전자)가 그것이다. CREB 억제제는 일종의 필터처럼 필요 없는 기억을 수시로 지우는데, 감정적으로 강렬한 기억은 CREB 억제제에 의해 지워지거나 CREB 활성제에 의해 더욱 강렬해진다.

똑똑해지는 것엔 부작용이 있다. 기억력이 좋아지면 과거의 실수나 심리적 상처까지 고스란히 지워지지 않고 남아 있어서, 행동이 그만큼 신중해지기 때문에 겁이 많아지고 소심해진다. 기억력이 좋다고 해서 반드시 모든 면에 도움이 되지는 않는다는 이야기다.

쥐를 대상으로 한 실험에서 두뇌를 순환하는 CREB의 양이 많을 수록 장기 기억이 빠르게 형성되었다. 제약 회사들이 현재 연구 중인 'MEM1414'를 노년기에 접어든 동물에게 투입하면 장기 기억이 훨씬 빠르게 형성된다고 한다.

미치오 카쿠는 "새로운 기억을 아무리 주입한다 해도, 다량의 정보를 소화하고 처리하는 능력은 변하지 않는다. 이런 능력을 증대하려면 소위 말하는 지적 능력이 강화되어야 하는데, 지능에 관한 정의가 아직 내려져 있지 않기 때문에 이 분야의 연구는 거의 답보 상태에 빠져 있다."라고 고백한다. 정보를 머릿속에 주입하는 과정은 인간의 입장에서 볼 때, 수동적인 과정이라고 할 수 있지만, 그 정보를 처리해 새로운 정보를 출력하고, 동작을 산출해 내는 과정은 보다 많은 에너지를 필요로 하는 고급 과정이다. "새로운 기억을 아무리 주입한다 해도, 다량의 정보를 소화하고 처리하는 능력은 변하지 않는다."라는 미치오 카쿠의 고백은 뇌과학의 발전이 결코 SF 영화처럼 순탄치만은 않을 것임을 예고한다.

미치오 카쿠는 망각 능력이 반드시 기억 능력보다 열등한 것이라고 보지 않는다. 좌뇌를 다쳐 생기는 기억의 슈퍼 천재들을 '서번트'라고 하는데 이 서번트들의 놀라운 기억 능력은 뇌의 어떤 기능이 뛰어나서 생기는 것이 아니라, 어떤 기능이 부족해서 생긴 결과라고 저자는 말한다. 다시 말해 '무언가'를 망각하는 능력이 부족하면 기억력이 비정상적으로 좋아진다는 것이다. 불쾌한 기억, 악몽 같은 기억은 일상생활을 하는데 장애가 된다. 그런 기억은 능동적으로 지워 버리고 잊어버리는 것이 생존에 유리하다. 서번트들의 놀라운 기억력이 '잊는 능력의 결핍'이 한몫한 결과일 수도 있다면 놀라운 기억력을 반드시 축복으로만 생각할 수는 없다. 나쁜 기억에 들러붙어 있을 때, 행복의 땅은 멀어질 수밖에 없다. 어두운 기억을 털고 한 발짝 더 나아가는 곳에 행복이 있지 않겠는가.

〈씨프 하트〉

더글러스 데이 스튜어트 감독, 1984.

망각이 인간의 진화와 적응에 도움이 되긴 했을지 몰라도 망각을 인위적으로 조절하는 것에 문제는 없을까? 죄를 지었다면 죄책감을 느끼는 것이 양심을 지닌 인간의 자연스러운 반응이 아닐까. '세월호' 사건과 같은 우리 사회의 비극은 그 의미를 망각하지 않는 것이 우리 사회를 건강하게 만들어 주는 것은 아닐까. 자식을 잃은 마음의 아픔, 부모와 사별한 마음의 아픔은 비정상적인 감정이 아니라 인간이라면 반드시 치러 내야 할 정상적인 감정들이다. 뇌과학의 성과나 약물의 발달이 이런 감정들마저 지워 내야 하는 세상을 만든다면 누가 그 세상을 기꺼워

할 수 있겠는가. 죄를 지었다면 아파하는 것이 인간의 마음이고, 사랑하는 사람을 잃었다면 슬퍼하는 것이 역시 인간의 마음이다. 그 마음마저 인간의 기술에 지배받아야 하는 것은 아닐 것이다.

최첨단 기기들을 이용해 타인의 마음까지 읽어낼 수 있는 세상은 과연 축복일까? 1984년에 개봉한, '마음을 훔친 도둑'이란 제목의 뜻을 가진 영화, 〈씨프 하트(Thief of Hearts)〉는 여기에 시사점을 던져 준다. 부유한 유부녀인 미키는 결혼 생활에 싫증을 내던 어느 날 우연히 만난 멋진 청년과 사랑에 빠진다. 그는 그녀가 꿈꾸어 왔던 모든 것을 충족시켜 주는 남자였다. 그러나 그는 그녀의 집에 몰래 들어가 물건을 훔치다 금고 속에 있던 그녀의 일기를 발견하여 읽고는 그녀에게 매력을 느껴 의도적으로 접근한 도둑이었다. 그는 일기를 통해 미키의 생각을 읽고 그녀의 취향과 성향을 파악한다. 그러고 나서 그녀를 유혹하기 위해 그녀가 좋아할 법한 꾸며진 행동으로 환심을 산다. 그의 행동은 진심 어린 행동이 아니었다. 미키는 그의 연출된 행동을 알아차리지 못하고 그가 지상 '최고의 남자'라고 생각하게 되고 그에게 사랑을 느끼게 되지만, 결국 그가 자신의 일기장을 훔친 사람임을 알고 그에게 커다란 실망을 느끼게 된다는 내용이 영화의 줄거리다. 1984년에 개봉된 옛날 영화지만 미치오 카쿠가 말하는, 타인의 마음을 읽을 수 있는 미래를 다루고 있다고 할 수 있지 않을까. 누구나 자신의 마음을 읽히고 싶지 않기를 원한다. 동의 없이 남의 마음을 읽는 것은 타인의 권리를 침해하는 것과 다르지 않다. 미래는 몸과 마음의 주체가 누구여야 하는지에 대한 철학적 성찰이 필요한 시대가 될 것이다.

进站口
Entrance
售票处
Tickets
出站口
退票处
地铁
南广场

4부

행동한다는 것

많은 보상을 예측하고 어떤 행동을 했는데 막상 그 결과가 초라하다면 어떨까. 예측에 실수가 있었고, 결국 기대했던 보상이 일어나지 않는다면 보상을 기대했던 나의 행동은 특정한 사건과는 무관한, 가치가 없는 것이 되어 버릴 것이다. 반면 내 행동의 결과 정확히 기대했던 보상이 일어나면 그 행동은 가치가 있는 행동이 된다. 이렇게 어떤 일을 예측하고 행동할 때 우리는 더 많은 보상이 생기는 쪽으로 행동하게 된다.

17

나도 모르게 나를 조종하는 힘이 있다

검은색 유니폼을 입으면 왜 '옐로카드'를 더 받게 되나?

체화된 인지 이론에 따르면, 인간은 추상적 개념을 이와 연관된 신체 경험을 통해 이해하게 된다. '마음이 따뜻하다'는 추상적 개념을 '체온'과 같은 신체적 경험을 통해 인지한다는 말이다. 엄마가 아이를 안아 줄 때, 아이는 따스함이라는 자신의 신체적 경험을 통해 사랑의 따스함이라는 보이지 않는 추상성을 인지하게 된다. 이때 사랑의 따스함은 물리적 따스함이 우리 몸에 남긴 흔적일 수도 있다는 것이 '체화된 인지' 이론이다.

살마 로벨은《센세이션》에서 또 다른 자신의 경험을 소개한다. 가볍고 거친 종이에 출력해 과제물을 제출한 학생들보다, 무게가 더 나가고 부드러운 종이에 출력해 과제물을 제출한 학생에게 더 좋은 학점을 주었을지도 모른다는 고백이 그것이다. 과제물이 우리의 몸에 주는 무게감이 그 과제의 '의미적 중요성'을 판단하는 우리의 인지에 영향을 주었을지도 모른다는 것이다. 재미있는 것은 '중요(重要)'라는 한자어 중에서 '중(重)'의 뜻이 '무겁다'라는 사실이다. 신체적인 무거움의 경험이 정신적인 무게감으로 확장될 수 있다는 것이 체화된 인지 이론이다.

책이 소개하는 재미있는 사례를 하나 더 보자. 축구를 할 때 선수들은 여러 색깔의 유니폼을 입는다. 이때 어떤 색깔의 옷을 입는 것이 불리할까? 답은 검정색이다. 검정색 유니폼을 입은 선수가 옐로카드나 레드카드를 더 받기 쉽기 때문이다. 왜 그럴까?

검은색은 공격성이나 경쟁과 연관된다. 인간은 밝음을 긍정성과 연관시키고 부정성을 검은색, 다시 말해 어둠과 연관시킨다. 인간은 주로 낮에 활동하는 주행성 동물이지 야행성 동물이 아니다. 햇빛이 비치지 않는 곳은 눈에 잘 띄지 않아 위험하다. 어둠이 바로 그런 위험이 존재하는 공간이다. 더구나 유아 시절 부모로부터의 양육이 손길이 미치지 못하는 어둠의 공간에 놓이게 된다면, 그 공간은 그대로 타인과의 관계가 끊어진 공포의 공간이 된다. 더구나 어둠은 주변 환경과의 연결고리를 끊어 버린다. 어둠은 혼돈과 무질서를 낳는다. 인간은 진화 과정을 통해 어둠과 위험 사이의 연관성을 설정하며, 어린 시절 직접 겪은 체험을 통해 이 연관성을 더욱 강화시킨다. 까마득한 진화 과정을 몸으로 겪으면서 인간은 어둠을 부정적인 것이라 인지하게 된다.

어둠을 부정적으로 보는 '체화된 인지'는 검정색 유니폼을 입은 축구 선수를 부정적으로 보게 만들고, 심판은 그런 선수들에게 '흰색 유니폼'을 입은 선수들보다 더 많은 옐로카드나 레드카드를 뽑아 들게 된다는 것이다.

이 또한 축구 심판들이 들으면 노발대발할 일이다. 그까짓 유니폼 색깔 하나에 우리의 이성적 판단이 좌우된다니 우리를 너무 가볍게 보는 것이 아니냐고 불만을 토로할 것이다. 물론 유니폼 색깔 하나가 심판의 판정을 좌우한다는 것은 아니다. 하지만 통계적으로 볼 때 선수들의 유니폼 색깔이 심판의 판단에 미미하나마 영향을 미칠 수도 있다는 심리학적 결과는 나름대로 유용한 가치를 지닌다. 사소한 것에 인간의 판단이 좌우될 수 있다는 이야기는, 사소한 것이 판단의 걸림돌이 되어서는 안 된다는 충고로 해석될 수도 있기 때문이다. 선수의 유니폼과 심판의 판단이 연동(連動)되어선 안 된다는 것을 아는 심판과 모르는 심판 중 우리는 과연 어떤 심판을 택할 것인가. 당연히 그것을 아는 심판이다. 우리가 어떤 색깔의 유니폼을 입느냐에 상관없이 심판의 판단이 공정해야 한다는 것을 인정한다면 말이다.

누가 내 몸을 조종하는가?

누군가가 내 몸 속에 들어와 이렇게 해라, 저렇게 해라 하면 기분이 나쁘다. 결정의 권한은 나에게 있는 것이지 타인에게 있는 것이 아니다. 내 문제를 스스로 해결하고 처리할 수 있는 '자기 결정권'은 전적으로 나의 권리다. 공적인 문제라면 몰라도 사적인 문제에 있어서만은 누가 이래라 저래라 할 수 없다. 내가 머리를 자르든 손톱에 물을 들이든 전적으로 그것을 결정할 권한은 나에게 있다. 이 자기 결정권의 침해를 우리는 일종의 인격 침해로 간주한다. 누가 이래라 저래라 할 때 기분이 나쁜 것은 나의 인격이 침해당했다는 불쾌감 때문이다.

이런 기분 나쁜 일이 실제로 1957년, 미국의 뉴저지 주 포트리의 한 극장에서 일어났다. 영화 〈피크닉〉이 상영될 때였다. 심리학자이자 광고업자인 제임스 비커리는 영화가 상영되는 도중, "팝콘을 먹어요."와 "코카콜라를 마셔요."라는 메시지가 담긴 화면을 3,000분의 1초 동안 은밀히 내보내는 실험을 했다. 3,000분의 1초는 인간 의식의 영역 아래 수치다. 3,000분의 1초에 담긴 메시지를 의식은 도저히 알아차릴 수가 없다. 이렇게 의식으로 알아차릴 수 없는 메시지를 의식 영역 밑의 지각이란 뜻을 가진 '식역하(識閾下) 지각'이라 하고, 이런 메시지를 이용한 광고를 식역하 광고(subliminal advertisement)라 한다. 당시 뉴저지의 극장에서 3,000분의 1초 동안 눈앞에서 빠른 속도로 코카콜라와 팝콘의 광고가 지나간다는 사실을 눈치챌 수 있는 관객은 없었다. 식역하 광고를 의식으로 알아낼 수 있는 지구인은 없다. 어쨌든 5초 간격으로 화면에 영사한 이 짧은 메시지로 인해 팝콘과 콜라의 판매액은 각각 57.7%, 18.1%나 증가했다. 이 실험은 6주 동안 4만 5,000여 명을 대상으로 이루어졌다.

타임머신을 타고 이 극장으로 가서 영화가 끝나고 코카콜라를 사려고 매점 앞에 있는 손님에게 '코카콜라'를 왜 사려고 하느냐고 묻는다면 당연히 "마시고 싶어서."라고 대답할 것이다. 누가 시켜서 먹고 싶은 것이 아니냐고 묻는다면 당연히 그는 아니라고 대답할 것이다. 그러나 그간 무슨 일이 있었는지 그 전후의 맥락을 알고 있는 우리는, 그의 무의식이 접수했을 식역하 메시지와 그의 코카콜라 구매행위가 서로 무관하지 않음을 눈치챌 수 있다. 그는 스스로의 자유의지로 코카콜라를 선택했다고 굳게 믿고 있을지 모르지만 그의 선택에 영향을 끼친 것은 "팝콘을 먹어요."와 "코카콜라를 마셔요."라는 식역하 메시지다.

이런 식역하 메시지를 영화 필름 속에 넣는다면 자본가들은 얼마든지 대중들의 의식을 자기들 마음대로 조종할 수 있고, 큰 이익을 남길 수도 있을 것이다. 바로 이런 이유, 인간 조종의 가능성 때문에 오늘날 식역하 광고는 불법으로 간주되고 있다. 콜라를 선택할 권리는 '나'에게 있는 것이지 광고가 이래라 저래라 할 수 있는 것이 아니기 때문이다.

엘든 테일러의 책 《무엇이 우리의 생각을 지배하는가》에서는 코카콜라 식역하 광고와 비슷한 사례를 소개한다. 1985년 네바다 주 리노에서 발생한 두 젊은이의 자살 사건이다. 여자 친구와 헤어진 레이와 직장을 잃은 제임스는 무척이나 혼란스러운 상태였다. 이때 레이가 제임스에게 음반을 하나 선물했고, 두 사람은 맥주를 마시며 음반을 들었다. 그중 한 곡의 가사와 음악이 귀에 들어왔다. 그들은 이 음악을 계속해서 들었다. 그 곡의 가사는 "온통 죄로 가득한 삶을 떠나요, 세상은 살 만한 곳이 아니예요."라는 후렴구로 자살을 부추겼다. 그날 오후, 그들의 머릿속에 "왜 죽어서 영웅이 되어야 하는가?"라는 가사가 맴돌았고, 엽총을 집어 들고 교회의 운동장으로 가서는 레이가 먼저 자신의 턱밑에 총을 갖다 댔다. 제임스가 "해!"라고 외쳤고, 레이가 방아쇠를 당겼다. 제임스는 어째서 자신이 레이에게 "해!"라고 말했는지 그 이유를 몰랐지만 자신도 턱밑에 총을 대고 방아쇠를 당겼다. 두 사람은 비극적 죽음을 맞았다.

대체 왜 이런 일이 일어났을까. 두 젊은이가 죽기 전에 들었던 음악이 '조작'되었기 때문이다. 그 음악에는 의식으로는 알아차릴 수 없는 '식역하 메시지'가 녹음되어 있었다. "사악한 내 영혼을 노래해, 빌어먹을 신이여."와 같은 가사와 "해!"와 같은 매우 단순한 명령어가 포함돼 있었다. 명령어는 순방향으로 녹음되었고, 저 '악마적인' 메시지는 역방향으로 녹음되었다. 두 사람의 의식에서는 식역하 메시지의 내용을 알아챌 수 없었지만 무의식은 그 메시지를 접수했다. 그들은 식역하 메시지가 말하는 대로 "해!"를 외쳤고, 자신들의 턱밑에 총을 쏘았다. 결과는 비극이었다. 이 비극의 주인공들은 자신의 행동의 이유를 모른다. 그들의 행동을 조종한 것은 음악 속에 심긴 '사악한' 식역하 메시지였다.

이런 메시지에 노출된다면 누구도 온전할 수가 없다. 이런 인간 조종이 왜 불법으로 간주되어야 하는지에 대해서는 긴 설명이 필요 없다. 인간은 이성적인 존재다. 그러나 인간의 이성은 이런 인위적인 조작과 조종 앞에서도 힘없이 무너진다.

우리 뇌 속의 난쟁이, 호문쿨루스의 손은 왜 몸통보다 클까?

손은 신체의 극히 작은 부분이다. 하지만 한 사람의 생명은 '손에 달려 있다.'라고 해도 과언이 아닐 만큼 손의 중요성은 심대하다. 손이 하는 일을 대충 열거해 보자. 손은 먹을 것을 사냥한다. 농사를 한다. 요리를 한다. 글씨를 쓰고, 악기를 연주하며, 실험을 하고, 운동을 한다. 차를 몰기도 하고 아이에게 젖을 물리기도 한다. 손은 적을 찌르고 적의 칼날을 막는다. 그러나 뭐니 뭐니 해도 손의 가장 큰 기능 중의 하나는 도구의 제작이다. 모든 도구가 손의 도움으로 만들어진다고 해도 과언이 아니다. 각종 과학적·문화적 창조물이 손을 통해 만들어졌으니 손이야말로 인류 문명 창조의 일등공신이라 할 수 있다. 이런 중요성을 감안할 때 손을 움직이는 신경이 뇌 속에 있다면 다른 부위를 움직이는 신경보다 상대적으로 커다란 면적을 차지할 것이라 짐작할 수 있다.

손 다음으로 중요한 신체 기관은 입이다. 입은 먹어야 할지 먹지 말아야 할지를 결정하는 감별 기관이기도 하다. 그 감별의 결과에 따라 생명이 좌지우지될 수도 있으니 그 중요성을 감안한다면 입은 손에 버금간다고 할 수 있다. 혀와 입을 움직여야 말을 할 수 있으니 입은 언어를 만드는 기관으로서도 그 중요성을 가볍게 볼 수 없다. 당연히 입과 관련된 뇌의 크기도 클 수밖에 없다. 인간의 운동 및 감각 중추인 대뇌피질에 있는 통제실의 크기는 지배하는 근육의 크기에 따라서가 아니라 운동의 정밀도와 복잡도에 따라 정해진다. 다시 말해 인간의 경우 다리를 통제하는 뇌 영역의 크기보다 손이나 입을 통제하는 뇌 영역이 더 크다는 것이다. 인간의 몸을 지배하는 뇌 영역의 크기에 따라 사람을 그려 보면 몸통보다 손과 입이 큰 기형적인 사람이 된다. 이런 기형적인 작은 사람, '호문쿨루스(homunculus)'를 고안한 이는 캐나다의 뛰어난 신경외과 의사였던 와일더 펜필드다.

인간의 머리엔 눈과 코, 귀와 같은 감각기관이 몰려 있고, 그 감각기관들은 인간의 생존에 필수적인 것이니 상대적으로 그 중요성도 몸통보다 크다고 할 수 있다. 호문쿨루스의 머리가 몸통보다 큰 우스운 모습을 하고 있는 것도 감각기관들이 머리통에 몰려 있기 때문이다.

우리의 손이 작동하면 뇌 속의 손을 통제하는 영역, 곧 호문쿨루스의 손이 작동하는 셈이고, 우리의 입이 작동하면 뇌 속의 입을 통제하는 호문쿨루스의 입이 작동하는 셈이다. 반대로 뇌 속의 손을 통제하는 부분을 자극하면 실제의 손이 움직인다. 비유적으로 말하자면 내 뇌 속의 인간 호문쿨루스의 손을 움직이면 내 몸의 일부인 손도 움직인다. 내 손의 움직임은 곧 내 뇌 속의 특정 부위에 대한

호문쿨루스는 난쟁이를 뜻하는 라틴어로 뇌 속의 신체 지도라고 할 수 있다. 인간의 대뇌와 신체 각 부위 간의 연관성을 밝힌 호문쿨루스는 뇌와 몸 사이의 밀접한 관계를 보여 준다.

자극인 셈이다.

호문쿨루스는 자극에 따라 바뀌는 것으로 알려져 있다. 세계적인 뇌과학의 권위자 빌라야누르 라마찬드란 박사는 그의 저서《라마찬드란 박사의 두뇌 실험실》에서 '환상사지'라는 희귀병을 가진 사람들을 소개한다. 이 사람들은 사고로 팔다리를 잃은 후에도 팔다리의 감각을 계속 갖고 있는 사람들이다. 쉽게 말해 팔다리를 잃었는데도 팔다리에 가려움증이나 통증을 느끼는 것이다. 이를 호문쿨루스의 관점에서 설명하자면, 감각과 연결된 대뇌피질이 사고 후에도 존재하므로 계속 활성화되어 감각이 사라지지 않는 것이라 할 수 있다. 그러나 사지 절단으로 인해 사용하지 않게 되는 뇌의 부위는 점차 다른 피질 영역에 동화되기 시작한다. 따라서 시간이

지나면 호문쿨루스의 손의 영역이 입에 동화될 수도 있다. 그렇게 되면 입을 통제하는 뇌의 영역에서 손의 통증 신호가 나타나기도 한다.

18

내 몸속 판단의 스위치는 누가 작동시킬까?

우뇌와 좌뇌가 분리되면 어떤 일이 벌어질까?

우리가 말을 할 때 좌뇌와 우뇌 중 어떤 쪽이 작동할까? 일반적으로 우뇌는 시공간 처리 능력이 뛰어난 데 비해 언어 표현 능력이 약하고, 좌뇌에는 언어 및 논리 추론 구성 능력이 집중되어 있다고 알려져 있다. 좌뇌는 주어진 정보를 가지고 스스로가 이해할 수 있는 논리와 스토리를 만들어 낸다.

좌뇌와 우뇌는 뇌량(corpus callosum)에 의해 서로 연결되어 있다. 1960년대 중반에 간질 환자들은 아무리 약을 써도 경련이 조절되지 않아, 최후의 수단으로 뇌량을 절제하는 수술을 받기도 했다. 좌뇌와 우뇌를 연결하는 뇌량을 절제하면 '분할 뇌(split brain)'가 된다. 분할 뇌를 집중적으로 연구한 이는 캘리포니아 공과대학의 로저 스페리 교수였다. 그와 공동으로 분할 뇌를 연구한 학자가 세계적인 뇌과학의 권위자인 마이클 가자니가다. 실험의 내용은 울산 의과대학 신경과 교수인 강동화의 《나쁜 뇌를 써라》에 잘 소개되어 있다. 이를 간추려 보자.

마이클 가자니가는 분할 뇌 환자의 오른쪽 시야와 왼쪽 시야에 각각 물건을 보여 주며 무엇이 보이느냐고 질문한다. 오른쪽 시야의 정보는 좌뇌 시각피질에서 처리하고, 왼쪽 시야의 정보는 우뇌 시각피질에서 처리한다. 따라서 오른쪽 시야에 반지를 보여 주면 그 정보는 좌뇌 시각피질로 입력된 뒤, 언어 기능을 담당하는 좌뇌 앞쪽으로 전송되어 환자가 "반지."라고 대답한다.

문제는 다음이다. 이번에는 왼쪽 시야에 열쇠를 보여 준다. 열쇠는 우뇌 시각피질에서 제대로 인식된다. 그러나 그 정보가 뇌량을 통해 언어를 담당하는 좌뇌 쪽으로 건너가지 못한다. 이때 환자에게 무엇이 보이느냐고 물으면 환자는 "아무것도 보이지 않는다."라고 답한다. 우뇌는 열쇠를 보았지만 이 정보가 언어를 담당하는 좌뇌로 전달되지 못했기 때문이다. 그러나 방금 본 것을 왼손으로 집어 보라고 하면 왼손은 열쇠를 제대로 집어 낼 수 있다. 우뇌 시각피질로 들어간 열쇠 정보가 우뇌 운동피질로 전해져 왼손이 열쇠를 집을 수 있기 때문이다. 왼쪽 팔다리의 운동 및 감각 기능은 우뇌가, 오른쪽 팔다리의 운동 및 감각 기능은 좌뇌가 맡는다.

놀라운 것은 다음 실험이다. 뇌량이 절단된 분할 뇌 환자에게 두 장의 그림을 각각 한쪽 눈에 보여 준다. 오른쪽 눈으로는 닭발을, 왼쪽 눈으로는 눈 덮인 풍경만을 볼 수 있도록 말이다. 그런 다음 이번에는 두 눈으로 다 볼 수 있게 여러 장의 그림을 보여 주면서, 앞에서 본 그림과 연관돼 있는 그림을 한 장씩 고르게 했다. 그러자 환자는 왼손으로는 삽을 오른손으로는 닭을 선택했다.

이때 왜 닭 그림과 삽 그림을 선택했느냐고 그 이유를 묻자 분할 뇌 환자는 닭을 선택한 이유는 쉽게 대답했다. 언어적·논리적 추론이 가능한, 언어중추가 있는 좌뇌는 닭발에서 닭을 쉽게 유추할 수 있었기 때문이다. 그러나 삽을 선택한 이유에 대해서는 "닭장을 치우기 위해서."라고 엉뚱한 답변을 했다. 왜 이런 엉뚱한 답을 했을까? 이것이 분할 뇌 이해의 핵심이다. 주의를 집중해 보자.

좌뇌와 우뇌가 뇌량으로 연결된 정상인이었다면 눈 덮인 풍경을 봤기 때문에 삽을 선택했다고 말할 것이다. 그런데 언어를 담당하는 좌뇌는 눈 덮인 풍경을 보지 못했다. 좌뇌가 본 것은 닭발이고, 좌뇌가 가리키라고 한 것은 닭 머리다. 그런데 분할 뇌 환자는 자신이 왼손으로 삽을 가리켰다는 사실을 연구자로부터 들었다. 분할 뇌 환자는 '왜 내 왼손이 삽을 가리키고 있지?'라고 생각한다. 자신이 한 행동과 믿음이 일치하지 않는다. 그러나 좌뇌는 자신이 그렇게 행동한 데는 그럴 만한 이유가 있다고 생각하고 그럴듯한 이유를 찾아낸다. "닭장을 치우기 위해 삽을 들었다."라는 대답이 그

것이다. 왜 좌뇌는 삽을 고른 이유에 대해서 "잘 모른다."라고 하지 않고 "닭장을 치우기 위해서."라는 답을 둘러댔을까?

이성이 감정의 주인인가, 감정이 이성의 주인인가?

최현석의 저서《인간의 모든 감정》도 분할 뇌 환자의 사례를 소개한다. 분할 뇌 환자는 왼쪽 시야(우뇌)에 비춰지는 단어가 가지는 느낌이 좋은 것인지 싫은 것인지를 표현할 수 있다. 그러나 그 단어를 소리 내 읽는다거나 그 의미를 말하지는 못했다. 언어적 중추가 있는 좌뇌가 작동되지 못했기 때문이다.

분할 뇌 환자의 왼쪽 시야(우뇌)에 '엄마'라는 단어를 제시하자 환자는 "좋다."고 말했다. 누구냐고 묻는다면 우뇌에는 언어중추가 없으므로 '엄마'라고 답하지 못할 것이다. 그런데도 분할 뇌 환자는 "좋다."라고 답했다. 왜 이런 일이 생겼을까? '엄마'라고 답하려면 우뇌가 본 정보가 좌뇌로 넘어가야 한다. 그러나 뇌량이 절단된 분할 뇌 환자에게서는 우뇌가 본 정보가 좌뇌로 넘어가지 못한다. 좌뇌가 언어 처리를 못하니 분할 뇌 환자는 그가 본 사람이 '엄마'라고 답할 수가 없다. 그렇다면 "좋다."라는 답은 어떻게 가능했던 것일까. 답은 마이클 가자니가의 책《왜 인간인가》에 있다.

분리 뇌(분할 뇌) 환자들을 시험한 결과 무의식적 반응에는 양쪽 뇌가 모두 관여하는 반면 의식적 반응에는 좌뇌만 관여한다는 것을 밝혀냈다.

'좋다'는 언어적 반응이기 이전에 무의식적인 감정의 반응이다. 왼쪽 시야(우뇌)가 엄마를 보았기 때문에 '엄마'라는 언어 처리 결과를 만들어 낼 수 없었지만 우뇌와 좌뇌 모두 '엄마'로부터 비롯되는 감정은 만들어 낼 수 있었고, 그 감정을 바탕으로 좌뇌는 '좋다.'라는 언어적 표현을 만들어 낸 것이다. 다시 말해 좌뇌는 자극의 내용이 무엇인지도 모르는 채 그 자극으로 인한 감정을 느낀다. 평소 엄마와 환자와의 사이가 좋았다면 좌뇌는 '좋다.'라고 표현했을 것이고, 엄마와 환자와의 사이가 나빴다면 좌뇌는 '나쁘다.'라고 표현했을 것이다.

분할 뇌 환자의 왼쪽 시야에 아이스크림을 보여 주고 무엇이냐고 물으면 대답을 못 할 것이다. 그러나 아이스크림과 관련된 감정적 질문, 가령 좋아하느냐는 질문을 던지면 분할 뇌 환자는 답을 할 것이다. '좋다.' 또는 '나쁘다.'라고. 이때, 분할 뇌 환자에게 질문을 던져 보자. "당신은 왜 당신의 왼쪽 시야에 비친 것을 좋아하느냐?" 그러면 분할 뇌 환자는 자신이 본 것이 아이스크림이라는 것을 모르니 별별 이유를 다 가져다 댈 것이다. 그러나 그가 장황하게 떠벌리는 말들은 무의식적인 감정을 합리화하기 위한 의식적인 거짓말인 셈이다. 물론 본인은 자신이 진실을 말하고 있을 뿐, 거짓말을 하고 있다고 생각하지는 않을 것이다. 이 경우, 그의 좌뇌가 만들어 내는 이성적인 논변(論辯)들은 감정을 합리화하기 위한 수단에 불과하다고 할 수 있다.

우리는 어떤 문제에 대해 이성적으로 판단하고 이성적으로 의사 결정을 했다고 생각할지 모르지만, 사실 그 선택은 무의식적으로 이루어진 것일 경우가 많다. 예를 들어 보자. 식당에 갔을 때 식당이 텅 비어 있으면 사람들은 대부분 구석으로 간다. 식당의 한복판에 앉지 않고 왜 구석에 앉을까? 우리는 그러한 결정이 의식적 결정이라고 생각할지 모르지만 이를 무의식의 결과로 보는 것이 조경 연구자 제이 애플턴의 '조망과 피신(prospect and refuge)' 이론이다. 이 이론은 아직 국내에 책으로 번역되어 소개되지는 않았지만 그 내용은 전중환의 《오래된 연장통》에 잘 소개되어 있다.

우리는 왜 식당에서 구석진 자리를 선호하는 것일까?

결론부터 말하자면 우리가 텅 빈 식당에 들어가 굳이 구석진 자리로 가는 것은 우리의 뇌가 안전한 것을 추구하게끔 진화되었고, 이로 인해 무의식적으로 가장 안전한 구석진 곳을 찾아가도록 설계되었기 때문이다. 애플턴은 인간의 뇌는 남들에게 들키지 않고 바깥을 내다볼 수 있는 곳을 선호하도록 진화했다고 주장한다. 장애물에 가리지 않는 곳은 시야가 열려 있어 먹이를 찾거나 포식자가 다가오는 것을 알아차리는 데 유리하다. 눈이 달려 있지 않은 머리 위나 등 뒤를 가려 주는 피난처는 포식자로부터의 위험을 피할 수 있는 좋은 공간이다. 동굴이나 나무 위의 집, 절벽에 세워진 성채 등은 모두 조망과 피신을 동시에 제공하기 때문에 매력적인 장소가 된다. 반대로 사방이 탁 트인 곳은 적으로부터의 공격에 취약하다.

바로 이런 장소가 광장이다. 미국 국립정신건강연구소의 발표에 따르면 미국 성인 중 180만 명이 광장공포증(agoraphobia)을 가지고 있다고 한다. 광장은 타인의 시선에 무방비로 열려 있는 곳이다. 당연히 이런 곳에서는 안전을 보장받을 수 없다. 그러나 언저리는 어떤가. 적어도 한쪽 이상은 가려져 있다. 식당 한가운데서 식당 전체를 보려면 사방으로 고개를 돌려야 하지만 식당 언저리에서는 힘들이지 않고도 한눈에 식당 전체를 볼 수 있다. 다시 말해 조망과 안전을 동시에 확보할 수 있는 곳이 언저리라는 이야기다.

진화심리학자 전중환에 따르면 구석을 선호하는 무의식적 심리가 우리의 몸을 보호하기 위해 장착된 일종의 '오래된 연장'이고, 우리의 몸은 생존에 필요한 도구들이 들어 있는 일종의 '연장통'에 비유할 수 있다는 것이다.

진화심리학자들은 공포나 불안 같은 정서, 아름다움에 대한 감각, 음식이나 맛에 대한 감각, 장소에 대한 선호, 이야기에 대한 본능 등이 모두 인간의 적응에 도움을 주는 연장이라고 본다. 그 연장은 의식이 아닌 무의식에 의해 작동된다는 것이 진화심리학자들의 주장이다. 그러나 우리들은 우리 몸속에 장착된 '오래된 연장'의 스위치를 마치 우리의 이성이 켜는 것으로 착각한다.

순간적인 판단은 믿을 만한 것인가?

'변덕이 죽 끓는 듯하다.'는 속담이 말하는 것은 무엇일까. 감정은 변하기 쉽다는 말이다. 이랬다저랬다 하는 것이 사람의 마음이다. 처음 봤을 때 마음에 들었던 사람도 자꾸 보니까 싫증이 나기도 하고 그 반대의 경우도 있다. 이렇게 시시각각으로 달라지는 감정을 판단의 기준으로 삼는 것은 어리석은 것이 아닐까. 흄은 도덕적 판단마저도 감정이 해내는 일이라고 하지만 감정을 올바른 판단의 기준으로 삼기에는 무언가 석연치가 않다. 의사 결정의 순간에 감정을 배제하라는 것이 우리가 숱하게 들어 왔던 충고이기 때문이다. 그러나 많은 학자들이 감정과 같은 직관적 판단을 과소평가하지 말라고 주장한다.

2004년 미국 프린스턴 대학 심리학과 알렉산더 토도로프 교수 팀은 대학생들에게 위스콘신 주 하원 의원 선거에서 경합을 벌였던 민주당과 공화당 후보들의 선거 출마용 사진을 보여 주었다. 그러고 나서 그들의 능력을 평가해 점수를 매겨 달라고 했다.

학생들은 1초라는 짧은 시간 동안 사진 속 얼굴들을 보고 점수를 줬음에도 불구하고, 이들이 평가한 점수는 실제 선거에서 각 후보자가 얻은 득표수와 비슷했다. 이 결과가 말해 주는 것은 무엇인가. 국가의 중대한 정치적 의사 결정에서도 후보자의 외모를 보고 내리는 직관적 판단이 큰 영향을 미친다는 것이다.

이렇게 짧은 시간 안에 이루어지는 첫인상을 얼마나 믿을 수 있을까? 미국 터프츠 대학 심리학과 낼리니 앰베디 교수 팀은 2008년《실험사회심리학회》에 의식적으로 알아차릴 수 없을 만큼 짧은 순간 상대방의 얼굴을 보더라도 그 사람의 특성을 상당히 정확히 예측한다는 내용의 논문을 발표했다.

연구 팀은 실험 참가자들에게 시간의 길이를 달리하면서 사람들 사진을 보여 주고 사진 속 사람이 이성애자인지 동성애자인지를 가려내게 하는 실험을 했다. 그 결과 참가자들은 0.05초라는 짧은 시간 동안만 사진이 제시되더라도 실제 그 사람의 성적 취향을 우연 수준 이상으로 가려낼 수 있었다.

이번에는 참가자들에게 대중적으로 잘 알려지지 않은 회사들의 최고 경영자 얼굴 사진을 보여 준 뒤, 그들의 경영 능력을 점수로 매기게 했다. 그 결과 이들이 최고 경영자의 얼굴만 보고 평가한 경영 능력 점수가 회사의 실제 연 매출액과 높은 상관관계를 보였다. 앰베디 교수는 이런 실험 결과를 토대로 첫인상이 사람에 대한 평가에서 상당히 정확한 예측력을 갖는다고 주장했다.

첫인상으로 사람을 판단하는 일은 일종의 모험일 수 있다. 그 사람에 대한 느낌이나 감정, 직관으로 사람을 판단하는 일이기 때문이다. 그럼에도 우리는 어떤 사물이나 사건을 직관으로 순간적으로 판단할 때가 왕왕 있다. 그러나《블링크》의 저자인 말콤 글래드웰은 이런 순간적인 판단을 신뢰하라고 말한다. '블링크'는 2초 안에 일어나는 순간적인 판단(snap judgement)을 말하며 이러한 순간적인 판단은 우리의 무의식의 영역에서 일어나는 문제 해결 방식으로 통상 '직관'이라고 할 수 있다. 그는 이 직관을 신뢰하라고 한다. 물론 모든 직감이 옳은 것은 아니다. 그러나 수많은 경험과 공부와 훈련을 통해서 얻을 수 있는 순간적인 직관은 신뢰할 가치가 있다는 것이 그의 주장이다. 이 책이 소개하는 사례를 보자.

1983년 9월, 장 프랑코 베치나란 미술상이 미국 캘리포니아 폴

게티 박물관을 찾아왔다. 이른바 '쿠로스상'으로 알려진 기원전 6세기의 대리석상을 소장하고 있다는 것이었다. 미술상은 1,000만달러를 요구했다. 박물관은 철저한 조사에 들어갔다. 전자현미경과 마이크로분석기, 질량분석계 등 첨단 기계와 지질학자, 변호사 등 전문가의 도움을 받아 14개월간의 조사 끝에 '진품'이라고 결정하고 구입을 결정했다.

하지만 이 석상은 얼마 후 가짜임이 드러났다. 가짜 판정의 시초를 제공한 것은 박물관 운영 위원이었던 해리슨이 조각상을 본 순간 그의 뇌리를 스쳐 간 '무언가 미심쩍다.'는 직관적인 반발이었다. 메트로폴리탄 박물관장을 지낸 토머스 하빙도 큐레이터가 덮개를 벗기는 순간 '새것(fresh)'이란 단어를 떠올렸다고 뒷날 회상했다. 조각상은 결국 1980년대 로마의 모조품 제작소에서 만든 것으로 밝혀졌다.

책이 소개하는 또 하나의 사례를 보자. 2000년 미국에서 2억 5,000만달러를 투입해 이라크전 모의 훈련을 진행했다. 미군인 청팀은 고성능 위성과 슈퍼컴퓨터, 첨단 프로그램을 사용해 이라크군인 홍팀을 압박했다. 당연히 청팀이 이겨야 하는 시뮬레이션이었다. 하지만 결과는 반대였다. 방해 전파를 통해 홍팀의 지휘 체계와 관제 시스템을 무력화했지만 홍팀의 폴 라이퍼 중령은 수공업적인 명령 전달과 조명을 이용한 비행기 이착륙으로 별 문제를 겪지 않았고, 청팀의 함정 십수 척이 침몰했다. 결국 폴 라이퍼 중령이 지휘한 홍팀이 승리를 거두었다.

이 결과를 두고 말콤 글래드웰은 이렇게 분석한다. 정보가 많다고 해서 반드시 올바른 결정을 내리는 것은 아니라고. 홍팀이 어디로 움직이는지 위성을 통해 실시간으로 파악하는 등 청팀에는 모든 정보가 있었다. 하지만 청팀은 정보를 분석하고 심사숙고하여 내린 결정을 실행하기까지 시간이 필요했다. 반면 홍팀의 라이퍼 중령은, 정보가 들어오는 동시에 판단하고 즉각 군대를 움직였다. 청팀이 결정을 내리고 행동으로 옮겼을 때, 이미 상황은 바뀐 뒤였다. 첨단 무기와 시스템보다는 빠른 결정과 행동이 더욱 중요했다는 것이다.

전문가들의 직관은 단순히 감정적인 것이 아니라 오랜 경험과 연륜에서 생겨난 것이다. 세계 농구 역사상 가장 위대한 농구 선수로 평가받는 마이클 조던이 3점 슛을 던질 때, 분석과 계산이 앞서겠는가. 머리가 앞서면 몸은 멈칫하고 몸이 멈칫하면 일이 뒤틀린다. 정상급의 프로들은 '감'으로 던진다. 야구 선수들도 마찬가지다. 감으로 던지고 감으로 때린다.

메이저리그 투수가 공을 던지면 마운드에서 홈플레이트까지 0.35초가 걸린다. 타자가 방망이를 휘두르는 데 걸리는 시간은 약 0.25초다. 결국 타자의 두뇌는 0.1초 만에 방망이를 휘둘러야 할지 말아야 할지 결정해야 한다. 그렇다면 메이저리그 선수들은 어떻게 그렇게 빠른 공을 칠 수 있을까. 조나 레러의《탁월한 결정의 비밀》에 그 비법이 소개되어 있다.

답은 공이 투수의 손을 떠나기 오래전부터 뇌는 정보를 수집하기 시작한다는 것이다. 투수가 와인드업을 하자마자 타자는 자동적으로 여러 가지 예측 단서들을 포착한다. 투수가 손목을 비트는 것은 커브볼이 날아올 것이라는 예측 단서고, 팔꿈치를 직각으로 고정하는 것은 빠른 직구가 날아올 것이라는 예측 단서다. 투수가 손가락 관절로 공을 잡는 것은 이리저리 흔들리는 너클볼이 날아올 것이라는 예측 단서고, 투수가 두 손가락을 야구공 솔기에 갖다 대는 것은 직구처럼 빠르게 들어오다 타자 앞에서 미끄러지듯이 바깥쪽으로 약간 회전을 하며 휘어져 나가는 볼, 즉 슬라이더가 날아올 것이라는 예측 단서다. 물론 타자는 그 모든 정보를 의식적으로 연구할 수는 없다. 하지만 타자의 행동은 그런 정보에 입각해 이루어진다. 감은 그렇게 생겨나는 것이다. 그것은 오랜 훈련과 경험의 결과다. 바로 그것을 믿으라는 것이 《블링크》의 저자 말콤 글래드웰의 충고다.

19

인간은 고정관념의 노예다

똑똑한 벌이 왜 그렇게 어리석은 행동을 할까?

'각주구검(刻舟求劍)'은 인간의 어리석은 행위를 일컫는 말 중의 하나다. 한자를 풀어 보면 '배에 새겨서 칼을 구한다.'라는 뜻이다. 이 말이 생긴 배경을 보자.

전국시대 때, 초나라의 한 젊은이가 양쯔강을 건너기 위해 배를 탔다. 그는 배가 강 한가운데에 이르렀을 때 실수로 손에 들고 있던 칼을 강물에 떨어뜨리고 말았다. 젊은이는 어찌할 바를 모르고 발을 굴렀지만 이내 뱃전으로 달려가 단검을 빼 들고는 칼을 떨어뜨린 뱃전에 표시를 해 놓았다. 이윽고 배가 건너편 나루터에 도착하자 젊은이는 옷을 벗어 던지고는 칼로 표시를 해 두었던 뱃전 밑으로 뛰어들었다. 그러고는 칼을 찾기 위해 강바닥을 뒤지기 시작했다. 그러나 칼이 그곳에 있을 까닭이 없었다. 이런 배경에서 생겨난 '각주구검'은 '사리에 어둡고 융통성이 없다.'는 의미로 쓰인다.

각주구검과 비슷한 뜻으로 '수주대토(守株待兎)'란 말도 있다. 한자를 풀면 '그루터기를 지키며 토끼를 기다린다.'는 뜻이다. 이 말이 생긴 배경을 보자.

옛날 송나라에 어떤 농부가 있었다. 하루는 밭에서 일을 하는데 토끼 한 마리가 황급히 뛰어가다가 나무 그루터기에 부딪혀 죽는 것을 보게 되었다. 농부는 죽은 토끼를 장에 내다 팔고 돌아오면서 '힘들게 농사를 짓느니 그루터기를 지키고 있으면 또다시 토끼가 그루터기에 부딪히게 될 테니 오늘부터는 그루터기를 지키고 있는 것이 좋겠다.'라고 생각했다. 다음 날부터 농부는 밭에 나가서 씨를 뿌리지도 김을 매지도 않고 그루터기만 바라보며 앉아서 토끼가 잡히기만 기다렸다. 그러나 토끼는 두 번 다시 나타나지 않았고, 어느덧 밭은 잡초가 우거진 황무지가 되어 버렸다.

사물과 현상을 다각도에서 생각해 보는 것이 유연한 사고의 핵심이다. 초나라의 젊은이와 송나라의 농부에게 부족한 것이 바로 생각의 유연성이다. 초나라의 젊은이처럼 칼을 떨어뜨린 어떤 한 지점에 생각을 고정하면 사태를 유연하게 파악할 수 없다. 생각의 유연성은 그 일이 일어난 상황과 맥락을 살피는 데서 생긴다. 앙리 파브르의 《파브르의 곤충기》에는 이런 사고의 유연성이 부족한 벌의 모습이 실려 있다.

노래기벌은 자신의 먹이인 바구미를 절대로 죽이지 않는다. 먹이를 싱싱한 채로 보관하려면 죽여서는 안 되기 때문이다. 그렇다면 어떻게 할까? 냉장고나 방부제를 사용할까? 아니다. 정확하게 운동중추를 공격해 먹이의 생명은 건드리지 않고 운동 능력만 마비시킨다. 바구미의 앞다리와 가운뎃다리 사이 앞가슴 이음매를 노래기벌은 노련한 킬러답게 정확하게 찌른다. 경험하거나 배운 적도 없다. 그러나 실수는 없다. 공격을 받은 바구미는 신경조직이 마비되어 일체의 운동 능력을 상실한다. 파브르는 말한다. "벌은 가장 치명적인 곳, 즉 곤충의 해부학적 구조에 통달한 학자가 아니면 집어낼 수 없는 그런 곳을 택해서 거기에만 침을 놓는다."

조롱박벌은 먹이인 귀뚜라미의 몸을 세 번 찌른다. 머리 밑, 앞가슴 뒤쪽, 배가 연결된 부분이 바로 그곳이다. 조롱박벌은 귀뚜라미의 신경조직을 마비시킬 세 군데를 누가 가르쳐 주지도 않았는데 어찌 알았을까? 본능이 그렇게 시켰다는 것이 파브르의 설명이다.

조롱박벌은 땅 밑의 둥지 속에 신경조직이 마비된 먹이를 묻어 두고 거기에 알을 낳는다. 알에서 깨어난 애벌레가 신선한 먹이를 먹도록 하기 위해서다. 먹이도 마련하고 알도 다 낳았다고 생각한 조롱박벌은 입구를 막는 공사를 한다. 이때 관찰자(파브르)는 벌을 물러나게 한 다음 굴의 통로를 드러나게 해서 핀셋으로 굴속에서 먹이를 꺼낸다. 그러고 나서 조롱박벌에게 다시 둥지를 인계한다.

문이 열린 것을 본 조롱박벌은 빈집으로 들어가 안을 샅샅이 살핀다. 먹이는 사라졌다. 아무것도 없으니 외적의 침입에 대비해 입구를 막는 공사도 필요가 없다. 그러나 조롱박벌은 입구를 막는 공사를 미련하게 감행한다. 조롱박벌은 왜 이런 미련한 행동을 했을까? 파브르는 조롱박벌에게는 방을 검사했으면 그 다음엔 입구를 막는다는 두 가지 일련의 행동이 고정되어 있기 때문이라고 설명한다. 방을 검사했다면 다음엔 방의 입구를 막아라. 먹이가 사라졌건 말건, 상황이 바뀌었건 말건 상관하지 않는다. 조롱박벌의 행동에 대한 파브르의 의견은 이렇다.

> 조롱박벌의 일반적인 행동 순서를 보면, 먹을 거리를 사냥하고, 그 희생물 위에 알을 낳고, 굴속 깊이 보관한다. 이제 사냥은 끝났다. 비록 내가 그 방에서 먹이를 들어냈어도 벌로서는 상관없는 일이다. 그는 이미 사냥을 끝냈고, 거기에 알도 낳았으니 이번에 출입문을 닫을 차례이다. 벌레는 이런 식으로 일한다. 다른 생각은 할 것도 없다. 지금 하는 일이 쓸데없는 짓인지 의심할 필요도 없다.

곤충들의 어리석음을 보여 주는 《파브르의 곤충기》의 또 다른 장면이다. 땅벌이 집을 빠져나와 꿀을 모으고 꽃을 찾아 일터로 나간 사이에 파브르는 땅벌 집의 입구를 돌로 막는다. 일을 마친 땅벌은 집으로 돌아와 돌 위에서 움직이지 않는다. 왜? 돌이 있는 자리가 바로 자기 집의 입구이기 때문이다. 파브르는 벌집의 입구는 돌로 막아 놓은 채 벌집 입구 주변의 땅을 파서 벌이 다른 쪽으로도 제집에 드나들 수 있게 했다. 그러나 벌에게는 융통성이 없었다. 입구에 얹힌 돌 위에서 '여기가 내 집인데 어찌 된 겨.'만을 연발할 뿐이었다. 땅벌은 '각주구검' 고사의 주인공처럼 변화된 상황을 인식하지 못하고 과거의 상황에만 고착된 행동을 보였던 것이다.

동물들의 행동을 설명해 주는 고정행동 유형

회색기러기는 둥지에 앉아 알을 품고 있다가 둥지 밖에 알이 놓여 있는 것을 발견하면 목을 빼서 부리 아랫면으로 알을 굴려 둥지로 가져온다. 사람처럼 손으로 알을 집어 들고 올 수 없으니 부리로 알을 굴려 몰고 오는 것이다. 쥐면 깨질세라, 불면 꺼질세라 조심스럽게 알을 몰고 가는 건 누가 봐도 기특하다. 그러나 알을 굴리는 중간에 사람이 알을 들어 내 버려도 마치 알이 그대로 있는 듯 둥지까지 알을 굴리는 행동을 계속한다. 상황이 바뀌어도 아랑곳하지 않는다. 알이 둥지 밖에 있다면 그다음 행동은 이미 고정되어 있다.

유충의 일종인 행렬애벌레도 이와 비슷한 행동을 한다. 행렬애벌레는 맨 앞의 애벌레를 무조건 뒤따르는 특성을 갖고 있다. 주위에 무엇이 있는지 신경쓰지 않고 오로지 앞에 있는 애벌레의 뒤꽁무니만 쫓아간다.

곤충을 주인공으로 한 영화 〈마이크로 코스모스〉에는 '참나무솔나방애벌레'가 등장한다. 송충이처럼 온몸에 털이 돋은 애벌레인데 이동을 할 때 한 줄로 꼬리에 꼬리를 물고 이동을 한다. 멀리서 보면 한 마리의 뱀이 이동하는 모습과 흡사하다. 바로 뱀이 이동하는 모습처럼 보이려고 하는 것이 참나무솔나방애벌레의 이동 전략이다. 그렇다면 이 이동 전략은 애벌레의 머리에서 나온 계산일까. 전혀 그렇지 않다. 이 또한 일종의 본능이다. 거기에는 일체의 유연성이 없다. 가끔 긴 행렬을 이루고 가는 애벌레 그룹이 다른 그룹을 만났을 때 서로 엉켜 커다란 원이 되는 경우도 있다. 이때 누군가가 둥근 행렬을 흩어놓기 전까지 참나무솔나방애벌레는 계속해서 빙빙 돌기만 한다.

《파브르의 곤충기》에도 이와 비슷한 이야기가 나온다. 파브르는 이 애벌레 몇 마리를 화분 테두리 위에 나란히 올려놓아 본다. 그런데 애벌레들은 둥근 화분의 테두리에서 앞서가는 한 마리를 따라 계속 빙빙 돌다가 며칠 만에 모두 지쳐서 죽고 말았다. 주위에 싱싱한 잎사귀도 있어 먹을 것이 얼마든지 있는데도 앞선 자를 따르라는 본능에만 충실하다 죽음을 맞게 되는 것이다.

로버트 치알디니의 책 《설득의 심리학》도 융통성 없는 동물의 이야기로 시작한다. 어미 칠면조가 새끼를 기를 때는 새끼 칠면조의 '칩칩' 소리가 있어야만 자기 새끼를 돌본다. 냄새나 신체 접촉, 생김새는 어미 칠면조에게 아무런 자극을 주지 못한다. 어미 칠면조의 모성적 본능은 '칩칩'이라는 소리 하나에 마치 자동인형처럼 작동한다. 심지어는 칠면조와 천적 관계에 있는 족제비의 박제에 녹음기를 내장해 새끼 칠면조의 '칩칩' 소리를 내게 하면 어미 칠면조는 박제 족제비를 자기 새끼라고 생각하고 품에 안기까지 한다.

'칩칩' 소리와 새끼를 돌보는 행위가 고정되어 버린 것이다. 이를 '고정행동 유형(fixed-action patterns)'이라 한다. 《파브르의 곤충기》에 나오는 벌들의 어리석음도, 〈마이크로 코스모스〉에 나오는 '참나무솔나방애벌레'들의 융통성 없는 행동도 모두 '고정행동 유형'으로 설명할 수 있다.

고정행동 유형의 가장 선형적인 예는 틴베르헌이라는 학자가 연구한 큰가시고기라는 물고기의 행동이다. 큰가시고기 수컷은 산란기가 되면 배 바닥이 붉은 혼인색(婚姻色)을 띤다. 암컷과의 교미에서 수컷들은 서로 경쟁자이기 때문에 큰가시고기 수컷들은 만나면 싸움을 하게 된다. 실험자들은 큰가시고기의 텃세를 알아보기 위해서 모형 물고기의 배에다 붉은색 칠을 한 것, 하지 않은 것을 만들어 진짜 수컷 큰가시고기 가까이에 놓아 본다. 배에 붉은 칠을 한 것은 그 모양이 고기를 전혀 닮지 않았는데도 죄다 공격을 받는다. 즉, 모양이나 크기가 공격을 유도한 것이 아니라 '붉은 색깔'이란 자극이 공격을 유도한 것이다. 심지어 큰가시고기는 붉은 칠이 조금 되어 있는 우편배달 차량에도 위협을 가한다. 붉은 것과 공격 행위가 고정되어 버린 것이다. 이는 의식적이거나 지능적인 행위가 아니라 일종의 본능적 행위다.

《설득의 심리학》의 저자 로버트 치알디니는 이런 고정행동 유형이 인간에게도 고정관념의 형태로 존재한다고 주장한다. 인상이 험한 데다 얼굴에 상처까지 있는 사람이 가죽점퍼를 입고 있으면 우리는 경계한다. 반대로 얼굴이 잘생기고 양복에 넥타이를 맨 사람을 보면 경계심이 느슨해진다. 외모로 사람을 판단하지 말라고 하지만 우리는 좀처럼 이러한 고정관념을 떨치기 힘들다. 게다가 우리는 외모가 뛰어난 사람에게 후한 점수를 주기까지 한다.

복면을 쓰고 노래를 하는 가수를 평가하는 TV 프로그램은 한 사람의 얼굴을 가렸을 때 우리의 판단이 어떨지를 보여 준다. 얼굴을 가리면 그의 인기도 알 수 없다. 얼굴을 가리면 그의 소속사도 알 수 없고, 그가 어떤 스캔들의 주인공인지도 알 수 없다. 얼굴을 가리면 그의 성격도, 평판도 알 수 없다. 가수가 복면을 쓰면, 판단자들은 오직 가창력만으로 점수를 줄 수밖에 없다. 복면은 가수의 본질이라고 할 수 있는 가창력만을 두드러지게 하고 외모와 평판이라는 거품을 걷어 버리는 효과를 발휘한다. 복면을 쓰고 노래하는 가수를 평가하는 프로그램은 우리가 얼마나 겉모습에 집착하는지를 역설적으로 알려 주는 프로그램이라고 하겠다.

인간의 유년기가 다른 동물에 비해 긴 이유는?

아르놀트 겔렌은 인간이란 존재의 특성을 '결핍'으로 보았다. 인간은 본질적으로 부족한 존재, 불완전한 존재로 태어난다는 것이 그의 생각이다.

벌새는 1초에 60번 이상 날갯짓을 하고, 개미는 자기 몸무게의 30~40배 무게를 들어올리고, 벼룩은 제 키의 몇십 배 높이를 뛰어오른다. 미물들의 이런 능력에 비한다면 인간의 육체적 능력이란 한심하기 짝이 없다. 맹수처럼 날카로운 이빨이나 발톱도 없고, 독수리의 강인한 부리와 날개도 없으며, 악어처럼 튼튼한 갑옷도 없다. 하물며 원숭이의 날랜 재주도 없다.

송아지는 태어나자마자 걷는다. 그러나 인간은 미성숙한 상태에서 태어난다. 아기는 태어나서 혼자서 앉기까지 6~7개월이 걸리고, 걷기까지 무려 1년 이상 걸린다. 인간은 다른 영장류와 비교할 때 늦게 성장하는 편이어서, 아동기와 청소년기도 침팬지나 원숭이에 비해 두 배나 길다. 유치원에서 대학교까지 교육 기간도 다른 동물에 비해 현저하게 긴 편이다. 왜 그럴까? 정답부터 말하자면 '직립보행' 때문이다.

우선 똑바로 서게 되면 시야가 확대되고, 목을 돌리면 360도까지 볼 수 있게 된다. 사방을 볼 수 있게 되면 자극도 더 많이 받게 된다. 두 발로 서게 되면, 양손이 자유로워져서 물건을 잡고, 도구를 쥐는 등의 행동이 가능하게 된다. 이러한 행동의 명령을 내리는 부분은 대뇌다. 도망치는 먹잇감의 급소를 향해 창을 던진다고 생각해 보자. 먹잇감이 어디로 튈지 움직이는 방향을 예측해야 하고, 그 예측이 끝나면 어느 정도의 힘과 속도로 창을 던져야 할지 계산해야 한다. 사냥에 따르는 이런 계산은 더 큰 두뇌의 용량을 필요로 한다. 직립보행은 손의 자유를 가져오고, 손의 자유는 도구의 발전을 가져오고, 도구의 발전은 더 큰 뇌의 필요성을 야기하게 되는 것이다.

두 발로 꼿꼿이 서면 허리를 똑바로 펴게 되기에 골반의 구조도 변화한다. 골반이 체중을 지탱하다 보니 골반뼈가 두꺼워지고 태아가 어미의 자궁에서 나오는 산도는 좁아지게 된다. 어미의 자궁 안에서 충분히 발육을 한 뒤에 세상에 나와도 되지만 그러면 태아의 머리가 너무 커져 좁아진 산도를 빠져나올 수 없게 되므로 엄마와 아기 모두의 생명이 위험해진다. 하지만 태아가 너무 일찍 태어나면 신체 기관이 아직 미숙하기 때문에 생존 능력이 떨어진다. 자, 이런 딜레마를 인간의 몸은 어떻게 극복했을까? 인간의 두뇌가 제대로 크기 전에 불완전한 아이를 출산하는 '생리적 조산'이 한 방법이다. 태아는 젖을 빠는 등 생존에 필요한 최소한의 반사 능력만을 지닌 채 태어난다. 생존에 필요한 모든 도구와 장치가 태아의 뇌 속에 탑재된다면 용량이 커진 태아의 두뇌는 직립보행으로 좁아진 산모의 골반을 통과할 수 없기 때문이다.

인간의 아기가 다른 영장류 새끼들만큼의 수준을 가지고 태어나기 위해서는 엄마의 배 속에서 18개월은 있어야 한다. 18개월이면 태아의 크기가 여성의 몸이 감당할 수 있는 수준을 훨씬 넘어선다.

인간이 다른 영장류와 비교할 때 늦게 성장하는 이유는 앞서 말한 작은 골반과 머리 크기의 불균형을 해결하기 위한 '생리적 조산'으로 인해 아기가 매우 미성숙한 상태로 태어나기 때문이다. 아기가 혼자서 움직일 수 있을 때까지 어른이 항상 옆에서 아기를 돌봐주지 않으면 안 된다. 이러한 이유로 아이와 부모와의 관계는 장기화되고 긴밀해진다. 아기는 불완전하게 태어난 덕분에, 부모와 더 많이 접촉을 하게 되고, 부모의 애정과 보살핌 아래 자라나게 되는 것이다. 부모의 애정과 보살핌이 없다면 우리는 결핍의 존재에 머무를 수밖에 없다. 한 인간의 성장과 독립은 사랑과 보살핌의 드라마라고 할 수 있다.

20

눈 앞의 마시멜로를 참을 수 있는가?

우리의 의사를 결정짓는 비용편익 분석

스마트폰을 산다고 해 보자. 스마트폰의 가격, 통화 품질, 애프터서비스 등등 고려해야 할 요소가 한두 가지가 아닐 것이다. 여러 조건을 고려한 뒤 우리는 어떤 스마트폰을 사야 할지 최종적으로 의사 결정을 한다. 이때 의사 결정은 소요된 비용과 편익을 비교해 가며 이루어진다. 비용에 비해 얻어지는 이익이 클 때 우리는 구매를 결정한다. 지불되는 비용에 비해 이익이 적거나 불확실할 때는 구매를 유예한다.

초콜릿 하나를 살 때도 지불한 비용에 비례해 얻어질 수 있는 만족(편익, 효용)의 크기를 염두에 둔다. 집을 살 때도 비용에 따르는 편익을 분석하지 않을 수 없다. 천문학적인 예산이 소요되는 댐 건설이나 도로의 건설에는 더욱 비용에 따르는 편익을 생각하지 않을 수 없다. 어떤 사업에 소요되는 비용에 비해 돌아오는 편익이 크다면 그 사업은 타당성이 있는 사업이라고 할 수 있다. 그러나 비용에 비해 돌아오는 편익이 보잘것없다면 그 사업은 마땅히 접어야 한다.

경제학에서는 어떤 사업을 할 때 들어가는 비용과 그 결과로 얻어지는 편익을 비교하는 것을 '비용편익 분석(費用便益分析, cost-benefit analysis)'이라 한다. 도로나 항만 건설, 시설 투자, 주식 투자, 정책의 실시 등 많은 사업이 비용편익 분석을 통해 그 타당성이 검토된다. 비즈니스란 투자한 비용에 따르는 편익을 최대한으로 하겠다는 동기가 만들어 낸다고 해도 과언이 아니다. 비용에 따르는 이익이 큰 결정을 경제학에서는 '합리적' 선택이라고 한다.

1992년 노벨 경제학상을 수상한 게리 베커는 모든 인간은 편익과 비용을 계산해 자신의 이익을 극대화한다고 주장했다. 그는 결혼과 출산과 범죄도 비용편익 분석을 통해 이루어지는 일종의 합리적 경제행위로 보았다. 그는 범죄를 통해 얻는 것과 잃는 것을 따져 보고 금전적 이익이나 심리적 보상 등과 같은 기대 이익이 체포 가능성, 형벌의 크기 등과 같은 기대 비용보다 클 때 범죄를 저지른다고 보았다. 쉽게 말해 범죄를 통해서 얻는 것이 잃는 것보다 많을 때 범죄가 행해진다는 논리다. 그렇다면 어떻게 범죄를 줄일까. 게리 베커는 간단하게 생각했다. 범죄의 기대 비용을 기대 이익보다 높이는 것이 게리 베커가 생각한 범죄를 줄이는 방법이었다. 다시 말해 형벌의 크기를 늘리면 이익보다 비용이 커지기 때문에 범죄가 줄어든다는 것이다.

게리 베커가 범죄경제학을 연구하게 된 계기는 우연한 경험에서 비롯됐다. 그가 컬럼비아 대학에 근무하던 시절, 하루는 강의 시간에 늦어 급하게 주차할 곳을 찾다가 길옆에 불법 주차를 하게 되었다. 불법 주차를 할 것인가 말 것인가. 그는 이 결정에 '비용편익 분석'이 이루어진다고 보았다. 만약 강의를 통해 그가 엄청난 액수의 강사료를 받는다고 가정한다면 강의의 보상적 가치가 커진다. 당연히 강의에 지각하는 것은 보상적 가치의 크기를 줄어들게 할 것이므로 지각은 피해야 할 행위가 되고, 불법 주차는 어렵지 않게 선택된다.

그러나 불법 주차로 인한 벌금이 강사료에 비해 턱없이 높다면 강의에 늦더라도 주차할 곳을 찾아 주차장 주변을 돌아보는 것이 이익이다. 그러나 컬럼비아 대학 근처의 경찰들이 순찰을 소홀히 한다면 불법 주차 단속에 걸릴 가능성이 줄어든다. 이럴 경우 비용에 비해 예상되는 편익이 크므로 불법 주차를 결정하는 것이 합리적이다. 바로 이런 생각들이 머릿속에서 전개되는 순간, 게리 베커는 인간의 모든 행위를 비용편익 분석의 관점에서 설명할 수 있겠다는 아이디어가 떠올랐다는 것이다.

게리 베커의 말마따나 우리의 일상적 행위도 어떤 점에서는 비용편익 분석의 결과로 볼 수 있다. 가려운 곳을 긁는 행위에는 시원함이라는 보상이 따른다. 이를 닦는 행위에는 개운한 기분이라는 보상과 충치 예방이라는 보상이 동시에 주어진다. 청소는 왜 하는가? 청소는 청결을 가져오고 청결은 쾌적함과 위생이라는 편익을 가져온다. 씻는 행위도 마찬가지다. 그러나 피곤이 극도에 달하면 씻지 않고 잠을 자는 경우가 있다. 피곤한 상황에서는 청결과 위생이라는 편익보다 조금이라도 더 자는 편익이 더 크다고 판단하기 때문이다. 그러나 유행성 독감이 만연하는 상황에서는 문제가 달라진다. 그 경우에는 몸을 씻는 데서 오는 편익이 그 반대의 경우에서 오는 편익보다 크기 때문에 아무리 피곤해도 몸부터 씻게 된다.

우리 몸속의 자동화된 실행 프로그램

자 다음 글자를 읽어 보자.

노랑

'노랑'이라고 씌어 있다. 한글을 깨친 사람이라면 열이면 열 저 글자를 '노랑'이라고 읽을 것이다. 그리고 '노랑'이라고 읽는 데 어떤 불편도 느끼지 않을 것이다. 글자를 읽어 내는 행위는 거의 자동화된 반응이라 수학 문제를 푸는 것과 같이 별도의 에너지가 필요하지 않다. 그런데 여기 새로운 과제가 주어지면 어떨까. 새로운 과제는 '글자를 읽지 말고 글자의 색깔을 읽어라.'이다.

이 새로운 과제를 생각해 낸 사람은 존 리들리 스트룹이다. 그는 단어의 의미와 글자의 색상이 일치하지 않는 조건에서 색상을 읽을 때 속도가 느려지는 현상을 발견했다. 그는 1935년에 이 결과를 발표했는데, 사람들은 이런 현상을 그의 이름을 따서 '스트룹 효과'라고 불렀다. 타임머신을 타고 1930년대 스트룹의 연구실로 돌아가 보자. 과제가 주어진다. "다음 주어지는 사진의 글자를 읽지 말고 색깔을 읽어라."

빨 강

'파' 그리고 '랑'이라고 읽어야 옳다. 다시 한 번 주어진 과제의 목표에 맞게 저 사진의 색깔을 읽어 보자. '파랑'이다. 여러분은 여기서 저 글자를 '빨강'이라고 읽는 것보다 '파랑'이라고 읽는 것이 훨씬 더 껄끄럽고 어색하다는 사실을 눈치챌 수 있을 것이다.

왜 이런 현상이 벌어지는 것일까. 파란색으로 쓰인 빨강을 '빨강'으로 읽는 것은 거의 '자동화된 읽기 실행'이다. 특별한 과제가 주어지지 않아도 우리는 그렇게 글자를 읽는다. 선생님이 칠판에 흰 분필로 글씨를 쓰건 노란 분필로 글씨를 쓰건 우리는 글씨의 색깔이 아닌 글씨의 내용을 읽어 왔다. 오랜 세월 동안 우리는 무슨 색으로 쓰여 있든 빨강을 '빨강'으로 읽어 왔고, 그런 식의 독법(讀法)이 몸에 배 있다고 해도 과언이 아니다.

그런데 여기에 새로운 과제가 주어진 것이다. 이 새로운 과제를 수행하려면 우리 몸에 장착되어 있는 '자동화된 읽기 실행' 기능을 꺼야 한다. 다시 말해 파란색으로 쓰인 빨강을 '빨강'으로 읽고 싶은 욕망을 억제해야 한다. 기존의 자동화된 과제 수행을 '억제'하거나 '무시'해야 새로운 과제를 제대로 수행할 수 있다. 그러나 억제와 무시가 쉽지 않다. 우리는 너무도 오랫동안 누가 시키지 않아도 파란색으로 쓰인 빨강을 '빨강'으로 읽어 왔기 때문이다. 누가 시키지 않아도 저절로 일어나는 반응, 이것이 인간의 자동화된 무의식적 반응이다.

뱀을 만나면 공포에 사로잡히는 것도 이러한 무의식적 반응이고, 자전거를 타는 것도 이러한 무의식적 반응이다. 물론 자전거를 배울 때는 의식이 개입된다. '몸의 중심을 잡아라.', '자전거가 오른쪽으로 기울어지면 몸의 무게중심을 왼쪽으로 옮기도록 하라.'와 같은 생각들이 의식적 작용이다. 그러나 자전거 타기에 완전히 숙달이 되면 자전거 타기는 거의 '자동화된 실행'으로 바뀐다. 타이핑을 하는 것, 운전을 하는 것, 걷고 뛰는 것, 모두 '자동화된 실행'의 결과다.

프라이드치킨과 피자, 콜라가 눈앞에 놓여 있다고 하자. 누가 시키지도 않았는데 우리 몸속의 '자동화된 실행' 프로그램이 작동한다. 먹고 싶다는 욕망이 작동해 침이 꼴깍 넘어간다. 먹고 싶다는 욕망은 누가 시켜서가 아니라 저절로 내 안에서 일어나는 '자동화된 실행'의 결과다. 이 프로그램이 시키는 대로 우리는 맛있는 음식

앞에서 군침을 흘리기도 하고 음식을 맛있게 먹기도 한다.

그러나 의사로부터 새로운 과제가 주어졌다. 새로운 과제는 '고칼로리의 음식을 자제하라.'라는 것이다. 고칼로리 음식을 자제하지 않으면 건강이 더 나빠질 수 있다는 것이 의사의 진단이다. 자, 여러분이라면 음식물 앞에서 '자동화된 실행 프로그램'이 계속 작동하도록 그대로 둘 것인가. 아니면 그 프로그램의 실행을 중지시키고 다른 프로그램을 작동시킬 것인가. 답은 분명하다. 프라이드치킨과 피자와 콜라가 고칼로리 음식이라는 사실을 의식하고, 그것들로부터 냉정하게 거리를 둘 수 있는 '의식화된 실행' 기능을 활성화시키는 것이 현명한 행위다. 그러나 음식물에 대한 섭취 욕구가 너무도 강렬하게 되면 어떤 일이 벌어질까? 프라이드치킨과 피자와 콜라는 입속으로 들어가게 되고 우리의 몸은 의지와는 상관없이 풍선처럼 불어난다. 당장 먹고 싶은 욕망을 뒤로 미루지 못한 결과다.

만족 지연, 당장 충족하고 싶은 욕망을 뒤로 미뤄라

맛난 음식을 두고 먹고 싶은 것은 인지상정이다. 맛난 음식물 앞에서 먹고 싶다는 욕망은 자동적으로 실행된다. 그런데 이 프로그램은 고칼로리 음식물을 자제하라는 이성적 프로그램과 충돌을 빚는다. 이때 우리에게 필요한 태도는 무엇일까. 바로 조절력이다. 음식물을 취하되 건강을 해치지 않는 범위에서 적당량을 먹는 것이 현명한 방법이다. 음식물을 먹고 싶다는 욕망을 뒤로 미뤄 지연시킬 수 있는 능력, 바로 이것이 조절력이다. 새로운 과제의 목표를 분명히 인식하고 당장 음식물을 먹고야 말겠다는 욕망을 지연시키는 태도가 학습 능력과 도덕성에도 영향을 준다는 유명한 실험이 있다. 바로 스탠퍼드 대학의 심리학자 월터 미셸이 1970년에 실시한 '스탠퍼드 마시멜로 실험'이다.

이 실험은 스탠퍼드 대학 부설 유치원에 다니는 네 살 먹은 아이들 653명을 대상으로 행해졌다. 실험의 내용은 이렇다. 아이들은 각자의 방에서 마시멜로를 하나씩 받는다. 그리고 15분간 먹지 않으면, 상으로 한 개를 더 주겠다는 제안을 받는다. 실험 진행자는 충분히 설명한 후 아이와 마시멜로를 남겨두고 방 밖으로 나간다. 홀로 남겨진 아이들의 반응을 보자. 몇몇은 먹고 싶다는 자동화된 실행프로그램을 끄지 못하고 마시멜로를 먹어 치웠다. 어떤 아이들은 끝까지 참아 내 상을 받았다. 15분을 기다려 마시멜로 두 개를 먹은 아이는 전체의 30퍼센트였다.

실험은 여기서 끝나지 않았다. 14년 후, 연구자들은 실험에 참가했던 아이들을 추적해 그들의 삶을 비교했다. 여기서 놀라운 결과가 나왔다. 만족을 지연했던 아이들과 그러지 못했던 아이들 사이의 대학수학능력평가시험(SAT)의 점수가 무려 210점이나 차이가 났다. 또 마시멜로를 먹는 지연 시간이 가장 짧았던 아이들은 정학 처분을 받는 빈도도 높았다. 다시 말하면 마시멜로를 먹고 싶은 욕망을 뒤로 미룰 수 있는 욕망 지연의 능력이 학습 능력 및 도덕적 능력과 상관관계가 있다는 것이다.

맛있는 음식을 먹으라고 부추기는 것은 우리 몸속의 '자동 실행' 기능 말고도 많다. 광고는 우리의 욕망을 끊임없이 부추긴다. 이것을 먹어라, 이것을 입어라, 이 차를 타고, 이 신을 신고, 이 스마트폰을 선택하라 등등 광고는 욕망을 확대 재생산하는 시스템이라 해도 과언이 아니다. 모든 미디어를 장악하고 있는 광고의 메시지들은 현대인들을 더욱 참을성 없는 소비자로 만들어 버린다. 학생들이라고 해서 예외는 아니다. 이런 광고의 부추김 아래에서는 조절력이 현저하게 약해질 수 있다. 그럼에도 불구하고 우리의 의지력은 자신의 목표를 설정하고 그 목표에 자신의 선택과 행동을 맞출 수 있게 한다.

편하게 놀고 싶은 마음도 있고 열심히 공부하고 싶은 마음도 있다. 놀고 싶은 마음은 자동 실행 기능이고 공부하고 싶은 마음은 목표 지향적인 행동, 의식화된 실행 기능이다. 자동 실행 기능은 누구에게나 있다. 쉽게 말해 누구나 놀고 싶지 공부하고 싶은 사람은 없다. 그러나 자동 실행 기능을 끄고 공부하는 사람이 있다. 바로 그가 자기 조절력이 있는 사람이고, 그런 사람이 그렇지 않은 사람보다 학습 능력과 도덕심이 뛰어난 사람일 것임은 누구나 쉽게 짐작할 수 있다.

아이들이 고집을 부리며 응석을 부릴 때 쓰는 말이 있다. '오냐 오냐 했더니 할아버지 수염을 뽑는다.'라는 속담이다. 자손이 귀한 집안에서 할아버지의 손자 사랑은 극진하다. 쥐면 꺼질세라 불면 날아갈세라, 할아버지들은 손자를 애지중지한다. 다소 버릇없는 행동을 해도 허허 웃으실 뿐 할아버지는 손자를 타박하지 않는다. 이렇게 지나치게 관대한 환경에서 자란 아이들은 버릇이 없어지고 뭐든 우기면 된다는 생각에 생떼를 부리곤 한다. 원칙 없이 모든 요구를 들어주는 양육 방법이 아이들의 만족 지연 능력을 심각한 수준으로 저하시킬 수도 있다는 이야기다.

자기통제 능력을 길러 줘야 한다면 아이들의 요구를 다 들어주는 양육 방법은 피해야 마땅하다. 아이들이 무언가를 요구할 때 그 요구가 부당한 것이라면, 왜 그것이 부당한지 아이들을 설득할 수 있도록 타당한 이유를 들려줘야 한다. 그렇지 않으면 아이들은 자신의 욕구를 억제해야 할 분명한 이유를 모른 채 자신의 주장만을 관철하려고 고집을 부리게 된다. 아이들이 납득할 만한 이유를 분명히 제시하고, 만족을 지연했을 때 어떤 이득이 생기는지를 분명하게 밝혀 주면 아이들은 점차 자신의 욕망을 조절하는 지혜를 배워 나가게 될 것이다.

잘 노는 아이는 욕망 지연 능력도 뛰어나다

어른들이 가르치지 않는다고 해도 아이들은 스스로 배운다. 아이들은 놀면서 큰다고 하지 않던가. 아이들은 놀면서 여러 가지를 배운다. 비석치기, 제기차기, 공차기, 술래잡기와 같은 놀이를 통해서 아이들은 신체의 균형 감각을 얻는다. 더구나 즐거움까지 같이 얻을 수 있으니 아이들은 놀이를 하며 시간 가는 줄을 모른다.

아이들이 놀이를 통해서 신체적 균형 감각과 즐거움을 얻기도 하지만 사회적 규칙을 배우기도 한다. 놀이에는 반드시 지켜야 할 규칙이 있다. 규칙을 지킴으로써 놀이는 흥미 있는 것이 된다. 술래잡기에서 술래는 술래가 아닌 사람을 찾아야 한다는 규칙이 있다. 이 규칙을 어기고 술래가 술래 아닌 사람들을 찾아내지 않는다면 놀이의 재미는 사라지고 놀이는 끝이 난다. 농구에서 발을 쓰고 축구에서 손을 쓴다면 놀이는 엉망이 된다.

놀이의 재미는 규칙의 준수에 있다. 그런 점에서 규칙의 준수는 놀이의 생명이라고 해도 과언이 아니다. 그런데 어떤 아이가 술래가 되었음에도 자기통제력의 부족으로 술래가 해야 할 임무를 완수하지 못한다면 놀이는 맥이 빠지고 말 것이다. "난 술래하기 싫어!" 하고 떼를 쓰는 행위는 놀이를 망치는 행위다. 놀이를 망친 대가는 집단으로부터의 따돌림, 소위 '왕따'다. 따돌림을 받으면 외톨이가 될 수밖에 없다.

집단으로부터의 소외감은 놀이의 규칙을 어긴 대가고 자신의 욕망을 지연시키지 못한 대가다. 자신의 욕망을 지연시키고, 집단의 규칙을 따르라는 것이 놀이의 명령이다. 논다는 것은 놀이의 명령에 자발적으로 복종하는 일이다. 우리는 자신의 욕망을 지연시키고 규칙을 수용하면서 놀이의 일원이 된다. 논다는 것은 이렇게 욕망을 조절하는 힘을 배우는 일이기도 하다. 욕망을 지연시킴으로써 즐거움이라는 이득을 얻기도 하지만 놀이가 주는 가장 큰 선물은 놀이가 친구를 만들어 준다는 사실일 것이다.

21

도파민은 고집 센 말을 물가로 이끈다

더 많은 가치와 보상을 추구하는 인간의 선택

많은 보상을 예측하고 어떤 행동을 했는데 막상 그 결과가 초라하다면 어떨까. 예측에 실수가 있었고, 결국 기대했던 보상이 일어나지 않는다면 보상을 기대했던 나의 행동은 특정한 사건과는 무관한, 가치가 없는 것이 되어 버릴 것이다. 반면 내 행동의 결과 정확히 기대했던 보상이 일어나면 그 행동은 가치가 있는 행동이 된다.

이렇게 어떤 일을 예측하고 행동할 때 우리는 더 많은 보상이 생기는 쪽으로 행동하게 된다.

우리의 행동은 더 많은 쾌락을 가져오는 쪽으로 그 경로를 결정한다. 보상은 일종의 쾌락이니까. 그런데 뇌과학자들은 이 쾌락이 단순히 심리적 만족이라고 생각하지 않는다. 그들은 쾌락이 '도파민'이라고 하는 신경전달물질에서 비롯된다고 본다. 이 도파민을 분비하는 신경세포를 '보상 세포'라고 하는데, 이 보상 세포는 동물이 음식물을 제공받은 뒤에 가장 활발한 활동을 보인다고 한다. 그런데 《탁월한 결정의 비밀》의 저자, 조나 레러는 도파민을 제거한 쥐들은 예측을 하지 못한다고 말한다. 예측이란 과거의 정보를 바탕으로 미래의 상황을 헤아릴 수 있는 능력인데, 도파민을 제거한 쥐는 이런 능력을 상실한다는 것이다.

상자 속에 비둘기를 가두고 막대기를 누르면 먹이가 굴러떨어지게 하는 실험을 한다고 하자. 우연히 막대기를 발로 눌렀을 때 비둘기에게 먹이가 제공된다. 처음에 비둘기는 먹이와 막대기가 연관되었다고 생각하지 못하지만, 막대기를 누르는 행위에 먹이가 제공되는 일이 잦아지면 '먹이'와 '막대기'가 하나로 묶이는 이른바 '연합'이 이루어진다. 막대기는 곧 먹이라는 등식이 비둘기의 머리에 각인되는 것이다.

《인문학에게 뇌과학을 말하다》의 저자 크리스 프리스는 "뇌는 연합 학습을 통해 세계에 대한 지도를 만들어 낸다. 이 지도는 본질적으로 가치에 관한 지도다. 내가 보상을 얻을 가능성이 높은 대상이 어디 있는지, 그렇지 못할 가능성이 높은 대상이 어디에 있는지를 알려 준다."라고 말한다. A라고 하는 특정 장소에서 어떤 특정 행동 B를 했을 때 보상 C가 주어지면 우리의 뇌는 A와 B와 C를 연합시킨다. 이때 보상 C의 절대치가 커진다면 A와 B는 긍정적 가치를 가지게 될 것이다. 이런 식으로 우리는 주위의 수많은 장소와 선택 가능한 행동에 가치 점수를 매긴다. 결국 우리는 이 가치의 지도를 가지고 더 많은 보상을 기대하며 수많은 선택지들 중 하나를 선택하게 되는 것이다.

그러나 여전히 의문이다. 인간은 더 많은 보상을 좇아서 행동의 경로를 결정하기 마련이지만 그 보상의 기준이란 것이 천차만별이니까. 소크라테스의 보상 기준과 돼지의 기준도 다르고, 보수파와 진보파의 기준이 다르고, 쾌락주의자와 금욕주의자의 기준이 다르고, 과학자와 종교인의 기준이 다르니까 말이다.

도파민은 우리의 몸이 우리에게 주는 상

당근과 채찍을 잘 사용하면 고집 센 말도 물가로 데려갈 수 있다. 고집 센 말이 물가 쪽으로 가면 당근을 주고 반대쪽으로 가면 매를 주는 식으로 달랬다 혼냈다를 반복하면 목표를 어렵지 않게 달성해 낼 수 있다. 하지만 체벌이 금지된 오늘날 학생들을 대상으로 교실에서 사용할 수 있는 방법은 아니다. 사람을 말처럼 몰 수는 없으니까 말이다.

칭찬은 더 잘하라는 격려요 보상이다. 칭찬을 들으면 기분이 좋아진다. 바로 이때 우리의 뇌에서 도파민이 분비된다. 도파민은 우리의 몸이 우리에게 주는 일종의 상이다. 푸짐한 상을 주면 우리는 어떤 일을 더 잘한다. 도파민은 어렵게 오른 산의 정상에서 느끼는 행복감을 전해 준다. 우리가 어떤 일에 몰입해 점점 더 높은 수준으로 나아갈 수 있게 하는 것도 도파민의 힘이다. 어렵게 이룬 성취의 기쁨, 바로 그 기쁨이 도파민의 작용이다. 어렵게 목표를 달성했는데 어떠한 기쁨도 없다면 우리는 그 일에 매달릴 이유를 찾지 못한다. 성취의 기쁨을 기대하지 못하기 때문이다.

도파민의 분비 체계에 이상이 있다는 것은 우리 몸의 보상 체계에 이상이 있다는 말이다. 무엇을 어렵게 해냈을 때 기쁨을 느끼지 못한다면, 다시 말해 도파민 분비 체계에 이상이 생긴다면 감정 표현이 서툴게 되고, 감정 표현이 서툴게 되면 사회적 관계도 어색해지게 된다. 집에서 기르는 개는 주인이 반갑다고 꼬리를 친다. 흔들리는 꼬리는 도파민이 분비되고 있는 개의 감정을 말해 준다. 꼬리를 흔들며 적극적으로 감정 표현을 하는 개와 친해지기는 쉬워도 어떤 상황에서도 꼬리가 움직이지 않는 개와는 친해지기 어렵다. 감정을 표현하고 교류하지 않으면 친밀성의 세계에는 금이 간다.

감미로운 음악을 듣고, 사랑하는 이의 숨결을 느끼고, 한 발 한 발 정상을 향해 무거운 발걸음을 옮기고, 어려운 처지에 빠진 사람을 돕고, 지금은 잘 안 되더라도 더 어려운 기술에 도전하는 것도 우리의 몸이 도파민이 실어 보내는 기쁨을 기대하기 때문이다.

도파민이 만들어 내는 멋진 신세계

2013년 4월 11일, 김태일 성균관 대학 화학공학과 교수와 워싱턴 대학, 일리노이 대학 공동 연구 팀은 쥐의 뇌에 50마이크로미터 크기의 전자 칩을 심은 뒤 원격 자극을 가해 도파민을 분비하도록 하는 데 성공했다고 밝혔다.

연구 팀은 가로세로 길이가 바늘구멍보다 작은 전자 칩을 개발해, 그 안에 온도 센서, 뇌파 센서 등을 탑재하는 데 성공했다. 이 칩은 신체 내부의 반응을 칩과 연결된 센서를 통해 실시간으로 확인할 수 있게 해 주고 자극도 전달한다. 이 칩은 휘어지는 성질을 지녀 장기나 조직에 손상을 주지 않고 이식도 가능하다.

연구 팀은 쥐의 뇌에서 도파민이 분비되는 곳을 찾아 칩을 이식해 무선으로 신호를 보내자 뇌에 자극이 가해져 도파민이 분비되는 것을 확인했다고 한다. 연구 팀이 쥐에게 도파민이 분비되도록 조종하자 쥐는 다른 곳으로 이동하지 않고 일정한 장소에만 머물렀다. 김 교수는 분비된 도파민이 쥐에게 행복감을 주기 때문에 그 자리에 계속 있으려는 것이라고 해석했다.

도파민을 조종해 쥐를 통제한다는 생각은 독재자들에게 영감을 줄 수 있는 아이디어다. 올더스 헉슬리의 소설 《멋진 신세계》에는 인간의 도파민 체계를 조종함으로써 이상 세계를 건설할 수 있다는 제국이 등장한다. 일체의 혼돈을 용납하지 않는 이 제국에서 고통은 물리쳐야 할 적이며 행복을 약속해 주는 것은 과학이다. 아이들은 실험용 병 속에서 267일 만에 기계적으로 대량생산된다. 가정

생활도 금기시된다. 인간 감정을 최소화시키는 데 장애가 되기 때문이다. 사랑도 마찬가지 이유로 금지된다. 안정을 위해선 감정을 억제해야 하기 때문이다. 당연히 인간의 감정을 고양시키는 시도 소설도 금지된다. 감정을 억제하기 위해서 제국의 구성원들은 자발적으로 도파민 분비를 활성화시키는 '소마'라는 약을 복용한다.

외로움, 혼란, 좌절감, 질투심 혹은 막연히 사랑의 감정을 느끼는 사람들에게는 이 약이 해결책으로 주어진다. 걱정을 쫓으려고 노력할 필요도 없이 알약 한 알이면 충분하다. 사랑의 괴로움도, 이별의 슬픔도, 미래에 대한 두려움이나 불안도 없다. 얼마나 좋은 세상인가? 하지만 헉슬리는 '소마'를 문제 삼는다.

자유(自由)는 말 그대로 '스스로(自)'에게서 '비롯됨(由)'이다. 쉽게 말해서 밖에서 주어지지 않고 내 안에서 자발적으로 이루어지는 것이다. 명령은 '밖'에서 오는 것이지만 선택은 '안'에서 온다. 타율적으로 밖에서 주어지는 것은 자유가 아니다. 자유는 내 안에서 스스로 선택되고 만들어지는 것이다.

최면이 걸린 상태에서 사람들은 자신의 행동을 스스로 선택했다고 착각할지 모르지만 그들의 선택과 행동은 '밖'에서 주어진 것이다. 최면은 우리의 의식에 어떤 프로그램을 입력하는 것이다. 최면에 걸린 사람들은 최면술사의 프로그램대로 행동하면서도 자신의 행동을 스스로 선택했다는 착각에 빠진다. 그들은 결코 자유롭지 못하다. 《멋진 신세계》 속에 등장하는 제국의 사람들도 마찬가지다. 제국의 사람들이 만들어 내는 안정은 제국의 사람들 안에서 비롯된 것(자유)이 아니라 과학의 힘을 빌린 '소마'라는 약물로부터

오는 것이다. 헉슬리는 안정을 위해 자유를 포기하라는 전체주의의 본질을 《멋진 신세계》에서 자세히 그려 내고 있다.

끝없이 보상을 요구하는 우리들의 뇌, 도파민 중독

1954년 캐나다 맥길 대학의 피터 밀너와 제임스 올즈는 뇌의 어떤 부위에 전기 자극을 받으면 불쾌감이 유발되는지 쥐의 뇌에 전극을 꽂고 관찰하는 실험을 수행했다. 상자 속에 쥐를 넣어 두고 쥐가 지렛대를 누르면 뇌에 전기 자극이 가해지도록 만들었다. 이들은 쥐가 전기 자극을 받아 불쾌감을 느끼면 다시는 지렛대를 누르지 않을 것이라 생각했다. 하지만 생각은 어긋났다.

쥐들은 자신의 뇌를 자극하기 위해 시간당 무려 7,000번이나 지렛대를 눌렀다. 심지어 음식과 물은 쳐다보지도 않고 죽을 때까지 지렛대를 누른 쥐도 있었다. 전기 자극이 가해진 뇌의 부위는 쾌감 중추에 해당하는 '측좌핵(nucleus accumbens)'이었다. 도파민은 측좌핵을 포함한 복측선조체와 전전두엽에서 분비되며 주로 동기 작용에 관여한다고 알려져 있다. 음식을 먹고 기쁨을 느끼고, 아름다운 파트너와 포옹을 하면서 느끼는 기쁨이 발생하는 곳도 측좌핵을 포함한 복측선조체와 전전두엽이다. 피터 밀너와 제임스 올즈의 실험실에서 쥐들의 행동을 유발한 부위도 그곳으로, 그 부위에 있었던 것은 도파민이었다. 도파민 수치가 올라가면 도파민 상승을 계속 부채질한다. 우리 뇌는 더 많은 양의 도파민을 원하게 된다.

더 많은 도파민을 외치게 될 때, 우리의 자유는 사라지고 만다. 도파민을 분비하게 하는 자극, 가령 '소마' 같은 약물이나 전기 자극에 얽매이기 때문이다. 도박에 얽매이는 것도, 게임에 중독되는 것도 마찬가지다. 내 의지와는 상관없이 우리는 도파민에 목이 말라 계속 '밖'에서 오는 것에만 몰두하게 된다. 이런 상황에서 자유의 토대가 되는 나의 의지와 선택은 무력할 수밖에 없다. 나 스스로를 통제하지 못하고 나의 바깥에서 주어지는 것에 얽매인 상태, 바로 이런 상태가 노예 상태가 아닐까?

22

너는 음악을 아니? 나는 음악을 즐긴다

놀이는 인간만의 특권이 아니다

옛말에 '좋은 약은 입에 쓰나 병에 이롭고, 진심 어린 충고는 귀에 거슬리나 행동에 이롭다.'고 했다. 그러나 쓴맛을 좋아하는 사람이 얼마나 될까. 트랜스 지방이 문제라고는 해도 단것에 대한 유혹은 떨쳐 버리기 어렵다. 이처럼 인간이라면 누구나 고통을 피하고 즐거움을 추구한다. '왜?'라고 따져 묻는 것은 어리석은 일이다. 인간이 단것에 끌리고, 즐거움을 찾는 것은 그런 성향을 가지고 태어났기 때문이다.

그렇다면 인간이 고통을 피한다거나 단것을 찾는 등 쾌적한 감각을 추구하도록 '설계'된 이유는 무엇일까? 만약 인간이 본능적으로 과도한 감각을 즐긴다면 어땠을까? 아마도 병원은 환자들로 차고 넘쳤을 것이고, 결국 인간의 역사는 일찌감치 막을 내렸을 것이다. 생존이 인간에게 부여된 지상 과제라면, 쾌적함의 추구는 인간이 온 힘을 기울여 실현해야 할 과제라고도 할 수 있다. 쾌적함을 추구하는 심리적 바탕에는 생명 연장의 논리가 깔려 있다. 진화심리학자들은 인간이 달콤한 음식을 좋아하는 이유를 생명 연장의 논리에서 찾았다. 단맛은 그 음식이 훌륭한 영양 공급원이라는 증거이므로, 인류의 조상들은 환경에 적응해 살아남기 위해 단맛을 선호하게 되었다.

조너선 밸컴의 《즐거움, 진화가 준 최고의 선물》은 쾌락과 진화의 상관관계를 말해 준다. 저자는 이렇게 말한다. "동물은 인간과 마찬가지로 고통을 줄이려 한다. 상처를 입은 쥐들은 순수한 물보다는 고통을 줄여 줄 약 성분이 포함된 쓴맛이 나는 물을 자꾸 찾는다. 물고기는 전기 충격이나 낚싯바늘과 같은 해로운 자극을 피하는 법을 배울 수 있다." 밸컴은 동물들이 고통을 피하는 이유를 즐거움이 생존에 직접적인 혜택을 주기 때문이라고 대답한다. 즐거움은 스트레스를 줄여 생존 가능성을 높여 주고, 엔도르핀 같은 스트레스 감소 물질을 분비해 질병에 대한 몸의 방어 능력을 강화하기 때문이다.

저자는 보르네오 섬의 탄중푸틴 지역에 사는 오랑우탄들을 그 예로 든다. 이들은 죽은 나무에 올라타 아래로 떨어지다가, 땅에 닿기 전에 덩굴이나 다른 식물들을 붙잡고 탈출하곤 한다. 이는 동물들도 스릴을 즐기며 '논다'는 증거이다. 저자는 그 이유를 진화론에서 찾는다. 스릴을 즐기는 것은 위험한 행동이지만, 자신의 용맹함과 날렵함을 이성에게 과시할 수 있는 기회이기도 하다. 그러므로 이는 이성에게 작업을 거는 일종의 구애 행동이라 볼 수 있다.

일찍이 네덜란드의 민속학자인 하위징아는 《호모 루덴스》에서 다른 동물들과 달리 "인간의 삶은 놀이의 장(場)"이라고 강조했다. 학문이나 정치, 예술과 종교, 심지어 전쟁 등 인간의 활동 중에서 놀이의 정신을 표현하고 있지 않은 것은 없다는 것이 하위징아의 견해다.

그러나 《즐거움, 진화가 준 최고의 선물》은 놀이가 인간만이 누릴 수 있는 특별한 영역은 아니라고 역설한다. 동물이 생존에 꼭 필요한 행동만을 한다는 우리의 생각은 큰 착각이다. 적어도 300종의 동물이 동성애를 하는가 하면, 졸고 있는 늑대를 부리로 톡톡 건드리며 위태로운 상황을 즐기는 까마귀들도 있다. 이들이 목숨을 잃을지도 모르는 위험한 행동을 하는 이유는 바로 '즐거움' 때문이다. 그러고 보면 인간이나 동물이 오로지 생존만을 위해 살아가는 것은 아니다. 즐거움이야말로 삶의 진짜 이유인지도 모르겠다.

이제 인간만이 즐거움을 누리고 감정을 지닌다는 주장은 설자리가 없어 보인다. 동물들도 인간과 마찬가지로 행복을 추구할 권리가 있다.

아리스토텔레스는 '인생의 궁극적인 목적은 행복'이라고 했다. 운동선수가 땀을 흘려 가며 연습에 몰두하는 것도 행복해지기 위해서다. 금식이나 침묵 수행 같은 고행을 하는 종교인들 역시 정신적인 행복을 추구한다는 점에서는 일반인과 다르지 않다. 절대자의 존재 안에서 행복하다면 고통마저도 행복으로 느끼는 것이 종교의 역설이다. 〈십자가〉에서 윤동주가 예수를 두고 "괴로웠던 사나이 행복한 예수 그리스도"라고 표현한 것이 그 좋은 예다.

즐거움을 누릴 줄 알아야 군자다

《논어》에서 공자는 "지지자불여호지자(知之者不如好之者), 호지자불여락지자(好之者不如樂之者)"라고 했다. '아는 자는 좋아하는 자만 못하고 좋아하는 자는 즐기는 자만 못하니라.' 즉, 즐기는 자가 최고라는 말이다. 재즈의 역사, 재즈의 종류에 대해서 잔뜩 아는 것보다는 재즈 음악 하나를 제대로 즐기는 것이 상책이고, 낚시와 물고기에 대해 아무리 전문적인 지식을 소유했다 할지라도 낚시를 즐기는 것이 더 낫지 않겠는가. 삶은 분석의 대상이라기보다 향유의 대상이라고 해도 과언이 아님을 공자는 위에서 언급한 구절로 말하고 있는 것이 아닐까.

영국의 철학자 버트런드 러셀은 《행복의 정복》에서 군자를 이렇게 정의한다.

> 합리적인 도덕 원칙의 관점에서 보자면, 다른 사람이나 자기 자신에게 즐거움을 주는 행동은 칭찬받아야 할 일이다. 물론 이런 논리가 성립되려면, 그런 행동은 결코 자신이나 다른 사람에게 고통을 주지 않는 행동이어야 한다는 전제가 충족되어야 한다. 금욕주의를 제쳐 두고 이야기한다면, 이상적인 도덕군자란 즐거움의 효과를 능가할 만한 나쁜 결과가 생기지 않는 한도 내에서, 모든 즐거움을 누릴 줄 아는 사람이다.

러셀은 이러쿵저러쿵 교훈을 늘어놓으며 사람을 피곤하게 만드는 타입의 윤리학자가 아니었다. 그는 술이나 담배를 죄악시하는 쓸데없는 죄책감에서 해방될 때 행복해질 수 있다고 주장했다. 또한 '성(性)은 불결하다.'는 식의 편견으로부터도 해방되어야 한다고 생각했다. 그래서 "성교육의 올바른 원칙은 간단하다. 사춘기가 되기 전에는 어떠한 성 도덕도 가르치지 말고, 자연스러운 신체 기능에 대해 혐오감을 주입하지 말아야 한다."라고 말하기도 했다.

물론 남에게 해가 되지 않는 선에서 즐기는 삶을 살라는 러셀의 충고를 달갑게 여기지 않을 사람도 있겠다. 하지만 지나친 죄의식이나 의무감에서 벗어나야 행복해질 수 있다는 그의 주장은 음미해 볼 가치가 충분하다. 학업에만 열중해야 한다는 강박관념은 학생들을 불행하게 만들고, 자녀와 제자를 최고로 키워야 한다는 강박관념은 학부모와 교사 들을 불행하게 한다. 개인적인 생활을 버리고 국가를 위해 모든 것을 바쳐야 한다는 멸사봉공(滅私奉公)의 이데올로기 역시 국민들을 병들게 한다. 그런 이데올로기는 즐거움과 쾌락을 저급하고 비도덕적인 것으로 치부해 버린다. 왜 우리는 공적인 가치를 위해 자신을 희생해야 할까? 왜 자신의 내밀한 욕망에 귀를 기울이면 안 될까? 이 질문에 러셀은 이렇게 대답한다.

"다른 사람에게 해를 주는 일만 아니라면, 어떤 즐거움도 소중히 여겨야 한다." 그러면서 자신은 강을 수집한다고 고백한다. "나는 강을 수집한다. 나는 볼가 강이나 양쯔 강을 오르내리면 즐거워진다. 그리고 아직 아마존 강이나 오리노코 강에 가 보지 못한 것이 유감이다. 이런 감정 상태가 단순한 것이라고 해도 나는 전혀 부끄럽지 않다."

"강을 수집한다."라는 러셀의 표현은 '강을 즐긴다.'는 의미로 해석할 수 있다. 이 강도 보고 저 강도 보면서 강에서 느끼는 운치와 즐거움을 만끽한다는 뜻이다. 숲 사이로 난 오솔길이나 강가를 걸으며 자연의 풍광에서 고즈넉한 즐거움을 얻는 것은 참으로 운치 있는 일이다. 그것은 각박한 현실로부터 벗어나 삶을 반성하고 관조하는 데서 오는 즐거움인지도 모르겠다.

권태를 이길 수 있는 힘을 길러라

러셀이 《행복의 정복》에서 강조하는 메시지는 '삶에서 즐거움을 추구하라.'라는 것이다. 여기서 말하는 즐거움은 약물 복용에서 오는 과도한 감각적 자극과는 거리가 멀다. 이와 관련해서 러셀의 말을 인용해 보자.

자극이 지나치게 많은 삶은 밑 빠진 독이나 다름없다. 이런 상태에서 사람들은 환희에 가까운 감격이야말로 즐거움의 필수 요소라고 여기기 때문에, 끊임없이 감격을 느끼기 위해서 점점 더 강력한 자극을 찾을 수밖에 없다. 지나친 자극에 익숙해져 버린 사람은 후추를 병적으로 좋아해서 결국 남들이 보기에는 숨이 막힐 정도로 많은 후추를 먹어도, 정작 본인은 별맛을 느끼지 못하게 된 사람과 비슷하다. 권태의 어떤 요소는 지나치게 많은 자극을 피하는 것과 깊은 연관성을 가지고 있다.

여기서 보듯 러셀은 후추처럼 강렬한 자극은 감각을 무디게 만든다고 생각했다. 그래서 그는 강렬한 자극보다는 '권태를 이길 수 있는 힘'이 오히려 행복에 중요한 요소라고 강조한다. 러셀은 현대인들이 고독과 권태를 잘 이겨 내지 못하는 이유를 이렇게 설명한다.

백 년 전의 과거로 거슬러 올라갈수록 사람들이 느끼는 권태감은 더욱 심해진다. 중세의 어느 마을에서 겨울을 맞은 사람들의 단조로운 삶을 상상해 보라. 사람들은 읽고 쓰기도 할 줄 몰랐으며, 어둠을 밝힐 수 있는 것은 촛불밖에 없었고, 지독한 추위를 막기 위해 화롯불이 놓인 유일한 방 안에는 화롯불에서 나온 연기가 가득 차 있었다. 길은 거의 통행이 불가능한 상태였기 때문에 다른 마을에서 찾아온 사람은 거의 볼 수가 없었다. 당시의 생활은 이루 말할 것 없이 지루했으며 마녀 사냥의 관습만이 겨울 저녁에 생기를 불어넣을 수 있는 유일한 소일거리였을 것이다. 조상들에 비해 우리가 겪고 있는 권태의 정도는 덜하지만,

권태에 대한 두려움은 훨씬 깊다. 우리는 권태란 인간이 당연히 겪어야 하는 운명의 일부가 아니며, 자극을 찾아 나설 정도의 단호함만 있으면 피할 수 있다는 것을 알게 되었다.

오락기나 통신기기의 도움을 빌려서 권태를 손쉽게 피할 수 있고, 원할 때마다 자극을 추구할 수 있게 된 현대인들은 권태를 당연히 겪어야 할 운명이라 여기지 않는다. 그러나 권태에 대한 면역력은 백 년 전의 사람들이 우리보다 훨씬 강했다. 권태를 피할 수 없다면 그것에 적응하는 수밖에 없었을 테니까. 할머니나 어머니에게 들은 옛날이야기를 다시 자녀와 손자에게 들려주는 식으로 그들 나름대로 권태를 이겨 냈을 것이다.

그런 의미에서 러셀은 "권태가 전적으로 나쁜 것만은 아니다. 권태에는 삶을 풍요롭게 하는 것과 황폐하게 하는 것, 두 종류가 있다. 삶을 풍요롭게 하는 권태는 약물이 없는 곳에서 자라나고, 삶을 황폐하게 하는 권태는 활기찬 행동이 없는 곳에서 자라난다."라고 말한다. 그가 말하는 "삶을 풍요롭게 하는 권태"란 어떤 것일까? 정극인의 〈상춘곡〉에서 화자는 산속의 하루가 적적하다고 털어놓는다. 그러면서도 시를 읊조리면서 자연 속에서 이리저리 천천히 거닐고, 새소리와 시냇물 소리를 들으며 삶을 생각한다. 이런 권태야말로 강호를 거닐며 삶을 성찰하게 하고, 다양한 예술 작품을 낳는 '창조적인 권태'가 아닐까?

모름지기 권태란 늘 반복되는 일상의 기계적인 시간에서 비롯된다. 거기서는 창조와 발견의 즐거움을 찾아볼 수 없다. 그러나 멀티미디어 기기들이 제공하는 감각적 경험 없이도, 우리는 일상생활에 즐거움을 불러올 수 있다. 이를 가능하게 하는 원동력이 바로 인간에게 선천적으로 탑재된 상상력이다. 우리는 가족이나 친구들 사이에 있었던 즐거운 추억을 떠올리면서 상상의 세계로 빠져들곤 한다. 그런가 하면 예전에 읽었던 소설 속 미지의 공간으로 여행을 떠나기도 한다.

이처럼 인간의 두뇌는 첨단 과학 기술의 도움이 없더라도 시간과 공간을 얼마든지 넘나들 수 있다. 시간과 공간을 초월할 수 있게 해 주는 상상의 힘을 키우려면 어떻게 해야 할까? 사람과 사람이, 사람과 동식물이, 사람과 강 그리고 바다가 서로 만나는 우리 산하(山河)를 자신의 두 다리로 직접 걸어 보고, 독서라는 간접 체험이 제공하는 광대한 공간 속을 몸소 거닐어 보아야 하지 않을까? 정보의 바다로 향하는 접속의 시간을 조금이라도 접어 두고 말이다.

23

예술과 치장은 생물학적 투자다

아름다움은 무관심성의 산물일까?

철학자 칸트는 미(美)를 '무관심성(disinterestedness)'으로 정의했다. 어떤 대상이 아름답기 위해서는 그것을 바라보는 자의 마음이 무관심성을 담고 있어야 한다는 것이다. 무관심성은 관심이 없다는 뜻이 아니다. 자기 욕심을 채우려는 마음, 즉 사심(私心)이나 목적의식이 없다는 뜻이다. 목적의식이 없다는 것은 대상을 이용해 이익을 취할 마음이 없음을 의미한다.

예를 들어 우리가 사과를 바라볼 때, 배가 고픈 상태에서 바라본다면 대상을 순수하게 바라보는 것이 아니다. 배가 고픈 상태에서는 사과를 먹고 싶다는 욕망을 가지고 사과를 바라보게 된다. 과수원 주인은 사과를 상품으로 본다. 사과를 이익을 남기는 수단으로 보는 그런 태도 역시 사과를 사심 없이 바라보는 마음의 결과가 아니다. 사과를 무관심성으로 바라본다는 것은 사과에 대한 일체의 욕망을 제거하고, 사과의 순수한 형태와 질감을 바라본다는 것을 의미한다.

여기 한 그루의 아름드리나무가 있다고 하자. 칸트는 이 아름드리나무를 아무 의도 없이 바라볼 때, 나무의 아름다움을 볼 수 있다고 한다. 나무를 볼 때 사심 없이 바라보는 자, 어떤 실용적 의도도 개입시키지 않는 자, 순수하게 바라볼 수 있는 자. 바로 그가 예술가라는 것이 칸트의 생각이다. 어떻게 하면 저 나무를 이용해 가구를 만들 수 있을까, 어떻게 하면 저 나무에서 쓸모 있는 약재를 뽑아낼 수 있을까를 생각하는 것은 대상을 효용의 관점에서 바라보는 기술자의 시선, 장사꾼의 시선이다. 그 시선은 대상을 장악하고 소유하려는 시선이다. 과학자들이나 기술자들이 자연을 분석하는 것도 대상을 장악해 결국에는 그것을 유용한 수단으로 이용하고자 함이다.

칸트는 미적인 대상으로 사물을 바라볼 때는 관심과 욕망을 내려놓으라고 한다. 어떤 사람을 사귀고 싶다거나 안아 보고 싶다는 욕망으로 바라본다면 우리는 그 사람을 미적인 관점에서 바라본 것이 아니라는 것이다. 아닌 게 아니라 우리는 아무런 의도 없이 우리에게 가까이 오는 사람을 친구나 이웃으로서 반기고, 어떤 의도나 목적을 가지고 접근하는 사람에게는 경계의 눈초리를 보낸다.

밤하늘에 거대한 획을 그으며 떨어지는 별똥을 보며 우리는 탄성을 지른다. 비온 뒤의 거대한 무지개를 보면 가슴이 뛴다. 거세게 몰아치는 파도의 모습에서도 우리는 아름다움을 느낀다. 그 느낌의 배후에는 어떤 실용적 목적도, 이익을 앞세우려는 마음도 없다. 그것이 칸트가 말하는 사심 없음, 무관심성의 미학이다.

그러나 자연을 보라. 자연의 아름다움에 그것을 만들어 내는 제작자의 의도가 전혀 개입되지 않았다고 할 수 있을까? 다시 말하면 생명체가 어떤 형상을 만들어 낼 때, 거기에 어떤 실용적 의도도 개입하지 않았다고 할 수 있을까? 열대어의 알록달록한 색깔은 짝을 얻기 위한 유혹의 수단이 아닐까? 식물들은 벌들을 유혹하기 위해 형형색색의 색깔을 만들어 낸 것이 아닐까? 새들은 짝을 구하기 위해 아름다운 목소리로 우는 것이 아닐까?

사람이 화장을 하는 이유, 그리고 화장을 한 사람이 아름답다고 생각하는 이유를 칸트의 무관심성으로 설명할 수는 없다. 화장은 누군가에게 잘 보이려는 의도의 산물이다. 친구가 되고 싶고, 애인이 되고 싶은 의도가 앞설 때 화장은 더욱 정성스러워진다. 물고기도 예외는 아니다.

카로티노이드 색소는 붉은색과 노란색 위주의 식물에 많이 포함되어 있다. 물고기들은 질병이나 기생충에 맞서기 위해 면역 시스템을 가동하는데 카로티노이드는 이 면역 시스템의 가동에 꼭 필요한 물질이다. 건강한 물고기들은 면역 시스템에 필요한 카로티노이드를 충당하고도 남는다. 면역 체계를 가동하고도 남는 카로티노이드는 물고기들의 몸을 알록달록하게 만들어 준다. 자신들의 카로티노이드를 자손에게 전달할 필요가 있는 암컷은 이 카로티노이드를 사용하지 않고 간직하기 때문에 알록달록한 피부색을 보이지 않는다.

수컷 물고기의 피부에 새겨진 알록달록하고 선명한 색상은 수컷물고기의 적응도를 암컷에게 과시할 수 있는 하나의 지표라고 볼 수 있다. 건강한 후세를 남기고 싶은 암컷 물고기들이 이 알록달록한 무늬를 가진 수컷 물고기들을 짝으로 맞을 것은 자명한 사실이다. 능력이 없는 수컷 물고기들은 자신의 피부에 알록달록하고 선명한 색상을 새길 여력이 없다. 이런 수컷 물고기가 암컷의 짝으로 선택되기에는 역부족이다.

개구리는 큰 목소리로 울고 새는 아름답고 우렁찬 소리로 자신의 적응도를 과시한다. 마찬가지로 물고기들은 알록달록한 색으로 적응도를 과시한다. 그렇다면 단성생식을 하는 동물들은 어떨까. 생식에 정자가 관여하지 않고 알의 환경과 발생 과정에서 성이 결정되는 단성생식을 하는 대벌레에게는 암컷의 시선을 잡아끌어야 할 이유가 없다. 다시 말해 요란한 장식과 의상이 필요 없다. 그렇다면 대벌레는 장식과 치장에 들이는 비용을 어디에 쓸까? 대벌레는 이 비용을 오직 새들의 눈을 피하기 위해 잔가지나 마른 잎의 모습을 모방하는 데 사용한다. 다시 말해 자신의 짝을 구하기 위한 데이트 비용을 자신의 몸을 지키기 위한 경호 비용으로 쓰는 것이다.

예나 지금이나 조금 먹고살 만하면 허영심이 슬쩍 발동하는 존재가 바로 인간이다. 그러나 그 허영도 따지고 보면 자신의 적응도를 미래의 배우자에게 과시함으로써 짝의 마음을 얻으려는 일종의 생물학적 투자로 볼 수도 있다.

자하비의 핸디캡 이론,
능력 있는 자만이 위험을 감수한다

적자생존(適者生存), 적합한 자가 살아남는다는 것이 다윈의 진화론의 핵심 명제 중의 하나다. 거칠게 말하자면 '자연선택'이란 생존에 부적합한 자는 도태되고 생존에 적합한 개체가 선택된다는 개념이다. 다윈은 이 개념을 '인위적 선택'에서 빌려 왔다. 인간은 가축이나 식물을 자신들의 목적을 위해 키워 왔다. 인간은 자신들의 목적에 부합하면 자연계에서는 적합하지 않은 개체들도 선택해 다른 종과 교배를 시켜 원하는 새로운 품종을 얻었다.

애완동물은 인위적 선택의 예를 잘 보여 준다. 애완견 '불도그'의 눈은 튀어나와 건조해지고 다치기 쉽다. '닥스훈트'의 긴 허리는 체중을 이기지 못하고 허리병을 불러오기 쉽다. 결과적으로 불도그의 튀어나온 눈과 닥스훈트의 긴 허리는 생존에 불리한 조건이다. 자연계에서라면 이런 조건을 가진 개체들은 도태되어야 했음에도 불구하고 인간들이 불도그의 튀어나온 눈과 닥스훈트의 긴 허리가 재밌어 보인다는 이유로 그런 형질을 인위적으로 선택해 개발한 것이다. 자신의 목적에 맞게 형질을 개발하는 것, 바로 이것이 인위적 선택의 핵심이다. 다윈은 이러한 품종 개량이 자연계에서도 일어난다고 생각했다. 생물 개체는 같은 종이라도 환경에 적응해 여러 가지 변이를 나타내게 되는데, 이 변이 중에서 생존과 번식에 유리한 변이가 선택이 되어 후대로 전해져 내려간다는 것이 다윈의 자연선택의 핵심이다.

자연선택의 개념으로 자연계를 바라보던 다윈을 골치 아프게 만든 것은 공작의 화려한 꼬리였다. 불도그의 툭 튀어나온 눈이나 닥스훈트의 긴 허리처럼 공작의 화려한 꼬리도 생존에 불리하게 작용한다. 그런데 어째서 그런 형질이 도태되지 않고 자연계에 남게 되었을까를 고민하던 다윈이 찾아낸 개념이 '성선택'이다. 비록 공작의 화려한 꼬리는 포식자의 눈에 잘 띄고 도망가는 데 방해가 되지만 바로 그런 형질이 암컷에게 선호되기 때문에 개체에게도 불리한 형질이 강화된다는 생각이 바로 '성선택'의 개념이다. 그러나 왜 암컷이 공작의 화려한 꼬리를 선호하게 되었는지에 대한 궁금증은 풀리지 않았다. 이 궁금증은 이스라엘 동물생태학자 아모츠 자하비에 의해 풀리게 된다. '핸디캡 이론'이 그가 제시한 해법이다.

수컷이 암컷의 선택을 받기 위해서는 자신이 자연계에서 잘 적응해서 살아가고 있다는 것을 과시할 필요가 있다. 한마디로 능력 있는 수컷임을 과시할 필요가 있다. 잘 적응해서 살아가고 있다는 '적응도'를 보여 줄 수 있는 지표가 바로 공작의 긴 꼬리라는 것이 자하비의 생각이다. 공작의 긴 꼬리는 생존에 불리한 조건, 다시 말해 '핸디캡'이지만 그런 핸디캡을 안고도 잘 살아가고 있다면 그것이야말로 적응도를 과시할 수 있는 지표가 될 수 있다는 것이다.

'핸디캡 이론'은 '아라비아노래꼬리치레'라는 새의 무리를 관찰한 결과였다. 작은 무리를 이루고 사는 '꼬리치레'는 천적인 매가 날아오는 것을 감시하기 위해 가장 높은 가지에 앉아 보초 서는 일을 서로 맡으려고 경쟁한다. 가장 높은 나뭇가지에 앉아 망을 보는 것은 매에게 잡아먹힐 위험이 가장 높다. 그러나 그런 위험한 행동은 아무나 할 수 없기 때문에 역설적으로 능력을 과시할 수 있다는 것이 자하비의 설명이다. 진정 능력 있는 개체만이 많은 비용을 들여 자신의 우월성을 알릴 수 있고, 그로써 짝을 유혹하는 데 성공할 수 있다는 것이다.

자하비는 명품 사기를 주저하지 않는 과소비 역시 '핸디캡 이론'으로 설명한다. 자하비의 이론에 따르면 생산 비용이 많이 드는 신호일수록 믿을 만한 신호다. 왜? 돈 없고, 힘없는 사람들은 결코 그런 신호를 만들어 낼 수 없기 때문이다. 수컷 공작이 치렁치렁한 꼬리를 달고 다니는 이유는 암컷에게 '나는 이런 값비싼 깃털을 만들어 낼 만큼 능력이 있다.'라는 사실을 광고하기 위한 것이다. 그 꼬리는 생존에 도움이 되지 않는 일종의 핸디캡이다. 그러나 생존에는 도움이 되지 않아도 짝을 구하는 데에는 도움이 된다.

왜 짝짓기의 결정권이 암컷에게 있는가?

남자가 무릎을 꿇고 반지를 건네며 구혼을 하면 여자가 승낙하는 인간 사회의 풍경을 떠올려 보라. 대개 구애는 남자 쪽이 하고, 승낙은 여자 쪽이 한다. 동물의 세계에서도 다르지 않다. 동물의 세계에서 대개 짝짓기의 결정권은 암컷에게 주어진다. 짝짓기의 결정권을 연구한 학자는 로버트 트리버스다. 그는 성선택은 부모가 자식을 기르는 데 투자하는 노력의 양이 다르기 때문에 생긴다고 주장한다. 이를 '부모 투자(parental investment)'라 하는데 투자를 많이 하는 쪽이 귀한 자원이 되는 건 당연하다. 따라서 투자를 적게 하는 개체가 많이 하는 개체의 선택을 받기 위해 애쓴다는 것이 트리버스의 주장이다.

예를 들어 보자. 내 손에는 단돈 1,000원이 있을 뿐이다. 이 돈으로 점심을 해결하기는 곤란하다. 아무래도 주머니 사정이 두둑한 친구의 도움을 빌려야 점심을 해결할 수 있을 것 같다. 이럴 경우 점심 메뉴의 선택권이 내게 있을까, 친구에게 있을까? 당연히 점심값을 지불하는 데 더 많은 부담을 져야 할 친구에게 메뉴 선택권이 있다. 이 경우에 '잘 보여야' 하는 사람은 나지 친구가 아니다. 염치없이 비싼 걸 먹자고 하거나 말이라도 퉁명스럽게 했다가는 점심을 굶을 각오를 해야 한다.

동물들의 짝짓기에서도 투자를 많이 하는 쪽이 선택권이 커진다. 짝짓기에서 투자를 많이 하는 쪽은 당연히 암컷이다. 그러니 짝짓기에서 암컷이 선택의 결정권을 쥘 수밖에 없다. 암컷이 난자 하나를 만들어 내는 비용도 수컷의 정자 생산 비용에 비해 월등히 비싸다. 임신이라도 하게 되면 암컷은 몇 달 동안 수태(受胎)의 부담을 안아야 한다. 출산한 새끼의 양육에도 만만치 않은 노동력이 투여된다. 반면 수컷의 정자는 난자에 비해 생산 비용도 저렴하다. 수컷들은 임신의 부담도 없고, 양육 부담도 암컷에 비해 훨씬 적다. 다행히 암컷이 양육에 있어서 성실한 조력인 수컷을 만나면 몰라도 암컷이 짝을 대충 골라 불성실하고 능력이 없는 배우자라도 만나게 된다면 양육은 암컷만의 힘겨운 노동이 될 수밖에 없다. 자, 이쯤 되면 짝짓기에서 수컷과 암컷 중 어느 쪽이 더 큰 부담을 질 것인가에 대한 답은 분명하다. 바로 암컷이다.

수컷은 선택권을 쥐고 있는 암컷에게 잘 보여야 한다. 나는 건강한 수컷이다, 나는 육아에 훌륭한 조력자가 될 것이다, 나는 힘이 세고 능력이 있어 양육에 필요한 자원을 어려움 없이 조달해줄 수 있다는 신호, 다시 말해 적응도 지표를 수컷은 끊임없이 암컷에게 과시할 필요가 있다, 자연계에서 후손을 남기기 위해 수컷들은 암컷에게 끊임없이 자신의 능력을 과시한다. 공작의 긴 꼬리, 물고기의 혼인색이 바로 그것이다. 그러나 암컷은 수컷의 열렬한 구애에도 불구하고 새침하고 신중할 수밖에 없다. 수컷들은 잃을 것이 별로 없을지 모르지만 암컷들은 잃을 것이 하나둘이 아니기 때문이다. 잃을 것이 많은 자는 신중해지기 마련이다.

더 들여다보기—1

자유의 의미

《자유로부터의 도피》

에리히 프롬 지음, 휴머니스트, 2012.

'자유'라는 주제를 아주 설득력 있게 말하는 영화가 있다. 바로 〈쇼생크 탈출〉이다. 주인공 앤디는 누명을 쓰고 감옥 '쇼생크'에 갇힌 존재다. 그는 19년 동안 한 번도 자유를 포기하지 않는다. 그러나 앤디의 동료인 노인 죄수 브룩스는 앤디보다 세 배 가까운 세월 동안 교도소에 있었으면서도 오히려 사회에 나가는 것을 두려워한다. 그는 출옥 후에도 "옛날 형무소 가기 전엔 가끔 차를 구경했으나 나와 보니 세상 천지에 자동차 없는 곳이 없다."라고 말한다. 그는 새로운 환경에 적응하지 못하고 형무소로 다시 돌아가기 위해 범죄를 시도하다 결국 집 대들보에 자신의 존재를 알리기 위해 "브룩스가 여기 있었다.(Brooks was here.)"라는 문구를 주머니칼로 새기고 목매 자살한다. 구속에 익숙해져 버린 그에게는 자유가 오히려 부담스러웠던 것이다.

어려서부터 줄에 묶여 자란 코끼리는 그 줄을 끊을 수 있을 만큼 힘이 세져도 줄을 끊지 못할 것이라는 고정관념에 묶여 결국 끊지 못한다고 한다. 영화 속의 브룩스는 자유를 주어도 줄을 끊지 못하는 이 코끼리와 다를 바 없다. 앤디와 코끼리의 일화가 말해 주는 것은 무엇일까? 바로 자유의 이율배반성이다. 자유는 해방과 구속의 의미를 동시에 지닌다. 자유를 행사할 수 있는 능력이 있는 자에게 자유는 해방일 수 있지만, 판단력과 실천의 힘이 부족한 사람에게 자유는 오히려 구속일 수 있다. 줄에 묶여 자란 코끼리에게 자유는 구속이었던 셈이다.

독일의 사회심리학자 에리히 프롬은 그의 저서 《자유로부터의 도피》에서 "수백만의 독일 사람들이 그들 선조들이 자유를 위하여 싸운 것과 같은 열성으로 자유를 포기하였으며, 자유를 찾는 대신 그로부터 도피하는 길을 찾았다."라는 구절로 자유의 양면적 의미를 말한다. 나치즘을 지지한 대중들의 심리를 파헤치면서 에리히 프롬은 '어쩌면 인간에게는 자유에 대한 본유적 욕망 이외에 다른 사람에게 복종하려는 본능적인 욕구가 있는 것은 아닌가.' 하는 의문이 떠올랐다. 《자유로부터의 도피》는 바로 이 의문에 대한 답이라고 할 수 있다. 에리히 프롬은 자유를 소극적 자유인 '~으로부터의 자유(freedom from ~)'와 적극적 자유인 '~를 향한 자유(freedom to ~)'로 구분한다. 억압적 권위로부터 벗어남을 의미하는 소극적 자유는 인간에게 자유의 신장과

개성이라는 선물을 주었지만 한편으로 고독과 불안이라는 짐도 부여했다. 이 소극적 자유가 가져다주는 불안을 극복하기 위해서는 적극적 자유를 실현해야 하고, 그러기 위해서는 명철한 이성과 행동력이 필요하다. 그런데 대중은 그런 능력을 갖지 못했으므로 파시즘에 몰입해 고독과 불안을 해결하려 했다는 것이 에리히 프롬의 분석이다. 독일에서 나치가 발흥한 것도 이런 이유 때문이라고 한다. 한마디로 대중은 자신들에게 주어진 짐스러운 자유를 파시스트들에게 자발적으로 양도했다는 것이다.

'파시즘' 하면 어떤 시각적 이미지가 떠오르는가? 무아지경에 빠진 군중 앞에서 열변을 토하는 무솔리니나 히틀러의 모습이 먼저 떠오르지 않는가. 그들은 탁월한 언변으로 군중을 사로잡는다. 대중은 그들의 열변에 감정적으로 몰입한다. 강력한 카리스마를 지닌 지도자의 연설이 끝나면 한 치의 흐트러짐도 없는 젊은이들이 일사불란하게 행진을 한다. 무엇엔가 도취된 대중들의 환호는 끊이지 않는다. 그들의 열광은 이내 폭력적 에너지로 변해 사회적 소수자에 대한 박해로 이어진다. 군중의 무언의 동의 속에 극렬분자들의 테러가 자행된다. 비이성적인 것에의 집단적 도취와 소수자에 대한 박해, 이것이 파시즘을 대표하는 이미지라고 할 수 있다.

《파시즘》

로버트 O. 팩스턴 지음, 교양인, 2005.

파시즘이라는 단어는 언론 매체에 수없이 등장한다. 이렇게 일상적으로 쓰이는 파시즘이라는 말에 객관적으로 합의된 학문적·역사적 정의가 존재한 적은 없다. 2004년 미국과 영국에서 출간된 로버트 팩스턴의 저서 《파시즘》은 20세기 정치의 가장 큰 논란거리였던 파시즘을 다루고 있는 의미 있는 저작물로 평가받고 있는 책이다.

팩스턴은 파시즘이 기존의 다른 정치 이념처럼 어떤 주의나 주장을 관철시키기 위한 것이 아니었기 때문에 파시스트들이 내세우는 강령 역시 일관성 없이 들쭉날쭉함을 강조한다. 한마디로 파시즘을 쉽게 정의할 수 없다는 것이다.

팩스턴은 독일과 이탈리아에서 나타난 파시즘 운동의 역사를 살펴보면서 파시즘이 특정한 철학적 기반과 뚜렷한 이념적 목표를 지닌 '이데올로기'가 아님을 강조한다. 팩스턴은 파시즘이 '열정적인 대중 운동'을 바탕으로 했을 때만 가능한 정치 운동이라는 점을 강조한다. 게다가 파시스트들은 정권을 장악한 후에도 대중운동을 활성화한다. 그런데 박정희 정권이나 프랑코 정권은 쿠데타로 집권했을 뿐만 아니라 정권 장악 후에는 오히려 대중운동을 말살했다. 팩스턴은 이런 정권은 '전통적 독재', 혹은 '폭정'일 뿐이지 파시즘 정권으로 규정할 수 없다고 말한다. 제2차 세계대전 때의 일본 역시 열정적인 대중운동을 바탕으로 한 '아래로부터의 파시즘 운동'이 아니라 위에서 군국주의 체제를 강요한 것에 불과했다고도 말한다.

저자는 파시즘의 가장 중요한 전제 조건은 "허약하거나 실패한 자유주의의 위기"라고 한다. 자유가 제대로 행사되지 못하는 곳에서 파시즘이 출현한다는 에리히 프롬의 견해와도 흡사한 대목이다. 그는 "파시즘이 암실에서 나와 공적인 무대로 쉽게 진출했던 곳은 기존 정부의 기능이 형편없거나 아예 전무했던 곳"이라고 지적한다. 제1차 세계대전은 파시즘이 탄생할 수 있는 정치·사회·문화적 기회를 제공했다고 할 수 있다. 전쟁으로 폐허가 된 현실 앞에 자유주의와 민주주의는 위기에 처했고, 사회주의 혁명을 바라보는 계층 간의 갈등은 극에 달했다. 국가와 민족의 쇠락에 대한 대중의 두려움도 클 수밖에 없었다. 파시스트들은 이런 대중의 불만, 분노, 두려움 등을 자신들의 입지를 강화할 기회로 노렸다. 민족의 영광을 꾀하자는 탁월한 언변으로 대중의 유토피아를 상징적으로 조작하고 대중의 에너지를 강력한 리더십으로 결집할 수 있었던 것도 이런 사회심리적 배경이 있었기 때문이다. 팩스턴은 자유를 갈망하는 자유주의자들의 행동이 집단과 공동체의 가치를 훼손시키고 몰락시킬 수도 있다는 데에 따르는 두려움, 필요할 경우 폭력을 동원해서라도 공동체를 더 긴밀히 통합해야 한다는 요구, 국가 지도자에 대한 갈망, 집단을 위해 폭력을 찬미하는 태도 등의 정서적 요소들이 파시즘적 열정을 구성한다고 주장한다.

파시즘은 자유주의의 무능을 숙주로 삼고 사회주의에 대한 불안을 먹이로 삼기 때문에 일본 군국주의나 제3세계의 군부독재 또는 권위주의 체제는 자유민주주의를 경험하기 이전의 체제라는 점에서 파시즘으로 규정할 수 없다고 저자는 말한다. 파시즘은 비이성적 광기의 산물이요, 대중들의 불만, 분노, 두려움 위에 세워진 일관성이 없는 신념에 불과하다는 것이다.

〈마다가스카〉

에릭 다넬 · 톰 맥그래스 감독, 2005.

애니메이션이라고 해서 유치하다는 편견은 버리자. 애니메이션 영화인 〈마다가스카〉가 다루고 있는 주제는 묵직하게도 '자유'다. 하마 '글로리아', 사자 '알렉스', 얼룩말 '마티', 기린 '멜먼'은 똑같이 뉴욕 센트럴파크 동물원에서 산다.

사자 알렉스는 전속 헤어스타일리스트가 만들어 주는 환상의 구레나룻을 자랑한다. 관중들은 알렉스의 쇼맨십에 환호한다. 얼룩말 마티에게는 신선한 유기농 풀과 최신 설비의 러닝머신이 있다. 남부러울 것이 없다. 기린 멜먼에겐 오늘은 외과, 내일은 내과 예약이 잡혀 있다. 건강을 끔찍이 생각하지만 실은 약골이다. 하마 글로리아는 10점 만점의 다이빙 실력과 환상적인 수중 발레 솜씨를 지녔다. 게다가 꾸준한 마사지로 가꾼 위풍당당한 몸매를 지니고 있다.

사육사들의 체계적인 관리, 시간만 되면 먹을 수 있는 풍부한 음식, 네 동물들의 모습을 보러 오는 수많은 뉴욕 사람과 그들의 환호……. 그들에게는 남부러울 것이 없다. 그곳에서는 편안한 생활이 보장되어 있다. 최소한 '정년퇴직'도 바라볼 수 있다. 그러나 그들은 우울하다. 안락함도 낯설다. 이런 삶은 아닌 것 같다. 그들은 먹이를 거부한다. 그리고 인간에게 공격성을 드러내기도 한다. 그들은 감히 동물원 탈출을 꿈꾼다. 결국 얼룩말 마티가 고향 남극으로 향하는 펭귄 특공대와 같이 자유를 찾아 동물원을 탈출하고, 나머지 친구들도 우여곡절 끝에 합류하게 되는데, 과연 이들의 탈출은 성공으로 끝날까?

문제는 그다음이다. 그들은 미지의 정글 마다가스카에 표류하게 된다. 섬은 약육강식의 무서운 자연법칙이 지배하는 곳이다. 백수의 왕, 사자 알렉스라면 겁날 것이 없을 것 같지만 그는 야생성을 잃어버렸다. 그는 이미 백수의 왕이 아닌, 한 마리의 겁쟁이 사자가 되어 버린 지 오래다. 얼룩말 마티도 마찬가지로 겁쟁이에, 기린 멜먼도 약골에 불과하다. 당당한 덩치를 가진 하마 글로리아도 역시 섬 생활이 두려운 건 마찬가지다.

마다가스카라는 공간은 자유를 상징하고 동물원은 억압을 상징한다. 그들은 자유를 찾아 마다가스카에 왔다. 그런데 마다가스카는 역설적이게도 공포와 불안의 공간이 되어 버렸다. 그곳은 자유가 숨 쉬는 공간이 아니라 독사나 전갈이 나타날지도 모르는 공간이며 먹이와 잠자리도 스스로 구해야 하는 공간이다. 잠자는 동안 어떤 위험이 닥칠지 모른다. 한마디로 그곳은 그들이 꿈꿔 왔던 자유의 공간이 아니다.

이 영화가 말하고자 하는 메시지는 '힘'없는 자에게 자유는 불안과 다름없다는 것이다. 만약 하마 글로리아, 사자 알렉스, 얼룩말 마티, 기린 멜먼에게 힘이 있었다면 그들은 그들에게 주어진 자유를 만끽했을 것이다.

자유는 스스로에게서 비롯되는 것이다. 누가 시켜서 어떤 행동을 하는 것이 아니라 스스로가 행동의 이유를 찾아내는 사람이 자유로운 사람이다. 그러나 동물원은 어떤가. 내가 먹고 싶어서 먹는 곳이 아니라 밥이 주어지기 때문에 먹는 곳이다. 먹고 말고를 결정하는 것은 내가 아니다. 그러나 마다가스카에서는 스스로 판단하고 문제를 해결해야 한다.

자유를 누리기 위해서 필요한 것은 힘이다. 그러나 안온한 환경이 네 마리의 동물과 브룩스의 힘을 앗아 갔다. 여러분에게는 어떤 힘이 있는가? 체력, 경제력, 권력, 친화력, 지력(智力), 의지력…… 그 모든 힘을 고루 갖추었다면 어떤 무시무시한 정글도 능히 헤쳐 나갈 것이다. 자유의 세계는 마냥 편한 세계가 아니다. 스스로 결정하고, 스스로 문제를 해결해야만 하는 세계다. 그 세계에서 살아가기 위해서는 힘이 필요하고, 그 힘을 기르기 위해서 교육이 필요하다. 교육은 성공의 스펙을 쌓기 위해 필요한 것이 아니라 인간으로서 자유를 누리기 위해 필요한 것인지도 모른다.

《자유의 길》

줄리어스 레스터 지음 · 로드 브라운 그림, 낮은산, 2005.

〈마다가스카〉에서 다루어진 자유의 문제는《자유의 길》이란 책에서도 제기된다. 노

예해방으로 자유가 주어졌지만 이 책에 나오는 흑인들은 다시 농장으로 돌아간다. 왜? 힘이 없어서다. 아무리 육체적 힘이 강하더라도 배움이 없으면 세상살이는 불안할 수밖에 없다. 불안을 이겨 내고 자유를 누리기 위해서 필요한 것은 힘이고 힘은 배움에서 온다. 배움과 공부의 길이 '자유의 길'이다. 자유가 주어져도 공부와 배움이 부족해 힘이 없으면 우리는 다시 노예의 삶을 선택할지도 모른다. 체력, 경제력, 권력, 친화력, 지력, 의지력…… 이 모든 것은 미성년의 삶, 의존하는 삶을 벗어나기 위해 우리가 길러야 할 힘이다. 그 힘이 없다면 우리는 어린 캥거루처럼 엄마의 배 속을 벗어날 수 없다. 나이가 들었어도 부모의 품 안을 벗어날 수 없는 미성년을 '캥거루족'이라고 한다. 당당히 부모로부터 독립해 '나'라고 하는 국가를 세우기 위해서 우리에겐 힘이 필요하고 배움이 필요하다. 우리는 노예가 아니다.

참고 도서 목록

● 과학일반

· 《빈 서판》, 스티븐 핑커, 사이언스북스, 2004
· 《파브르 곤충기》, 장 앙리 파브르, 현암사, 2006
· 《이기적 유전자》, 리처드 도킨스, 을유문화사, 2010
· 《미래의 물리학》, 미치오 카쿠, 김영사, 2012
· 《홍성욱의 과학 에세이》, 홍성욱, 동아시아, 2012
· 《김대식의 빅퀘스천》, 김대식, 동아시아, 2014
· 《다윈의 식탁》, 장대익, 바다출판사, 2014
· 《마음의 미래》, 미치오 카쿠, 김영사, 2015

● 심리학과 행동경제학

· 《공감의 심리학》, 요하임 바우어, 에코리브르, 2006
· 《믿음의 엔진》, 루이스 월퍼트, 에코의서재, 2007
· 《왜 사람들은 이상한 것을 믿는가》, 마이클 셔머, 바다출판사, 2007
· 《행동 경제학》, 도모노 노리오, 지형, 2007
· 《미러링 피플》, 마르코 야코보니, 갤리온, 2009
· 《탁월한 결정의 비밀》, 조나 레러, 위즈덤하우스, 2009

·《협력의 진화》, 로버트 액설로드, 시스테마, 2009
·《공감의 뿌리》, 메리 고든, 샨티, 2010
·《공감의 시대》, 제러미 리프킨, 민음사, 2010
·《선택의 과학》, 리드 몬터규, 사이언스북스, 2011
·《무엇이 우리의 생각을 지배하는가》, 엘든 테일러, 알에이치코리아(RHK), 2012
·《생각에 관한 생각》, 대니얼 카너먼, 김영사, 2012
·《공감 제로》, 사이먼 배런코언, 사이언스북스, 2013
·《설득의 심리학》, 로버트 치알디니, 21세기북스, 2013
·《무엇이 행동하게 하는가》, 유리 그니지 · 존 리스트, 김영사, 2014

● 마음과 인지과학

·《브레인 스토리》, 수전 그린필드, 지호, 2004
·《블링크》, 말콤 글래드웰, 21세기북스, 2005
·《마음의 진화》, 대니얼 데닛, 사이언스북스, 2006
·《꿈꾸는 기계의 진화》, 로돌포 R. 이나스, 북센스, 2007
·《마음은 어떻게 작동하는가》, 스티븐 핑커, 동녘사이언스, 2007
·《의식의 재발견》, 마르틴 후베르트, 프로네시스, 2007
·《브레인 룰스》, 존 메디나, 프런티어, 2009
·《세로줄 방에서 자란 고양이는 왜 가로줄을 보지 못할까?》, 다카기 마사유키, 바다출판사, 2009
·《나쁜 뇌를 써라》, 강동화, 위즈덤하우스, 2011
·《뇌 속의 신체지도》, 샌드라 블레이크슬리 · 매슈 블레이크슬리, 이다미디어, 2011
·《인간의 모든 감정》, 최현석, 서해문집, 2011

·《인코그니토》, 데이비드 이글먼, 쌤앤파커스, 2011
·《마음의 과학》, 스티븐 핑커, 와이즈베리, 2012
·《마음의 비밀을 밝히는 마음의 과학》, 이남석, 지호, 2012
·《무엇이 우리의 생각을 지배하는가》, 엘든 테일러, 알에이치코리아(RHK), 2012
·《고삐 풀린 뇌》, 데이비드 J. 린든, 작가정신, 2013
·《감각, 착각, 환각》, 최낙언, 예문당, 2014년
·《내 머릿속에선 무슨 일이 벌어지고 있을까》, 김대식, 문학동네, 2014
·《라마찬드란 박사의 두뇌 실험실》, 빌라야누르 라마찬드란, 바다출판사, 2015
·《이상한 나라의 뇌과학》, 김대식, 문학동네, 2015

● 진화론과 진화심리학

·《여성은 진화하지 않았다》, 세라 블래퍼 허디, 서해문집, 2006
·《위험한 열정 질투》, 데이비드 버스, 추수밭, 2006
·《이웃집 살인마》, 데이비드 버스, 사이언스북스, 2006
·《섹슈얼리티의 진화》, 도널드 시먼스, 한길사, 2007
·《욕망의 진화》, 데이비드 버스, 전중환, 사이언스북스, 2007
·《즐거움, 진화가 준 최고의 선물》, 조너선 밸컴, 도솔, 2008
·《처음 읽는 진화심리학》, 앨런 S. 밀러·가나자와 사토시, 웅진지식하우스, 2008
·《쾌감 본능》, 진 월렌스타인, 은행나무, 2009
·《호모 무지쿠스》, 대니얼 J. 레비틴, 마티, 2009
·《생각하는 뇌, 생각하는 기계》, 샌드라 블레이크슬리·제프 호킨스, 멘토르, 2010
·《어머니의 탄생》, 세라 블래퍼 허디, 사이언스북스, 2010
·《오래된 연장통》, 전중환, 사이언스북스, 2010

· 《플레이, 즐거움의 발견》, 스튜어트 브라운 · 크리스토퍼 본, 흐름출판, 2010
· 《명령하는 뇌, 착각하는 뇌》, V. S. 라마찬드란, 알키, 2012
· 《미의 기원》, 요제프 H. 라이히홀프, 플래닛, 2012
· 《믿는다는 것의 과학》, 앤드류 뉴버그 · 마크 로버트 월드먼, 휴먼사이언스, 2012
· 《진화심리학》, 데이비드 버스, 웅진지식하우스, 2012
· 《우리는 왜 자신을 속이도록 진화했을까?》, 로버트 트리버스, 살림, 2013
· 《우리는 꼬리 치기 위해 탄생했다》, 스티브 다얀, 위즈덤하우스, 2014

● 과학으로 보는 인문학

· 《데카르트의 오류》, 안토니오 다마지오, 중앙문화사, 1999
· 《도덕적 동물》, 로버트 라이트, 사이언스북스, 2003
· 《스피노자의 뇌》, 안토니오 다마지오, 사이언스북스, 2007
· 《인간 본성과 사회생물학》, 로저 트리그, 궁리, 2007
· 《창조성의 비밀》, 모기 겐이치로, 브레인월드, 2007
· 《왜 인간인가?》, 마이클 가자니가, 추수밭, 2009
· 《욕망의 연금술사, 뇌》, 모기 겐이치로, 사계절, 2009
· 《우연한 마음》, 데이비드 J. 린든, 시스테마, 2009
· 《윤리적 뇌》, 마이클 가자니가, 바다출판사, 2009
· 《인문학에게 뇌과학을 말하다》, 크리스 프리스, 동녘사이언스, 2009
· 《자유는 진화한다》, 대니얼 데닛, 동녘사이언스, 2009
· 《신의 진화》, 로버트 라이트, 동녘사이언스, 2010
· 《신경윤리학이란 무엇인가》, 닐 레비, 바다출판사, 2011
· 《뇌로부터의 자유》, 마이클 가자니가, 추수밭, 2012

·《사회생물학과 윤리》, 피터 싱어, 연암서가, 2012
·《자유 의지는 없다》, 샘 해리스, 시공사, 2013

찾아보기

ㄷ

ㄹ

ㅁ

ㅂ

ㅅ

ㅇ

ㅊ

ㅋ

ㅌ

ㅍ

ㅎ

과학책 읽는 국어선생님의 사이언스 블로그

— 인지과학과 진화생물학으로 읽는 인간의 모든 것

지은이 | 김보일

초판 1쇄 발행일 2015년 10월 5일
초판 3쇄 발행일 2016년 12월 26일

발행인 | 김학원
경영인 | 이상용
편집주간 | 김민기 위원석 황서현
기획 | 문성환 박상경 임은선 김보희 최윤영 조은화 전두현 최인영 이혜인 이보람 이효온
디자인 | 김태형 유주현 구현석 박인규 한예슬
마케팅 | 이한주 김창규 이정인 함근아
저자·독자서비스 | 조다영 윤경희 이현주(humanist@humanistbooks.com)
스캔·출력 | 이희수 com.
용지 | 화인페이퍼
인쇄 | 청아문화사
제본 | 정민문화사

발행처 | (주) 휴머니스트 출판그룹
출판등록 | 제313-2007-000007호(2007년 1월 5일)
주소 | (03991) 서울시 마포구 동교로23길 76(연남동)
전화 | 02-335-4422 팩스 | 02-334-3427
홈페이지 | www.humanistbooks.com

ISBN 978-89-5862-955-9 03100

* 이 도서의 국립중앙도서관 출판시도서목록(CIP)은 e-CIP홈페이지(http://www/nl.go.kr/ecip)와 국가자료공동목록시스템(http://www.nl.go.kr/kolisnet)에서 이용하실 수 있습니다.(CIP제어번호: CIP2015024647)

만든 사람들

편집주간 | 황서현
기획 | 박상경(psk2001@humanistbooks.com) 최윤영 이보람
편집 | 김정현
디자인 | 민진기디자인
일러스트 | 최우영